성경,
무엇을
말할까?

이바울·이여호수아 지음

| 목차 |

제4편 구약의 대선지서, 무엇을 말할까?

제5편 구약의 소선지서, 무엇을 말할까?

제8편 신약의 바울서신, 무엇을 말할까?

제9편 신약의 공동서신, 무엇을 말할까?

제9편 신약의 예언서, 무엇을 말할까?

| 부록 |

| 서문 | 내가 네게 복을 주리라

요즘 저는 '하나님의 생각'이라는 주제에 관심을 가지고 창세기부터 다시 공부하고 있습니다. 창세기의 하나님은 창조의 하나님이시면서 또한 축복의 하나님이심도 알게 되었습니다. 사람 창조에 대해서 성경은 이렇게 기록합니다. "하나님이 자기 형상 곧 하나님의 형상대로 사람을 창조하시되 남자와 여자를 창조하시고 하나님이 그들에게 복을 주시며 하나님이 그들에게 이르시되 생육하고 번성하여 땅에 충만하라"(창 1:27,28) 하나님이 사람에게 제일 먼저 하신 것이 '축복'입니다. 하나님께서 믿음의 조상 아브라함을 부르셨을 때에도 이렇게 말씀하셨습니다. "내가 너로 큰 민족을 이루고 네게 복을 주어 네 이름을 창대하게 하리니 너는 복이 될지라"(창 12:2) 또한 하나님은 아브라함을 통하여 땅의 모든 사람들을 축복하고자 하십니다. "땅의 모든 사람들이 너로 말미암아 복을 얻을 것이라"(창 12:3) 이렇게 본다면 창조 이후의 모든 사람, 아브라함 이후의 모든 사람은 다 하나님의 축복하심 아래 있음을 알 수 있습니다. 사람의 존재 자체가 하나님의 축복임을 알 수 있습니다.

하나님의 축복하심은 창세기로부터 시작해서 성경 전체에 흐르고 있다고 할 수 있습니다. 하나님은 예수님을 통해서 '주의 은혜의 해'를 선포하셨습니다(눅 4:18,19). 성경의 마지막 책인 계시록도 하나님의 이김을 기록합니다. "이기는 그에게는 내가 내 보좌에 함께 앉게 하여 주기를 내가 이기고 아버지 보좌에 함께 앉은 것과 같이 하리라"(계 3:21) 더 나아가 하나님은 우리에게 이김을 축복으로 주십니다.

2011년부터 UBF 일용할양식 부장이신 노모세 목자님의 부탁으로 성경 66권의 서론을 쓰기 시작했습니다. UBF에서 격월로 발행되는 양식책에 그 내용을 연재하였습니다. 그렇게 해서 2016년까지 성경의 서론을 다 연재할 수 있었습니다. 이때 어려운 점은 한 페이지 서론쓰기였습니다. 한 페이지에 성경의 내용을 다 담는 것 자체가 불가능한 작업입니다. 게다가 일반적인 서론이 아니라 다른 책을 참고하지 않고, 성경만 읽고 공부한 서론을 원했습니다. 그런 서론은 저 자신만의 서론이 될 것이요, 그런 서론은 보편성을 담보할 수 없는데, 어떻게 하나 고민이 되었습니다. 그런데 서론을 읽은 분들 중에서 성경 66권이 한 눈에 쏙 들어온다는 하는 분들이 있어서 격려가 되었습니다. 이 서론을 읽고 성경을 읽고 싶은 마음이 생긴다는 칭찬도 들었습니다. 이렇게 묵상하고 연구한 내용을 한 권의 책으로 만들게 되었습니다.

책의 교정부터 편집까지 수고해 주신 이여호수아 목자님에게 감사를 드립니다. 사랑하는 UBF 선후배 목자들에게 감사를 드립니다. 늘 옆에서 함께 길을 걸어온 아내 이기쁨 사모에게 감사를 드립니다. 독일 선교사로 헌신하고 있는 아들

이바울 Jr. 선교사와 고정아 선교사, 그리고 축복의 손자 이예루에게도 고마움을 표하고 싶습니다. 의사로 헌신하는 아들 이누가, 강인숙, 그리고 존재 자체로 기쁨인 쌍둥이 손녀 이지우, 이지아에게도 고마움을 표합니다. 호주에 있는 자랑스러운 딸 이기쁨 Jr.에게도 고마움을 표하고 싶습니다. 책을 예쁘게 편집해 준 손사라 목자에게 감사하고 이 책을 출간해 준 오렌지도서에도 감사를 드립니다.

저의 바람은 이 책을 통해서 우리 각 사람을 축복하시는 하나님을 다시 새롭게 발견하는 것입니다. 우리가 하나님의 축복 아래 있음을, 하나님의 축복을 알아가는 것입니다. 축복의 하나님께서 이 책을 읽는 한 사람 한 사람을 축복해 주십시오.

2017년 4월
관악 연구실에서
이바울

| 개정증보판 서문 | 뼈에 살을 붙였습니다.

2011년부터 2016년까지 UBF 양식책을 받으면 가장 먼저 찾는 글이 있었습니다. 바로 이바울 목자님이 쓰신 성경의 서론이었습니다. 1page의 서론인데 한 눈에 쏙 들어왔습니다. 딱딱하지도 않고, 추상적이지도 않았습니다. 구체적인 문제의식 가운데 성경을 읽을 수 있었습니다. 이 서론을 바탕으로 성경을 읽고 생각하게 되었습니다. 6년만에 성경 66권의 서론이 완성되었습니다. 이것을 '성경, 무엇을 말할까?' 단행권으로 출판하게 되었습니다. 1page의 서론이다 보니 아쉬움이 있었습니다. 남아공의 이다니엘 선교사님은 뼈만 있는 것 같으니, 살을 붙이면 좋겠다 조언해 주셨습니다. 이바울 목자님이 살을 붙이는 작업을 한다면 아예 다시 쓰실 것 같아 부탁을 드릴 수가 없었습니다. 누군가가 책을 읽고 그 주제에 맞는 예를 들어 뼈에 살을 붙이는 작업을 해 주기를 바랬습니다. 그때 마침 초등학생과 중학생을 대상으로 하는 차세대 찬양 예배를 시작하였습니다. 매주 금요일 8시에 하는 이 모임에서 제가 말씀을 전하였습니다. '성경, 무엇을 말할까?'를 주 교제로 선택했습니다. 15분의 짧은 시간에 성경 한 권을 어떻게 설명할까? 초등학생, 중학생들에게 어떻게 쉽게 말씀을 전할까? 고민하였습니다. 주제에 맞는 예를 들어 설명하게 되었습니다. 주로 각 성경의 저자를 예로 들어 설명하였습니다. 이렇게 2년 6개월이 지났습니다. 성경 66권에 살을 붙이는 작업이 이루어지게 되었습니다. 재판을 찍어야 하는 상황이 되어서 개정증보판에는 기존의 원고에 예화와 요절을 첨가하게 되었습니다. 이바울 목자님께서도 그런 대로 괜찮다고 허락해 주셨습니다.

그리고 부록에 '현대 해석학을 성경해석에 활용하기'를 넣었습니다. 독자들이 현대 해석학적 사고와 방법에 익숙합니다. 우리에게 익숙한 이러한 해석방법으로 성경 말씀을 읽을 때, 더 잘 읽을 수 있고 이해할 수 있게 될 것입니다. 현대 해석학의 여러 해석 기술을 가지므로, 말씀을 좀 더 깊이 볼 수 있게 될 것입니다. 이바울 목자님께서 현대 해석학 책들을 읽고 강의하신 것을 정리하여 부록으로 넣었습니다. 성경 말씀을 읽고 해석하는데 조금이라도 도움이 되기를 바랍니다. 책을 예쁘게 편집해 준 손사라 목자님께 감사하고, 아름다운 표지그림을 그려주신 한선영 목자님께 감사하고, 꼼꼼하게 교정작업을 해 준 사랑하는 아내 이조세핀 목자님께 감사드립니다. 책 출판을 격려해 주신 김모세 목자님께 감사하고, 출판을 허락해 주신 UBF 한국대표 이모세 목자님께 감사드립니다. 성부, 성자, 성령, 성삼위 하나님께 감사를 드립니다.

2019년 8월 15일 광복절에
한양 연구실에서
이여호수아

제1편
구약의 모세오경, 무엇을 말할까?

제1권 창세기, 무엇을 말할까?

악을 선으로 바꾸신 하나님

"당신들은 나를 해하려 하였으나 하나님은 그것을 선으로 바꾸사 오늘과 같이 많은 백성의 생명을 구원하게 하시려 하셨나니"(창 50:20)

창세기 전체를 한 마디로 말하면 "당신들은 내게 악을 행하려 하였으나 하나님은 그것을 선으로 바꾸사"(창 50:20)라고 할 수 있습니다. 하나님은 선하시고 선을 행하시는데, 사람들은 악을 행하였습니다. 그러나 하나님은 사람들의 악을 선으로 바꾸셨습니다. '선'은 하나님이요 사람을 살리는 것이라고 할 수 있고, '악'은 하나님이 없는 것이요 사람을 죽이는 것이라고 할 수 있습니다.

첫째, 보시기에 좋았더라(1장)

창세기 1장은 하나님의 천지창조, 인간창조의 기록인데 그 결론은 "하나님이 그 지으신 모든 것을 보시니 심히 좋았더라(원어의 의미로는 '선하더라')"(창 1:31)입니다. 모든 것이 하나님이 의도하신 대로, 계획하신 대로 되었습니다. 또한 생육하고 번성했습니다. 곧 생명이 가득했습니다.

둘째, 선악을 알게 하는 나무의 열매는 먹지 말라(2-3장)

하나님은 명령하셨습니다. "선악을 알게 하는 나무의 열매는 먹지 말라 네가 먹는 날에는 반드시 죽으리라 하시니라"(창 2:17) 선악을 아는 일은 하나님의 영역입니다. 사람이 선악을 알기 위해서 하나님에게 물으라는 말입니다. 더 나아가 하나님 자체가 선이시니 사람이 하나님을 믿고 의지해야 한다는 말입니다. 그런데 사람이 그 열매를 먹었습니다. 이것은 사람이 선악의 판단자, 결정자가 되겠다는 말입니다. 더 나아가 사람이 선악의 결정자인 하나님 없이 살겠다는 말이기도 합니다. 그 후 사람은 어떻게 되었습니까?

셋째, 사람들은 빼앗고 죽였습니다(4-11장)

그 후 가인은 동생 아벨을 죽였습니다. 라멕이 소년들을 죽였습니다. 노아시대 사람들은 폭력적이었습니다. 남의 것을 빼앗았습니다. 마음으로 생각하는 모든 계획이 항상 악하였습니다(창 6:5). 이 사람들은 자기 이름을 내며 자랑하였습니다(창 11:4).

넷째, 믿음의 조상들은 빼앗고 죽이는 사회에서 하나님을 믿고 사는 것을 배웠습니다(12-36장)

믿음의 세 조상인 아브라함, 이삭, 야곱은 빼앗고 죽이는 사람들 속에서 살았습니다. 아브라함은 기근으로 죽을 뻔했습니다. 기근을 피해서 간 애굽에서 아내를 빼앗길 뻔했습니다. 이삭은 아비멜렉 왕에게 우물을 빼앗겼습니다. 야곱은 외삼촌에게 모든 것을 다 빼앗길 뻔했습니다. 심지어 야곱의 아들들도 빼앗고 죽이는 사람들이었습니다. 그런 속에서 여호와 하나님이 이들에게 나타나셨고, 말씀하셨고, 인도하셨고, 보호해 주셨습니다. 그 모든 일을 통해서 그들은 하나님을 믿고 사는 것을 배웠습니다.

다섯째, 하나님은 악을 선으로 바꾸셨습니다(37-50장)

야곱의 열 아들은 그들의 동생인 요셉을 죽이려다가 노예로 팔았습니다. 그 때 형들의 마음에는 하나님이 없었습니다. 그들은 요셉에게 악을 행했습니다. 그런데 하나님은 그 악을 선으로 바꾸셨습니다. 그 악을 통해서 요셉을 먼저 애굽으로 보내셨고, 요셉을 통해서 애굽과 주변 모든 나라 사람들을 살리셨습니다. 더 나아가 하나님은 요셉을 통해서 형들과 아버지, 그 후손들을 살리셨습니다. 요셉은 형들의 악을 통해서, 자기 인생을 통해서 그것을 알게 되었습니다.

반면에 형들은 총리가 된 요셉이 두려웠습니다. 자신들의 악에 대해서 요셉이 벌하리라 생각했습니다. 아니 악을 더 큰 악으로 갚으리라 예상했습니다. 요셉도 그런 마음이었을 것입니다. 그러나 하나님이 하시는 일을 보았습니다. 노예시절, 함께 하신 하나님을 만났습니다. 죄수시절, 은혜를 베푸시는 하나님을 만났습니다. 총리시절, 많은 백성의 생명을 구하시려는 하나님의 뜻을 알게 되었습니다. 야곱과 그 후손들을 큰 민족으로 만들고자 하시는 하나님의 비전을 보았습니다. 이를 위해 자신을 먼저 애굽으로 보내신 하나님을 만났습니다. 요셉은 형들을 용서하면서 이렇게 고백합니다. "당신들은 나를 해하려 하였으나 하나님은 그것을 선으로 바꾸사 오늘과 같이 많은 백성의 생명을 구원하게 하시려 하셨나니"(창 50:20) 요셉은 악을 선으로 바꾸신 하나님의 주권 앞에 순종하였습니다. 마찬가지로 아담 이후 온 인류는 하나님을 대적하는 악을 행하고 있었습니다. 그 죄악을 심판해야 마땅합니다. 그런데 하나님은 그 심판을 자기 아들 예수님에게 내렸습니다. 예수님의 죽으심은 죄악에 대한 무서운 심판이지만, 인류에 대한 엄청난 사랑이었습니다. 인류의 악을 선으로 바꾸셨습니다.

사람들은 지금도 여전히 하나님 없이 살며 서로에 대해 빼앗고 해칩니다. 이런 속에서 하나님은 하나님의 사람에 대해서 악을 선으로 바꾸십니다. 이 하나님을 만나기를 바랍니다.

제2권 출애굽기, 무엇을 말할까?

이스라엘 중에 계신 여호와 하나님

"구름이 회막에 덮이고 여호와의 영광이 성막에 충만하매 모세가 회막에 들어갈 수 없었으니 이는 구름이 회막 위에 덮이고 여호와의 영광이 성막에 충만함이었으며"(출 40:34-35)

출애굽기의 하나님은 이스라엘 중에 계신 여호와 하나님이십니다(출 25:8, 40:34,35).

첫째, 여호와 하나님이 이스라엘의 고통 소리를 들으셨습니다(1-2장)

애굽에서 번성한 이스라엘은 고된 노동으로 말미암아 부르짖었습니다. 그들의 소리가 하나님에게 상달되었습니다. 하나님이 그들의 고통 소리를 들으시고 조상들에게 하신 언약을 기억하셨습니다.

둘째, 여호와 하나님이 구원자 모세를 부르시고 보내셨습니다(3-4장)

모세가 양무리를 먹이면서 하나님의 산 호렙에 이르렀습니다. 그 때 하나님이 모세에게 나타나셨고, 그를 부르셨습니다(출 3:4). 그를 구원자로 보내셨습니다(출 3:9,10). 하나님은 모세와 함께 하셨습니다(출 3:12). 하나님은 그에게 능력의 지팡이를 주셨습니다(출 4:17).

셋째, 나를 여호와인 줄 알리라(5-13장)

하나님은 모세를 통해 바로에게 말씀하셨습니다. "내 백성을 보내라" 바로가 말했습니다. "여호와가 누구이기에 내가 그의 목소리를 듣고 이스라엘을 보내겠느냐? 나는 여호와를 알지 못하니 이스라엘을 보내지 아니하리라"(출 5:2) 그런 바로 앞에서 여호와 하나님은 모세를 통해서 열가지 재앙을 행하셨습니다. 그리고 말씀하셨습니다 "나를 여호와인 줄 알리라"(출 6:7, 7:5, 7:17, 8:22, 10:2) 바로 왕은 여호와를 알지 못했습니다. 애굽 사람들도, 주변 나라 사람들도 마찬가지였습니다. 이스라엘 자손들도 여호와의 이름은 들었지만 실제로는 잘 알지 못했습니다. 여호와 하나님은 열가지 재앙을 통해서 그 모든 사람들에게 여호와의 존재를 나타내셨습니다. 여호와와 같은 신이 없음을 나타내셨습니다.

넷째, 여호와 하나님은 구원이십니다(14-15장)

여호와 하나님은 홍해 가운데 길을 내셨고, 이스라엘은 그 길을 따라 홍해를 건넜습니다. 하지만 여호와 하나님은 바로와 그 군대를 홍해 물에 빠뜨리셨습니다. 모세와 이스라엘 자손은 이 여호와 하나님을 노래했습니다. "여호와는 나의 힘이요 노래시며 나의 구원이시로다"(출 15:2)

다섯째, 여호와 하나님은 광야에서 이스라엘을 먹이셨습니다(16-19장)

여호와 하나님은 광야에서 이스라엘 자손들에게 만나라는 듣지도 보지도 못한 음식을 주셨습니다. 또 물이 없는 광야에서 물을 주어 마시게 하셨습니다. 광야에서 40년간 먹고 마시게 하셨습니다.

여섯째, 여호와 하나님은 계명과 율법을 주셨습니다(20-24장)

여호와 하나님은 십계명을 주셨습니다(출 20:1-17). 그 외에 여러 구체적인 율법들을 주셨습니다. 이 계명과 율법 가운데 여호와 하나님의 성품이 들어 있습니다. 예를 들어 누가 다른 사람에게 피해를 주면 반드시 그 피해를 보상하도록 되어 있습니다. 이런 법을 주시는 하나님은 보상하시는 하나님, 상을 주시는 하나님이십니다(히 11:6).

일곱째, 여호와 하나님은 이스라엘 중에 함께 거하십니다(25-40장)

출애굽기의 거의 반이 성막 설계도와 성막을 만드는 내용입니다. 그만큼 성막 비중이 큽니다. 성막은 무엇을 위한 것입니까? “내가 그들 중에 거할 성소를 그들이 나를 위하여 짓되”(출 25:8) 만군의 여호와 하나님, 하늘과 땅의 창조주 하나님이 이스라엘 중에 거하고자 하십니다. 하늘의 하나님이 땅에 사는 이스라엘 중에 함께 계시고자 하십니다. 먹을 것 없고 물 없는 광야, 또한 대적들이 둘러싸고 있는 그 광야에서 여호와 하나님이 그들 중에 계시고자 하십니다. 그래서 성막을 지으라고 명하십니다. 이스라엘이 이스라엘인 것은 여호와 하나님이 그들 중에 계시기 때문입니다.

모세는 하나님이 자신과 함께 한다고 생각하지 않았습니다. 이전에 40년 궁중교육을 받은 모세는 이스라엘을 구원하려고 마음먹었습니다. 하지만 이스라엘 사람의 밀고로 그는 도망자가 되었습니다. 40년간 광야에서 양치기 생활을 해야만 했습니다. 그런데 하나님께서 떨기나무에서 그에게 나타나셨습니다. 그와 함께 하신다고 말씀하십니다. 그를 통해 이스라엘을 구원하신다고 하십니다. 그러나 모세는 믿지 않았습니다. 이때 하나님은 함께 한다는 징표로 지팡이를 주셨습니다. 그리고 아론을 대언자로 붙여 주시므로 함께 하심을 보여 주셨습니다. 이후로 모세는 40년 동안 이스라엘을 구원하고 인도하는 목자로 살았습니다. 하나님이 함께 하지 않았다고 생각하던 그 때에도 하나님은 함께 하셨음을 깨달았습니다. 하나님은 이스라엘 가운데 성막으로 함께 하신다는 분명한 표증을 주셨습니다. 하나님은 독생자 예수님을 십자가에 죽이시므로, 우리와 함께 하신다는 표증을 보여 주셨습니다. 이제는 성령 하나님께서 믿는 자의 마음에 거하시므로 뗄래야 뗄 수 없는 관계가 되었습니다. 이스라엘 중에 계셨던 하나님께서 이제는 나와 교회 가운데 계십니다.

출애굽기를 통해서 이 하나님을 새롭게 만나기를 바랍니다.

제3권 레위기, 무엇을 말할까?

어떻게 하면 망하고, 어떻게 하면 살게 되는가?

> "그의 자손이 그의 백성 중에서 속되게 하지 말지니 나는 그를 거룩하게 하는 여호와임이니라"(레 21:15)

레위기는 하나님의 사람들이 어떻게 하면 망하고, 어떻게 하면 살게 되는지를 가르쳐 줍니다.

첫째, 사람이 어떻게 하나님께 가까이 갈 수 있는가(1-7장)?

레위기 1-7장에는 예물, 속죄라는 말이 반복됩니다. '예물'이란 말은 '가까이 가다'라는 히브리어에서 나왔습니다. 사람은 죄인으로서 거룩하신 하나님께 가까이 갈 수 없는 존재입니다. 그런데 하나님은 죄인인 사람이 하나님께로 가까이 갈 수 있는 길을 열어 놓으셨습니다. 그것이 레위기에 기록된 방식대로 예물을 드리는 것입니다. 그 방식대로 예물을 드리면 사람이 그 죄를 용서받고 하나님께 가까이 갈 수 있습니다.

둘째, 제사장이 먼저 죄사함을 받아야 합니다(8-10장)

본문은 제사장의 위임식 내용입니다. 한 마디로 말하면 제사장도 먼저 정해진 예물을 하나님께 드려 죄사함을 받아야 한다는 것입니다. 제사장은 죄 지은 사람들을 대신하여 하나님께 예물 드리는 일을 합니다. 다른 사람을 위해 죄사함의 예물을 드리기 전에 먼저 자신을 위해 드려야 합니다. 그리고 제사장은 항상 정신이 온전하여 사리 분별을 잘해야 합니다(레 10:10).

셋째, 하나님의 사람들은 자기를 더럽게 하지 말아야 합니다(11-15장)

본문은 하나님의 사람이 어떤 것을 먹으면 더럽게 되는지, 어떤 경우에 더럽게 되는지를 말합니다. 그리고 그런 더러움에서 떠나라고 말씀하십니다(레 15:31). 왜 그래야 합니까? 더러움은 곧 파멸과 죽음으로 이어지기 때문입니다. 이 시대는 갈수록 더러움, 깨끗함의 구별이 모호해지는데, 우리는 무엇이 더러운지를 잘 분별하여 파멸과 죽음에서 떠나야 합니다.

넷째, 불신세계의 풍속을 따르지 말라(16-22장)

본문은 하나님의 백성 이스라엘이 애굽 땅, 가나안 땅의 풍속을 따르지 말라는 내용입니다. 애굽 땅, 가나안 땅은 여러 신들이 많은 곳이요, 온갖 더러운 것들을 먹고 행하는 곳으로 여겨졌습니다. 만일 이스라엘이 그런 곳에 사는 사람들의 풍속을 따르게 되면 더러워집니다. 결국 망하고 말 것입니다.

다섯째, 여호와의 축제, 안식년, 희년을 행하라(23-27장)

하나님의 사람들 축제는 이방 사람들 축제와 달리 거룩한 축제, 곧 하나님이 중심이 된 축제를 해야 합니다. 땅에 대해서도 안식년을 두어 땅을 쉬게 해야 합니다. 희년을 두어 모든 빚을 탕감해 주어야 하고, 모든 것을 원주인에게 되돌려 주어야 합니다. 하나님의 사람들 중에는 독점이나 착취가 없어야 합니다. 그렇게 하는 것이 땅이 살고 그 땅에 사는 사람들이 사는 길입니다.

사람들은 자신의 생사화복에 관심이 많습니다. '어떻게 하면 망하게 되고, 어떻게 하면 살게 되는가?' 초미의 관심사입니다. 모세도 마찬가지였을 것입니다. 모세가 왕궁에서 40년 동안 그 교육을 받았습니다. 바로 왕이 생사화복을 가지고 있다고 배웠을 것입니다. 그런데 광야에서 40년 살면서 그것이 아님을 인식하였습니다. 그리고 살아계신 하나님을 만났습니다. 10가지 재앙으로 출애굽 시키신 하나님을 보았습니다. 홍해를 가르신 전능하신 하나님을 경험하였습니다. 광야에서 이스라엘을 먹이신 하나님을 체험하였습니다. 하나님께서 생사화복의 주관자이심을 깊이 영접하였습니다. 한 개인과 국가의 흥망성쇠는 하나님께 달려 있음을 깨달았습니다. 이제 '어떻게 하면 망하게 되고, 어떻게 하면 살게 되는가?' 하나님의 기준을 발견하였습니다. 하나님의 법을 기록하여 명확한 기준을 제시하였습니다. 모두가 이 법대로 살아 생명 누리기를 바랬습니다. 더러움에 거하면 파멸과 죽음에 이르게 됩니다. 더러운 것, 부정한 것, 죄를 지으면 반드시 망한다고 경고합니다. 반면에 하나님과 함께 하는 거룩에 있으면 하나님의 축복을 받게 됩니다. 레위기의 뜻이 하나님과 연합입니다. 하나님과 연합할 때 망하지 않고, 살게 됩니다.

결국 레위기는 하나님의 사람들이 어떻게 하면 망하고, 어떻게 하면 살게 되는지를 가르쳐 줍니다.

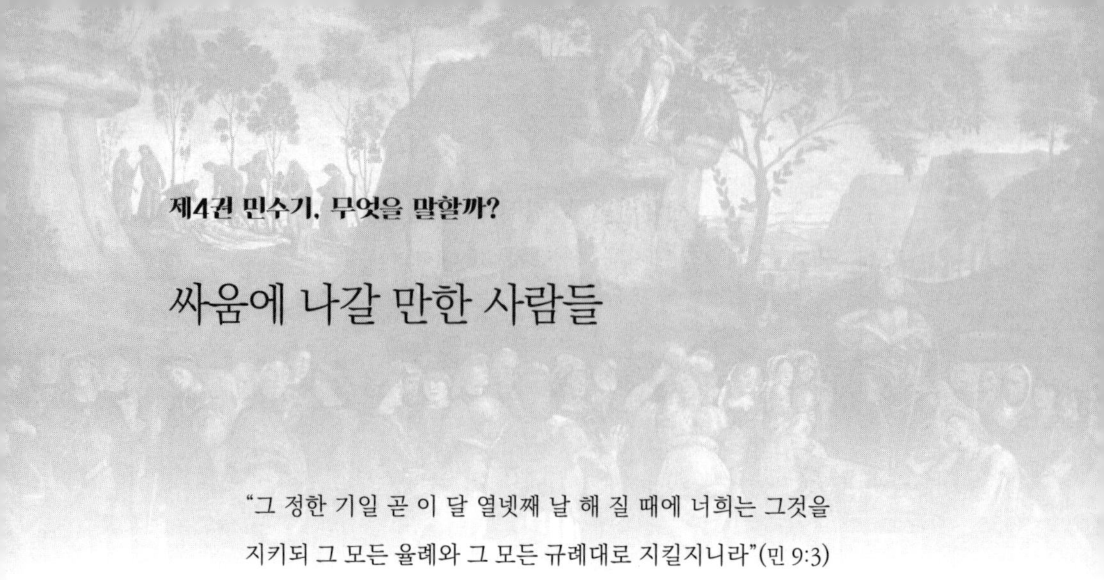

제4권 민수기, 무엇을 말할까?

싸움에 나갈 만한 사람들

"그 정한 기일 곧 이 달 열넷째 날 해 질 때에 너희는 그것을 지키되 그 모든 율례와 그 모든 규례대로 지킬지니라"(민 9:3)

민수기는 '수를 세다'는 뜻입니다. 민수기에는 두 번의 계수가 나옵니다. 그런데 일차로 계수된 사람들은 여호수아와 갈렙 두 사람을 제외하고는 모두 광야에서 죽었습니다. 가나안 땅으로 못 들어갔습니다. 이차 계수된 사람들이 가나안으로 들어갔습니다. 그 이유가 무엇입니까?

첫째, 싸움을 두려워한 사람들(1-25장)

일차 계수를 할 때 하나님은 모세에게 이렇게 말씀하셨습니다. "이스라엘 중 이십 세 이상으로 싸움에 나갈 만한 모든 자를 계수하라"(민 1:3) 왜 '싸움에 나갈 만한 자'라고 말씀하셨을까요? 이스라엘 앞에 싸움이 있다는 의미입니다. 어떤 싸움이 있습니까? 먼저 가나안 땅에 사는 사람들과의 싸움입니다. 가나안 땅은 젖과 꿀이 흐르는 땅으로 여호와 하나님이 이스라엘에게 주고자 하셨습니다. 그러나 그 땅은 그냥 얻는 것이 아니라, 그 땅 사람들을 진멸해야 했습니다. 그 땅을 얻은 후에는 그 땅에 깊이 뿌리박힌, 가나안의 우상문화와 싸워야 했습니다. 그래서 이스라엘의 정체성을 굳게 세워야 했습니다. 더 나아가 자기 자신들과도 싸워야 했습니다. 특히 애굽에서 형성된 옛 자아, 현재의 생활이 어려울 때 옛날로 돌아가고자 하는 회귀본능과 싸워야 했습니다.

그런데 그들은 어떠했습니까? 제대로 싸우지 못했습니다. 먼저 자신과 싸우지 못했습니다. 광야에서 만나를 먹으면서 밋밋하게 사는 자신을 견디지 못했습니다. 애굽에서의 고기, 자극적인 음식을 그리워했고, 애굽 생활이 재미있었다고 했습니다(민 11:18). 그들은 자유민으로 사는 현재보다 노예로 살던 옛날을 그리워했습니다. 그들은 가나안 사람들을 두려워하여 싸우기도 전에 울기부터 시작했습니다. 상대방은 거인같고, 자기들은 메뚜기같다고 했습니다. 그들은 싸워보지도 못하고 지고 말았습니다. 젖과 꿀이 흐르는 가나안 땅을 눈앞에 두고 이렇게 말했습니다. "어찌하여 여호와가 우리를 그 땅으로 인도하여 칼에 쓰러지게 하려 하는가 우리 처자가 사로잡히리니 애굽으로 돌아가는 것이 낫지 아니하랴"(민 14:3) 노예에서 해방되어 자유를 얻게 되었는데 다시 노예가 되자고 주장했습니다. 절제하지 못하고, 생각도 없고, 본성대로 행동하였습니다. 만일 이스라엘이 그런 상태로 가나안에 들어간다면 그 땅에서 그들이 어떻게 되겠습니까? 가나안에 먹혀버리고 말 것입니다. 그들은 싸울 준비가 전혀 안 되어 있었습니다. 하나님은 그들 전부를 광야에 엎드러지게 하셨습니다.

둘째, 싸울 준비가 된 사람들(26-36장)

일차 계수 후 40년 동안 이스라엘은 여호수아와 갈렙만 남기고 모두 광야에서 죽었습니다. 40년이 지난 후 여호와 하나님은 다시 말씀하셨습니다. "이스라엘 자손의 온 회중의 총수를 그들의 조상의 가문을 따라 조사하되 이스라엘 중에 이십 세 이상으로 능히 전쟁에 나갈 만한 모든 자를 계수하라"(민 26:2) 이번에도 능히 싸움에 나갈 만한 자를 계수하라고 하셨습니다. 그러면 그들은 어떠했습니까? 먼저 가나안 땅에 들어간다는 것을 확신했습니다. 27장과 36장 두 군데에 슬로보핫의 딸들에 대한 기록이 있습니다. 아들 없이 딸만 있는 집의 땅에 관한 일 때문이었습니다. 그 기록은 그들이 가나안 땅에 들어가는 것을 전제로 하였습니다. 그것은 가나안 사람들과의 싸움을 피하지 않는다는 것, 그 땅을 얻는다는 것이 전제임을 알 수 있습니다. 하나님께서 허락하신 땅이기에 가서 차지하자는 열정이 있었습니다. 분명한 목표가 설정되었습니다. 그리고 실제적인 준비도 되었습니다. 모세의 지시에도 잘 따랐습니다. 31장에는 이스라엘이 미디안을 치고 이깁니다. 이스라엘은 싸울 줄 아는 사람들이 되었습니다. 결국 그들이 가나안으로 들어갔습니다. 싸우려고 하지 않는 사람은 가나안에 들어가지 못했고, 싸울 준비가 된 사람이 들어갔습니다.

싸움에 나갈 만한 사람의 대표가 여호수아입니다. 그는 가나안 땅을 정탐했던 12 두령중의 한 사람이었습니다. 가나안 땅을 정탐한 10명의 두령들은 싸우려 하지 않았습니다. 가나안 성들은 견고하고, 사람들은 거인같다고 했습니다. 반면 자신들은 메뚜기 같다고 평가했습니다. 싸움에 나갈 만한 자가 아니었습니다. 그러나 여호수아는 갈렙과 함께 싸우러 나가자고 했습니다. 왜냐하면 하나님께서 주신 땅이기 때문입니다. 40년이 지나서 여호수아는 이스라엘을 이끌고 미디안과의 첫 전쟁을 치릅니다. 이스라엘 백성들은 싸움에 나갈 만한 사람들이 되었습니다. 미디안과의 첫 전쟁에 이기므로, 장차 가나안 정복전쟁을 치를 준비가 되었습니다. 여호수아는 가나안 정복전쟁의 선봉장으로 쓰임받았습니다.

제5권 신명기, 무엇을 말할까?

세상의 방식인가? 하나님의 방식인가?

"너는 마음을 다하고 뜻을 다하고 힘을 다하여 네 하나님 여호와를 사랑하라"(신 6:5)

신명기는 독특한 책입니다. 모세오경 중에서 창세기, 출애굽기, 레위기, 민수기는 하나님이 모세에게 직접 말씀하신 것입니다. 그런데 신명기는 모세가 백성들에게 말한 것입니다. 중간 중간에 하나님이 말씀했다고는 하지만 모세가 인용한 말입니다. 신명기에는 모세가 하나님께로부터 받은 말씀과 함께 모세의 생각과 마음이 들어 있습니다. 가나안 땅에 들어가게 될 이스라엘 민족에 대한 모세의 간절한 당부가 들어 있습니다. 그 대상은 2세대 이스라엘이라고 할 수 있습니다. 1세대(출애굽할 때 20세 이상)는 지난 40년 간 광야에서 다 죽었고, 본문에서 모세가 대하고 있는 사람들은 대부분이 광야에서 태어나고 자란 2세대라고 할 수 있습니다.

그들에게 주는 모세의 간절한 당부가 무엇입니까? 그것은 한 마디로 말하면 가나안 땅에 들어가서 그 땅의 젖과 꿀(하나님의 축복)을 먹게 되었을 때 여호와 하나님의 계명들을 지키며, 마음을 다하여 여호와 하나님을 사랑하라는 것입니다(신 6:5). 그러면 왜 그런 당부가 필요했습니까? 모세는 그들이 그 땅의 젖과 꿀을 먹게 되면 언젠가 그 땅 백성의 신들을 따를 것이요, 동시에 여호와 하나님을 버릴 것을 알았습니다. "내가 알거니와 내가 죽은 후에 너희가 스스로 부패하여 내가 너희에게 명령한 길을 떠나 여호와의 목전에 악을 행하여 너희의 손으로 하는 일로 그를 격노하게 하므로 너희가 후일에 재앙을 당하리라"(신 31:29)

그들이 왜 그렇게 합니까? 그들은 생각하기를 그 땅에서 잘 살아가려면 그 땅의 문화를 받아들이고, 그 땅의 사람들을 배우며, 그 땅의 신들을 섬겨야 한다고 생각했습니다. 소위 말하는 삶과 신앙의 토착화가 이루어져야 한다고 생각했던 것 같습니다. 그렇게 하는 것이 사는 길이라고 생각했던 것 같습니다. 그런데 그것은 결국 망하는 길이었습니다. 모세는 이스라엘이 그 점을 분명히 알기를 원해서 이렇게 긴 말을 했습니다.

모세가 알고 말하는 사는 길은 그것이 아니라, 이것이었습니다. "그런즉 네 하나님 여호와를 사랑하여 그가 주신 책무와 법도와 규례와 명령을 항상 지키라"(신 11:1) "그러므로 너희는 내가 오늘 너희에게 명하는 모든 명령을 지키라 그리하면 너희가 강성할 것이요 너희가 건너가 차지할 땅에 들어가서 그것을 차지할 것이며, 또 여호와께서 너희의 조상들에게 맹세하여 그들과 그들의 후손에게 주리라고 하신 땅 곧 젖과 꿀이 흐르는 땅에서 너희의 날이 장구하리라"(신 11:8,9) 이런 그들에게 하나님의 축복이 함께 할 것입니다. 그들의 삶은 생명력으로 충만하고 풍성할 것입니다.

이렇게 보면 가나안 땅에 들어가서 살게 될 이스라엘에게 두 길이 놓여 있습니다. 하나는 여호와 하나님을 사랑하고 그 모든 말씀대로 사는 것입니다. 다른 하나는 가나안 땅의 신들과 그들의 법대로 살아가는 것입니다. 문제는 이스라엘이 그 땅에서 살다 보면 그 땅의 신들과 그 법대로 사는 것이 잘 사는 길이라고 생각하게 된다는 것입니다. 그래서 모세는 이렇게 길게 말하면서 이스라엘이 여호와 하나님의 법대로 살아서 복을 누리고 생명력이 풍성하기를 간절히 원합니다.

이 세대를 살아가는 우리에게도 항상 두 길이 놓여 있습니다. 이 세상의 방식이 있고 여호와 하나님의 방식이 있습니다. 그런데 문제는 세상 방식이 더 가깝고 친근하게 여겨집니다. 그러나 우리가 사는 길, 특히 생명력 풍성하게 사는 길, 모든 축복을 누리며 사는 길은 여호와 하나님의 방식입니다.

모세의 고별 메시지가 신명기입니다. 모세는 40년간 애굽의 궁중교육을 받았습니다. 그리고 40년간 광야에서 자연교육을 받았습니다. 인간과 자연, 세상의 방식대로 살았습니다. 그리고 40년간 하나님의 방식대로 살았습니다. 살아보니 세상 방식이 더 가깝고 친근하였습니다. 하나님의 방식대로 사는 것은 여러모로 투쟁이 필요했습니다. 그러나 결론적으로 보니 하나님의 방식대로 사는 것이 생명의 길이요, 풍요의 길이었습니다. 하나님의 방식대로 사니, 혈기많던 모세가 세상에서 가장 온유한 사람이 되었습니다. 그래서 모세는 분명하게 말합니다. "이스라엘아 들으라 우리 하나님 여호와는 오직 유일한 여호와이시니 너는 마음을 다하고 뜻을 다하고 힘을 다하여 네 하나님 여호와를 사랑하라"(신 6:5) 하지만 이스라엘이 실패할 것을 알았습니다. 하나님의 방식보다 세상의 방식을 따라 살게 될 것을 알았습니다. 나라가 시작하기도 전에 나라가 망하고 포로로 잡혀갈 것을 예언하였습니다. 긴 역사 속에서 사람은 하나님의 방식대로 살 수 없음을 깨닫게 될 것입니다. 사람들은 이런 전적 무능을 경험하며 하나님의 구원을 찾게 될 것입니다. 모세는 이런 그들에게 자기와 같은 선지자가 올 것을 말해 줍니다. 장차 올 메시야를 바라보도록 권면하고 있습니다. 약속대로 메시야 예수님이 오셨고, 성령 하나님께서 각 사람의 마음에 내주하십니다. 이제 세상 방식이 아닌 하나님의 방식대로 살 조건이 주어졌습니다. 하나님의 방식대로 살아서 생명력이 풍성하며, 모든 축복을 누리며 살기를 기도합니다.

제2편
구약의 역사서, 무엇을 말할까?

어떻게 가나안을 정복할 수 있었습니까?

"강하고 담대하라 너는 내가 그들의 조상에게 맹세하여 그들에게 주리라 한 땅을 이 백성에게 차지하게 하리라 오직 강하고 극히 담대하여 나의 종 모세가 네게 명령한 그 율법을 다 지켜 행하고 우로나 좌로나 치우치지 말라 그리하면 어디로 가든지 형통하리니"(수 1:6-7)

여호수아서는 한 마디로 요약한다면 여호수아와 이스라엘 백성의 가나안 정복 역사라고 할 수 있습니다. 여호수아와 이스라엘은 하나님의 약속의 땅 가나안을 정복했고 각 지파별로 분배했습니다. 그런데 40년 전 이스라엘은 가나안 정복에 실패했습니다. 그 땅에 살고 있던 크고 강한 민족들에 대한 두려움 때문에 그 땅에 들어가 보지도 못하고 뒤로 물러서야 했습니다. 40년 동안 광야를 떠돌면서 모두 죽었습니다. 동시에 새로운 세대가 태어났습니다. 그리고 이번에는 가나안 땅을 정복했습니다. 40년 전에는 실패했는데, 이번에는 성공했습니다.

그러면 어떻게 성공할 수 있었습니까? 한 마디로 요약해서 말한다면, 여호와 하나님의 말씀을 따랐기 때문이었습니다.

하나님께서는 가나안 정복을 눈 앞에 둔 여호수아에게 말씀하십니다. “강하고 담대하라 너는 내가 그들의 조상에게 맹세하여 그들에게 주리라 한 땅을 이 백성에게 차지하게 하리라 오직 강하고 극히 담대하여 나의 종 모세가 네게 명령한 그 율법을 다 지켜 행하고 우로나 좌로나 치우치지 말라 그리하면 어디로 가든지 형통하리니 이 율법책을 네 입에서 떠나지 말게 하며 주야로 그것을 묵상하여 그 안에 기록된 대로 다 지켜 행하라 그리하면 네 길이 평탄하게 될 것이며 네가 형통하리라”(수 1:6-8)

본문을 보면 ‘마음을 강하고 담대하게 하여’ 적과 싸우라, 적을 물리치라 하지 않습니다. 오히려 ‘율법을 다 지켜 행하라’고 명령합니다. 율법을 다 지켜 행하는데 왜 강하고 담대할 필요가 있을까요? 사람들은 약하고 용기없는 사람이 하나님의 말씀을 따른다고 생각합니다. 그런데 다시 생각해 봅시다. 여호수아가 하나님의 율법을 다 지켜 행한다고 해서 적을 이길 수 있습니까? 하나님의 말씀대로 살아서 최신 무기로 무장한 적을 과연 이길 수 있습니까? 하나님의 말씀만 지키려 하다가는 도리어 적에게 고스란히 당하고 말 것 같습니다. 하나님의 말씀대로 행하는 시간에 한 명의 적이라도 쳐야 할 것 같습니다. 하나님의 율법대로 하는 것은 도리어 현실 도피 같습니다. 그래서 역으로 생각하면 하나님의 말씀대로 살려면 마음이 강해야 하고 용기가 있어야 합니다. 그것이 진정한 강함이요, 진정한 용기입니다.

하나님의 말씀대로 사는 것은 가나안 정복과 상관없는 것 같습니다. 하지만 그것이 그 땅을 정복하는 길입니다. 여호수아 3,4장에서 보면, 그들이 말씀대로 했을 때 요단 강물이 멈추어 섰습니다. 모두가 요단강을 마른 땅같이 건넜습니다. 또한 그들이 하나님의 구체적 말씀대로 행했을 때 견고하던 여리고 성벽이 무너졌습니다(수 6:16). 반대로 작은 아이성에서는 말씀을 따르지 않았기 때문에 도리어 크게 패하고 말았습니다(수 7:5). 후에 다시 말씀대로 했을 때 아이성을 정복할 수 있었습니다. 이어서 가나안 모든 성을 정복할 수 있었고, 각 지파가 땅을 분배받을 수 있었습니다.

여호수아가 모세에 이어 이스라엘의 지도자가 되고, 가나안 정복 전쟁을 지휘하게 되었을 때, 그는 많은 생각을 했을 것입니다. 총 책임자로서 무거운 책임감을 가졌습니다. 가나안 땅을 자세하게 정탐하였기 때문에, 가나안 정복 전쟁에 대한 전략과 전술을 세웠을 것입니다. 군사훈련을 통해서 군사력을 증강시키고, 필요한 물품도 많이 준비했을 것입니다. 군사들의 사기를 진작시키기 위해서도 애를 썼습니다. 이때 하나님의 계시가 임하였습니다. 모세가 명령한 율법을 다 지켜 행하면 가나안 땅을 차지하게 될 것이라는 말씀이었습니다. 보이는 현실과 실제 삶과는 무관한 말씀처럼 들렸습니다. 게임도 아니고 생사가 달린 전쟁을 앞두고 말씀순종은 비현실적으로 보였습니다. 그러나 여호수아는 마음을 강하고 담대히 하여 율법을 다 지켜 행하였습니다. 하나님께서 총 책임자와 지도자이심을 믿었습니다. 여리고성을 공격할 때 여호수아는 하나님의 명령을 따라서 성 주위만을 돌았습니다. 이해 못하는 이스라엘 백성들을 설득하여 순종시켰습니다. 아간과 같이 불순종하는 사람이 나왔지만, 회개시키며 한 걸음씩 나아갔습니다. 결국 가나안 땅을 정복하였습니다. 여호수아는 '하나님은 구원이시다'는 뜻입니다. 여호수아는 가나안 정복전쟁을 통해서 하나님이 구원이심을 깊이 체험하였습니다. 자기와 자기 집안은 이 구원의 하나님을 끝까지 섬기겠다고 고백합니다(수 24:15). 그러면서 '너희가 섬길 자를 오늘 택하라' 질문합니다. 무엇을 선택하시겠습니까?

말년에 여호수아는 자기 뒤에 남을 백성에게 이렇게 말합니다. "너희의 하나님 여호와께서 너희를 위하여 이 모든 나라에 행하신 일을 너희가 다 보았거니와 너희의 하나님 여호와 그는 너희를 위하여 싸우신 이시니라"(수 23:3) "그러므로 너희는 크게 힘써 모세의 율법 책에 기록된 것을 다 지켜 행하라 그것을 떠나 우로나 좌로나 치우치지 말라"(수 23:6) 그것이 승리의 비결임을 여호수아는 지난 정복전쟁의 경험을 통해서 깊이 깨달았습니다.

제7권 사사기, 무엇을 말할까?

자율인가? 왕의 통치인가?

"여호수아가 죽은 후에 이스라엘 자손이 여호와께 여쭈어 이르되 우리 가운데 누가 먼저 올라가서 가나안 족속과 싸우리이까"(삿 1:1)

사사기서는 이렇게 시작합니다. "여호수아가 죽은 후에 이스라엘 자손이 여호와께 여쭈어 이르되 우리 가운데 누가 먼저 올라가서 가나안 족속과 싸우리이까?"(삿 1:1) 여호수아가 죽은 후에 이스라엘에 여호수아 같은 지도자가 없었습니다. 여호수아가 후계자를 세우지 않았습니다. 왜 세우지 않았을까요? 생각을 못했을까요? 아니면 후계자로 세울 만한 사람이 없었을까요? 본문에 기록되어 있지 않으니 분명하게 말할 수는 없습니다. 그런데 본문에서 '이스라엘 자손이 여호와께 물었습니다'는 말씀을 보니 이스라엘에 전환이 왔다는 것을 알 수 있습니다. 그 전까지는 모세 혹은 여호수아가 여호와께 물었습니다. 그러나 이제는 이스라엘이 여호와께 물었습니다. 이제 이스라엘이 직접 여호와 하나님께로 나아가 물을 수 있게 되었다는 것입니다. 그렇다면 모세나 여호수아 같은 지도자가 없어도 이스라엘이 직접 여호와 하나님께로 나아갈 수 있게 되었습니다. 이것이 하나님의 새로운 뜻이 아닐까 생각됩니다. 하나님은 이스라엘이 자립적이고 자율성을 가진 사람들이 되기를 원하셨습니다. 이스라엘 전체의 일을 결정할 때도 각 지파 대표들이 서로 의논하고 기도하여 결정하고 방향 잡기를 원하셨던 것 같습니다. 어쩌면 여호와 하나님은 고대사회에서 이스라엘로부터 시작해서 민주정치를 실현하고자 하셨던 것 같습니다. 그러려면 이스라엘의 각 사람들의 개인 신앙이 분명해야 했습니다. 각 사람이 자율성을 가져야 했습니다. 각 사람이 자기 삶을 책임질 수 있어야 했습니다. 이스라엘 각 사람이 가나안 땅에 살면서도 가나안의 종교와 문화를 이기고 이스라엘의 정체성을 지켜야 했습니다.

그런데 그렇게 하지 못했습니다. 여호수아와 그 시대 사람들이 죽은 후 이스라엘은 가나안 종교와 문화, 그리고 사람에 말려들었습니다. 우상 숭배자들이 되었고, 가나안 문화에 동화되었습니다. 하나님은 그런 그들을 적의 손에 넘기셔서 억압과 착취를 당하게 하셨습니다. 이에 이스라엘은 괴로움으로 부르짖었습니다. 하나님은 그 때마다 사사를 세우셔서 이스라엘을 구원하셨습니다. 사사가 다스리는 동안에는 이스라엘이 여호와 하나님을 섬겼지만, 사사가 죽은 후에는 다시 가나안 문화로 빠져들었습니다.

그런 일이 반복되다가 마지막 사사 삼손 이후에는 다시는 사사가 세워지지 않았고 대신 이런 말이 반복됩니다. "그 때에는 이스라엘에 왕이 없으므로 사람마다 자기 소견에 옳은 대로 행하였더라"(삿 17:6, 18:1, 19:1, 21:25) 사사기 저자는 이스라엘에게 왕이 필요함을 인정하였습니다. 이 말에는 두 가지 문제가 있습니다. 첫째, 여호와 하나님이 이스라엘의 왕이 되실 수 없었는가? 둘째, 이스라엘이 자율성을 포기한 것인가? 이스라엘 각 사람이 인격적이고 성숙한 신앙을 포기한 것인가?

여호수아 이후 사사시대에 여호와 하나님은 이스라엘에 대해서 이상적인 생각을 하셨습니다. 각 사람의 자율성을 존중해주고, 각 사람의 결정을 존중하고자 하셨습니다. 그런데 결국 그 일이 실패로 끝났다고 할 수 있습니다. 그러면 그 일이 아주 완전히 끝나버린 것일까요? 하나님은 언젠가는 그 기대를 이루실 것입니다.

자율과 책임을 실현한 대표로서 입다를 생각할 수 있습니다. 입다는 기생의 아들이었습니다. 길르앗 집에서도 쫓겨났습니다. 얼마나 많은 어려움과 슬픔을 당했겠습니까? 그러나 그는 큰 용사로 자라났습니다. 암몬이 이스라엘을 치려고 하자, 입다에게 구원을 요청했습니다. 입다는 전쟁에 나가면서 절박한 마음으로 하나님께 소원합니다. "그가 여호와께 서원하여 이르되 주께서 과연 암몬 자손을 내 손에 넘겨 주시면 내가 암몬 자손에게서 평안히 돌아올 때에 누구든지 내 집 문에서 나와서 나를 영접하는 그는 여호와께 돌릴 것이니 내가 그를 번제물로 드리겠나이다 하니라"(삿 11:30,31) 그런데 가장 먼저 기뻐하며 나온 것이 그의 무남독녀, 외동딸이었습니다. 입다는 마음이 무너졌습니다. 사람들은 입다처럼 허투로 서원하면 안 된다고 질타합니다. 입다는 이미 전쟁에 이겼으니, 그 서원을 안 지킬 수도 있었습니다. 하나님과 단 둘이 한 것이니 그냥 모른 체 할 수 있었습니다. 다른 것으로 대체할 수 있었습니다. 그러나 입다는 그렇게 하지 않았습니다. 입다는 외동딸을 바치므로 서원에 대한 책임을 졌습니다. 하나님께서도 독생자 예수님을 우리 위해 주시겠다고 약속하셨고, 그 책임을 지셨습니다. 하나님은 자율을 주시지만 그에 대한 책임을 물으시는 분이십니다. 성령 하나님께서 우리 마음에 내주하시면서 우리가 자율과 책임을 가진 하나님의 사람으로 성장하도록 도와주십니다.

제8권 룻기, 무엇을 말할까?

비움에서 채움으로

"여인들이 나오미에게 이르되 찬송할지로다 여호와께서 오늘 네게 기업 무를 자가 없게 하지 아니하셨도다 이 아이의 이름이 이스라엘 중에 유명하게 되기를 원하노라"(룻 4:14)

룻기에 세 사람의 주인공이 있습니다. 나오미, 룻, 보아스입니다. 그리고 보이지 않는 주인공이 있는데, 기업 무르는 법입니다.

첫째, 나오미

나오미는 남편과 두 아들과 함께 베들레헴의 기근을 피해 모압으로 갔습니다. 그런데 거기서 나오미는 남편과 두 아들을 모두 잃었습니다. 나오미는 그런 자신을 이렇게 표현했습니다. "내가 풍족하게 나갔더니 여호와께서 내게 비어 돌아오게 하셨느니라"(룻 1:21) 하나님께서 왜 그렇게 하셨습니까? 나오미가 베들레헴을 떠나 이방 땅으로 갔기 때문입니까? 기근의 때에 하나님께 대한 믿음이 없었기 때문입니까? 이유를 알 수는 없지만, 어쨌든 나오미는 풍족하게 나갔다가 비어 돌아왔습니다. 그러나 여호와 하나님은 다시 그를 채워주셨습니다. 룻, 보아스를 통해서!

둘째, 룻

룻은 나오미의 첫째 며느리였습니다. 룻은 모압 여인이었지만, 나오미 집에 시집와서 그 집 가족이 되었습니다. 그러나 나오미처럼 남편을 잃었습니다. 룻은 자기와 시어머니에게 무슨 일이 일어났는지 다 보았습니다. 그런데도 룻은 홀로 된 시어머니를 끝까지 따랐습니다. 그는 말했습니다. "어머니께서 가시는 곳에 나도 가고 어머니께서 머무시는 곳에서 나도 머물겠나이다 어머니의 백성이 나의 백성이 되고 어머니의 하나님이 나의 하나님이 되시리니 어머니께서 죽으시는 곳에서 나도 죽어 거기 묻힐 것이라 만일 내가 죽는 일 외에 어머니를 떠나면 여호와께서 내게 벌을 내리시고 더 내리시기를 원하나이다"(룻 1:16,17) 나오미는 다 잃은 것 같았는데, 하나님은 나오미에게 이런 룻을 남겨두셨습니다.

셋째, 보아스

보아스는 베들레헴의 유력한 인물이었습니다. 보아스는 시어머니를 따라온 룻을 귀하게 여겼습니다. "보아스가 그에게 대답하여 이르되 네 남편이 죽은 후로 네가 시어머니에게 행한 모든 것과 네 부모와 고국을 떠나 전에 알지 못하던 백성에게로 온 일이 내게 분명히 알려졌느니라 여호와께서 네가 행한 일에 보답하시기를 원하며 이스라엘의 하나님 여호와께서 그의 날개 아래에 보호를 받으러 온 네게 온전한 상 주시기를 원하노라 하는지라"(룻 2:11,12). 보아스는 기업 무르는 법을 따라 그런 룻을 아내로 맞아들이기를 조금도 주저하지 않았습니다. 룻과 보아스, 두 사람으로 인해 나오미는 결국 아들 오벳을 얻었고, 그의 인생은 회복되었습니다. 그러나 그 일에는 보이지 않는 법이 있었습니다.

넷째, 기업 무르는 법

보아스가 룻을 아내로 취한 것은 기업 무르는 법 때문이었습니다. "그 사람은 우리와 가까우니 우리 기업을 무를 자 중의 하나이니라"(룻 2:20) "나는 당신의 여종 룻이오니 당신의 옷자락을 펴 당신의 여종을 덮으소서 이는 당신이 기업을 무를 자가 됨이니이다"(룻 3:9) '기업 무르는 법'이란 남편도 없고 아들도 없는 여자를 위해 가까운 친척이 그 여자와 결혼하여 아들을 낳아주어 죽은 사람의 기업을 이어주게 하는 법입니다. 이는 하나님의 구원의 법이요, 은혜의 법입니다. 결국 이 법 때문에 나오미는 비움의 삶에서 채움의 삶으로 옮겨갈 수 있었습니다. 혹시 비움의 삶 때문에 슬픈 이가 있습니까? 하나님이 다시 채우실 것입니다.

구약에서 하나님은 기업 무르는 법을 통해 결핍을 채우셨습니다. 신약에서 하나님은 어떻게 사람을 채우십니까? 예수 그리스도를 통해서 채우십니다. 예수님을 믿기만 하면 죄사함을 받습니다. 사단의 종이 하나님의 자녀가 됩니다. 하나님을 대적하던 원수가 하나님의 상속자가 됩니다. 한낱 피조물에 지나지 않던 존재가 창조주의 자녀가 됩니다. 비움과 결핍이 아닌 채움과 풍성한 인생이 되는 것입니다. 더 나아가 성령 하나님께서 우리 마음에 들어오시므로, 우리를 꽉 채워주십니다. 하나님이 우리를 채워주십니다.

엘리와 사무엘, 사울과 다윗

"그러므로 이스라엘의 하나님 나 여호와가 말하노라 내가 전에 네 집과 네 조상의 집이 내 앞에 영원히 행하리라 하였으나 이제 나 여호와가 말하노니 결단코 그렇게 하지 아니하리라 나를 존중히 여기는 자를 내가 존중히 여기고 나를 멸시하는 자를 내가 경멸하리라"(삼상 2:30)

사무엘상에는 기존의 자리에서 폐해진 두 사람과 그 자리에 대신 세워진 두 사람이 대조되어 나옵니다. 먼저는 제사장 엘리(두 아들 포함)와 사무엘이요, 다음은 이스라엘의 초대 왕 사울과 그 뒤를 이은 다윗입니다. 제사장 엘리와 초대 왕 사울 둘 다 죽어서 그 직분에서 밀려났지만, 실은 하나님께서 그들을 직분에서 밀어내셨습니다. 그 이유가 무엇입니까? 그리고 사무엘, 다윗은 왜 대신하여 직분을 맡게 되었습니까?

첫째, 엘리와 사무엘

엘리는 왜 제사장 직분에서 밀려났습니까? 엘리는 하나님보다 자기 아들들을 더 사랑했기 때문입니다. 엘리의 두 아들은 불량한 사람들이었습니다. 이스라엘 백성이 여호와께 드리는 제사로 자기들 배를 불렸습니다. 심지어 회막에서 일하는 여인들과 동침하기까지 했습니다. 아버지 엘리는 아들들의 비리를 알고서도 '내 아들들아! 그리하지 말라' 말만 하고 아무런 조치도 취하지 않았습니다. 그런 엘리에게 여호와 하나님께서 말씀하십니다. "너희는 어찌하여 내가 내 처소에서 명령한 내 제물과 예물을 밟으며 네 아들들을 나보다 더 중히 여겨 내 백성 이스라엘이 드리는 가장 좋은 것으로 너희들을 살지게 하느냐 그러므로 이스라엘의 하나님 나 여호와가 말하노라 내가 전에 네 집과 네 조상의 집이 내 앞에 영원히 행하리라 하였으나 이제 나 여호와가 말하노니 결단코 그렇게 하지 아니하리라 나를 존중히 여기는 자를 내가 존중히 여기고 나를 멸시하는 자를 내가 경멸하리라"(삼상 2:29,30) 결국 두 아들은 전쟁에서 죽었고 엘리는 의자에서 넘어져 죽었습니다.

한편 사무엘은 한나의 아들이었습니다. 한나는 엘리와 달리 아들을 하나님보다 더 중히 여기지 않았습니다. 사무엘은 한나가 하나님께 간절히 기도하여 얻은 아들입니다. 한나는 이렇게 기도했습니다. "만군의 여호와여 만일 주의 여종의 고통을 돌보시고 나를 기억하사 주의 여종을 잊지 아니하시고 주의 여종에게 아들을 주시면 내가 그의 평생에 그를 여호와께 드리고 삭도를 그의 머리에 대지 아니하겠나이다"(삼상 1:11) 그리고 마침내 아들 사무엘을 얻었습니다. 한나는 그 아들을 하나님께 드렸습니다. "그러므로 나도 그를 여호와께 드리되 그의 평생을 여호와께 드리나이다"(삼상 1:28) 한나는 아들보다 하나님을 더 중히 여겼습니다. 사무엘도 자라, 그런 인물이 되었습니다.

둘째, 사울과 다윗

그런 사무엘에 의해 사울이 이스라엘의 초대 왕으로 세움 받았습니다. 그런데 사울은 두 가지 사건 때문에 왕위에서 밀려났습니다. 하나는 왕이 여호와 하나님께 분향한 것이요, 다른 하나는 아말렉을 진멸하지 않은 것입니다. 그런 사울은 이스라엘 초대 왕으로서 자기 위치와 할 일을 알지 못했습니다. 초대 왕의 가장 큰 사명은 대적을 멸하는 것이었는데, 사울은 도리어 대적을 살려주었습니다. 그리고 후에 다윗을 정적으로 알고 다윗을 죽이려 했습니다. 그런 사울은 왕으로서 해야 할 일보다 왕 자리에 집착하는 인물이었습니다.

그러나 다윗은 왕으로서의 자리보다 할 일에 충실했습니다. 다윗은 사울에게 쫓겨 광야생활을 하면서도 기회 있을 때마다 대적들과 싸웠습니다. 그렇게 싸우는 것은 사울에게 자기를 노출시키는 것이어서 위험했지만, 개의치 않았습니다. 또 그에게 자기를 죽이려는 사울을 죽일 기회가 여러 번 있었습니다. 하지만 그 때마다 여호와 하나님께서 기름 부어 세우신 왕을 해칠 수 없다고 하며 사울을 죽이지 않았습니다. 다윗은 자기 생명이나 자기 자리보다 여호와 하나님을 더 무겁게 생각했습니다. 그런 다윗이 사울을 이어 이스라엘의 왕이 되었습니다.

하나님께서 엘리와 사울을 폐하시고, 사무엘과 다윗을 세우신 기준은 무엇입니까? 맡겨진 일에 충성여부였습니다. 제사장에게 맡겨진 가장 중요한 일은 예배입니다. 엘리는 예배보다 아들들을 더 소중히 여겼습니다. 반면에 사무엘은 시종으로 어릴 때부터 예배와 섬기는 일에 충성하였습니다. 12세 때 한 밤중에 하나님께서 불렀습니다(삼상 3장). 일과 시간이 지난 후이기에 모른 척하고 잘 수도 있었습니다. 그러나 사무엘은 벌떡 일어나 달려갑니다. 이런 충성심은 퇴임할 때도 나타납니다. 이스라엘 백성을 위하여 기도하기를 쉬는 죄를 범하지 않겠다고 고백합니다(삼상 12:22). 왕이 할 일은 하나님의 말씀을 듣고 대적들과 싸우는 것이었습니다. 다윗은 사울에 쫓겨 다닐 때도 이 일에 충성했습니다. 반면 사울은 왕의 자리에 집착하여 이 일을 소홀히 하였습니다. 다윗 죽이는 일에만 몰두하였습니다. 결국 그렇게 집착하던 왕의 자리를 빼앗기게 되었습니다. 사무엘과 다윗이 맡겨진 일에 충성할 수 있었던 것은 오랜 기간 훈련을 받았기 때문입니다. 사무엘은 시종으로 20, 30년을 헌신했고, 다윗은 17세부터부터 13년간 도망자로서 광야훈련을 받았습니다. 이 기간 인격적으로 하나님을 만났고, 하나님을 가장 사랑하게 되었습니다. 제사장으로, 왕으로 세우는 분이 사람이 아니고 하나님이심을 깊이 깨닫게 되었습니다.

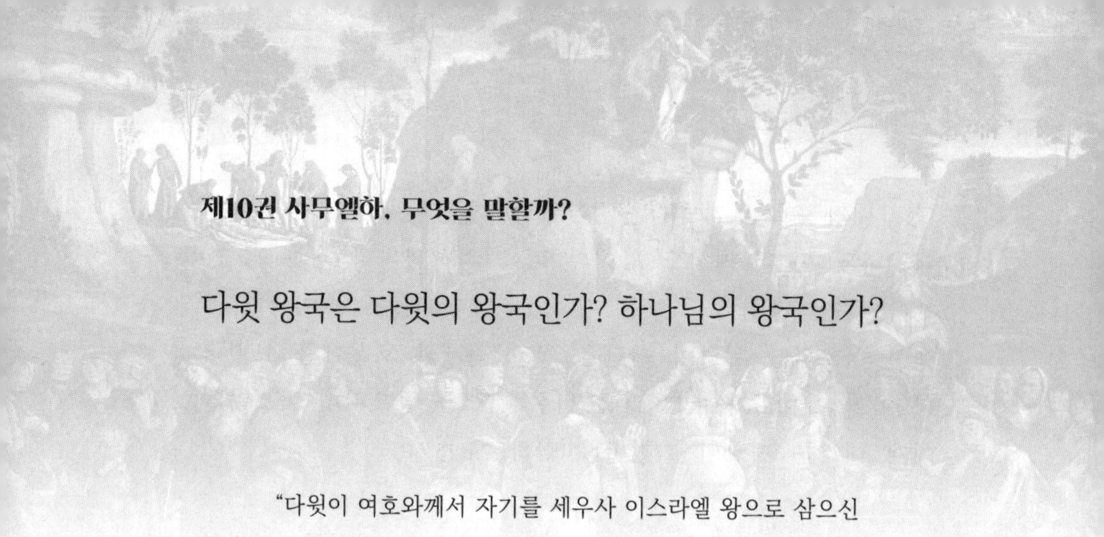

제10권 사무엘하, 무엇을 말할까?

다윗 왕국은 다윗의 왕국인가? 하나님의 왕국인가?

"다윗이 여호와께서 자기를 세우사 이스라엘 왕으로 삼으신 것과 그의 백성 이스라엘을 위하여 그 나라를 높이신 것을 알았더라"(삼하 5:12)

사무엘하는 크게 두 부분으로 나눌 수 있습니다. 1-10장 그리고 11-24장입니다. 1-10장은 사울이 죽은 후 다윗이 유다와 이스라엘의 왕이 되는 과정을 기록했습니다. 11-24장은 다윗이 왕이 된 후 일어난 일을 기록했습니다. 그런데 11-24장 사건을 보면, 다윗이 밧세바와 동침하고 우리아를 죽인 것, 아들들 중 암논이 이복 여동생 다말을 범하고 내쫓은 일, 이에 앙심을 품은 압살롬이 암논을 죽이고 도망한 일, 그 후 압살롬이 아버지 다윗을 반역하여 왕이 되고자 한 일, 그 일이 평정된 후 다시 세바가 반역한 사건입니다. 그리고 24장은 다윗이 이스라엘 인구를 조사하고 그 일로 인해 하나님이 이스라엘을 친 사건입니다. 이런 일들은 별로 좋은 일이 아닙니다. 그런데 왜 이런 일들이 기록되었을까요? 이런 일들의 의미가 무엇일까요?

11-24장 부분을 보면 시작과 끝에서 반복되는 말이 있습니

다. “내가 여호와께 죄를 범하였노라 하매 나단이 다윗에게 대답하되 여호와께서도 당신의 죄를 사하셨나니”(삼하 11:13) “나는 죄를 범하였고 악을 행하였나이다”(삼하 24:17) “그 곳에서 여호와를 위하여 제단을 쌓고 번제와 화목제를 드렸더니 이에 여호와께서 그 땅을 위한 기도를 들으시매 이스라엘에게 내리는 재앙이 그쳤더라”(삼하 24:25)

역사적으로 유명한 왕은 그 왕의 위대성, 탁월함, 비범함 등을 기록합니다. 유명한 왕은 거의 신적인 존재가 됩니다. 이스라엘 역사에서 다윗 왕도 그런 존재가 될 수 있었습니다. 그러나 성경은 다윗이 여호와 하나님께 죄를 범한 왕이라고 기록합니다. 다윗이 왕이 된 것부터가 다윗이 위대해서가 아니라 여호와 하나님이 다윗을 왕으로 세우신 것이었습니다. “다윗이 여호와께서 자기를 세우사 이스라엘 왕을 삼으신 것과 그 백성 이스라엘을 위하여 그 나라를 높이신 것을 알았더라”(삼하 5:12)

다윗이 밧세바 사건 후에 ‘내가 여호와께 죄를 범하였다’고 했을 때, 하나님은 그를 용서하셨습니다. 그리고 다윗과 밧세바 사이에서 낳은 첫 아들을 하나님이 죽이셨습니다. 하지만, 두 번째 아들 솔로몬은 ‘여디디야’ 곧 여호와의 사랑을 입은 자라는 이름을 주시고 그를 다윗의 후계자로 삼으셨습니다. 이는 무엇을 말합니까? 다윗 왕국이 다윗의 위대함 때문에 세워진 것이 아니라, 하나님의 사랑 위에 세워진 왕국임을 말해줍니다. 24장에서 다윗은 여호와께 죄를 범했고, 그 때문에 나라는 큰 재앙을 당했습니다. 그런데 하나님은 다윗이 죄를 인정했을 때 용서하셨습니다. 이 일은 이스라엘이 다윗이 아니라, 여호와 하나님의 용서 위에 세워진 나라임을 보여줍니다. 다윗은 그의 노래에서 이것을 말합니다. "여호와는 나의 반석이시요 나의 요새시요 나를 위하여 나를 건지시는 자시오. 내가 피할 나의 반석의 하나님이시요 나의 방패시요 나의 구원의 뿔이시요 나의 높은 망대시요 그에게 피할 나의 피난처시요 나의 구원자시라 나를 폭력에서 구원하셨도다"(삼하 22:2,3)

다윗이 아무리 위대하다 하더라도 하나님에게 죄를 범한 죄인입니다. 여호와 하나님의 사랑과 도우심이 없었다면 그의 왕권도, 그의 나라도 없었을 것입니다. '나'는 가진 것이 있고, 이룬 것이 있을 수 있습니다. 그리고 그것 때문에 나를 크게 볼 수 있습니다. 그러나 그 모든 것이 어디서 온 것입니까? 하나님에게서 옵니다. 하나님이 왕이시고, 다윗 왕권도 하나님이 세우심을 믿고 행하는 것입니다. 압살롬 사건에서 하나님이 왕을 그만 두라고 하면 그만 두겠다고 고백합니다. 다윗은 무슨 일이 생기면 하나님께 물었습니다. 다윗은 자기가 왕이면서도, 만왕의 왕이신 하나님 앞에서 살았습니다. 하나님께서 왕권을 주신다고 믿었습니다. 하나님께서 왕권을 지키신다고 믿었습니다. 그러므로 다윗이 힘쓴 일은 왕이신 하나님을 잘 따라가는 것이었습니다. 자신의 잘못을 인정하고 회개하기에 힘을 썼습니다. 그리고 마지막에 고백합니다. "여호와는 나의 목자시니 내게 부족함이 없으리로다"(시 23:1)

제11권 열왕기상, 무엇을 말할까?

여호와께로 돌아오지 않는 사람들

"엘리야가 모든 백성에게 가까이 나아가 이르되 너희가 어느 때까지 둘 사이에서 머뭇머뭇 하려느냐 여호와가 만일 하나님이면 그를 따르고 바알이 만일 하나님이면 그를 따를지니라 하니 백성이 말 한마디도 대답하지 아니하는지라"(왕상 18:21)

열왕기상에는 네 사람이 중심인물입니다. 솔로몬(1-11장), 북 이스라엘의 왕 여로보암(12-14장), 북 이스라엘의 왕 아합(17-22장), 그리고 아합 왕 때의 선지자 엘리야입니다.

첫째, 솔로몬(1-11장)

솔로몬은 선지자 나단, 어머니 밧세바, 그리고 누구보다도 다윗의 세움을 받아 왕이 되었습니다. 왕이 된 후 솔로몬은 제일 먼저 백성을 바르게 재판할 수 있도록 하나님의 선악을 알고자 했습니다. 또 솔로몬은 성전을 건축하고서 백성이 성전을 향해 기도하고, 하나님은 성전에서 백성의 기도에 대답해 주시도록 기도했습니다. 솔로몬은 비록 왕이었지만, 백성의 진정한 왕은 여호와 하나님임을 알았습니다. 그러던 왕이 나이 들어 아내들의 말을 듣고서는 우상을 만들고 숭배했습니다. 결국 여호와 하나님을 유일한 하나님으로 알지 않았습니다(왕상 11:4). 여호와 하나님을 그렇게 잘 믿고 의지하던 솔로몬이 어떻게 그렇게 되었을까요? 다양성을 좋아하고 추구하게 된 것 같습니다. 왕은 한 여자만을 사랑하지 않고 여러 여자들을 사랑했는데, 문제없이 잘 해냈습니다. 또 우상을 숭배하는 여러 나라들과도 좋은 관계를 맺어 평화를 유지했고 나라는 더욱 부강해졌습니다. 그런 솔로몬은 신앙에서도 한 하나님 여호와만을 믿고 사랑하기보다 여러 신들을 섬기고 싶었고, 여러 신들을 섬기더라도 잘 해낼 것 같았습니다. 자기는 한 여자, 한 나라, 한 신을 섬기기에는 너무 능력이 많다고 생각했는지 여러 신들을 섬겼습니다. 솔로몬은 우리 식으로 표현하면 다양성을 추구하는 왕이었습니다. 그만큼 능력이 있었습니다. 사람이 능력이 많아지면 다양성을 추구하게 되는 것 같습니다. 그러면 신앙적으로 자기를 믿거나 눈에 보이는 다양한 신들을 추구하는 것 같습니다. 그런데 나라가 둘로 나누어졌습니다.

둘째, 여로보암(12-14장)

여로보암은 솔로몬 왕의 공사 감독관이었습니다. 하나님은 그를 왕으로 세우시면서 그가 다윗처럼 하나님의 율례와 명령을 잘 지키면 왕위를 견고하게 해주겠다고 말씀하셨습니다(왕상 11:38). 그런데 왕이 된 후 여로보암은 벧엘과 단에 금송아지를 만들어 세우고, '너희를 애굽에서 인도하여 올린 너희 신이라'고 말했습니다. 그가 왜 그렇게 했을까요? 혹시 자기 나라 사람들이 자기를 떠나 유다로 가지 않을까, 자기를 죽이지 않을까 하는 두려움 때문이었습니다(왕상 12:27). 여로보암은 사람들이 자기를 왕위에서 끌어내리고 죽일 수도 있다고 생각했습니다. 그는 하나님이 자기 자리를 지켜주실 것을 믿지 못했습니다. 더 나아가 그는 자기에게 일방적으로 주어진 왕의 자리에 집착했습니다. 내 앞날이 사람에게 달렸다고 생각하고, 현재의 자리에 집착하면 여로보암 같은 죄를 짓게 됩니다.

셋째, 엘리야와 아합(17-22장)

그러나 여호와 하나님은 그런 왕들과 이스라엘 사람들을 하나님께로 돌이키게 하시려고 선지자 엘리야를 아합 왕 시대에 보내셨습니다. 엘리야는 갈멜산에 바알 선지자들과 온 백성들을 모아놓고서 이렇게 말했습니다. “너희가 어느 때까지 둘 사이에서 머뭇머뭇 하려느냐 여호와가 만일 하나님이면 그를 따르고 바알이 만일 하나님이면 그를 따를지니라”(왕상 18:21)

그러나 아합 왕과 백성들은 바알을 떠나지 않았습니다. 그 이유가 무엇입니까? 바알은 기후를 주관하는 신이었습니다. 기후는 그들이 먹고 살아가는 문제와 직결되었습니다. 백성들은 자신이 먹고 살아가는 문제, 왕은 왕 자리를 지키는 문제를 여호와 하나님이 책임진다고 생각하지 않았습니다. 눈에 보이는 사람이나 권력, 눈에 보이는 힘이 책임진다고 생각했습니다.

내가 살아갈 힘과 자리는 누가 주시는 것입니까? 나 스스로 얻는 것입니까? 하나님이 주시는 것입니까? 또 그 자리를 누가 지켜 줍니까? 내가 지킵니까? 하나님이 지키십니까? 내 이익이 위협 당할 때, 어떻게 해야 합니까? 이 본질적인 질문 앞에 우리는 늘 서게 됩니다. 대부분은 솔로몬, 여로보암, 아합처럼 자기 이익을 위해서 자기 생각과 자기 힘으로 살아갑니다. 초대 왕 사울이 그러했고, 솔로몬과 르호보암도 자기 힘만 믿다가 망했습니다. 하나님같이 되려는 것은 아담부터 시작된 인간의 본성입니다. 그 힘이 얼마나 무서운지 망해야 끝이 납니다. 열왕기서가 그것을 보여줍니다. 아니 망해도 끝나지 않습니다. 이런 현실 앞에서 우리가 겸손함으로 목자이신 하나님을 따르기를 기도합니다. 성령 하나님의 도우심을 받아 늘 여호와께로 돌아가기를 간절히 기도합니다.

제12권 열왕기하, 무엇을 말할까?

하나님은 어디 계시는가?

> "엘리야의 몸에서 떨어진 그의 겉옷을 가지고 물을 치며 이르되 엘리야의 하나님 여호와는 어디 계시니이까 하고 그도 물을 치매 물이 이리 저리 갈라지고 엘리사가 건너니라"(왕하 2:14)

열왕기하 1장에서 이스라엘 왕 아하시야가 병들었는데, 사자를 보내어 에그론의 신 바알세붑에게 이 병이 낫겠나 물어보게 했습니다. 여호와의 사자가 엘리야에게 왕의 사자에게 이렇게 말하라고 했습니다. "이스라엘에 하나님이 없어서 너희가 에그론의 신 바알세붑에게 물으러 가느냐"(왕하 1:3) 이스라엘에 하나님이 없는가 있는가? 여호와가 하나님인가? 우상들이 하나님인가?

여호와 하나님은 선지자 엘리야와 엘리사를 통해서, 또 이스라엘 왕들에게 행한 여러 일들을 통해서 이스라엘에 하나님이 계심을 나타내 보이십니다. 여호와만이 하나님이심을 나타내 보이십니다. 엘리야가 하늘로 올라간 후 엘리사는 엘리사의 겉옷으로 요단강 물을 치며 말합니다. "엘리야의 하나님 여호와는 어디 계십니까?" 그 후 엘리야의 하나님은 엘리사의 하나님이 되셨습니다. 그리고 그 엘리사가 행한 17가지 기적들을 통해서 이스라엘에 하나님이 계심을 나타내셨습니다. 특히 아람의 총사령관 나아만이 엘리사의 말대로 요단강에서 세 번 몸을 씻은 후 문둥병이 나았습니다. 그 때 나아만은 이렇게 말합니다. "내가 이제 이스라엘 외에는 온 천하에 신이 없는 줄을 아나이다"(왕하 5:15)

엘리사가 님시의 손자, 여호사밧의 아들 예후에게 기름을 부어 왕으로 세웁니다. 예후는 여호와의 칼이 되어 아합 집을 진멸합니다. 그것은 아합이 농부 나봇을 죽인 죄에 대한 벌이었습니다. 아합 집을 진멸한 것은 여호와 하나님이 살아계시고 의인의 죽음에 복수하심을 보여준 것입니다. 그렇지만 하나님은 이스라엘이 다른 나라와 전쟁할 때는 이스라엘 편이 되셨습니다. 이렇게 여호와 하나님은 이스라엘에 하나님이 계심을 보여주셨습니다. 그런데도 이스라엘은 계속 우상을 섬겨 결국 나라가 망하고 말았는데, 그 의미는 무엇입니까?

열왕기하 18-20장의 히스기야 사건은 열왕기서의 핵심 사건이라고 할 수 있습니다. 예루살렘이 앗수르에 포위되어 함락 위기에 처했습니다. 그 때 히스기야는 하나님께 기도합니다. "우리 하나님 여호와여 원하건대 이제 우리를 그의 손에서 구원하옵소서 그리하시면 천하 만국이 주 여호와가 홀로 하나님이신 줄 알리이다"(왕하 19:19) 여호와는 예루살렘을 앗수르의 손에서 구원하셨고, 여호와만이 홀로 하나님이심을 나타내셨습니다. 그런데도 유다 사람들은 우상을 버리지 않았고 결국 유다도 망했습니다.

결국 북이스라엘과 남유다가 다 망했습니다. 그 일의 의미는 그들이 섬기던 우상, 눈에 보이는 우상들이 결코 그들을 구원하지 못했음을 가장 확실하게 보여주었습니다. 우리도 눈에 보이는 것들을 의지할 수 있는데, 그것들이 우리가 망할 때 우리를 구원할 수 없습니다.

더 나아가 이스라엘 백성들은 왜 그렇게 우상숭배에 집착했을까요? 가나안 땅에서 영원히 살고 싶었기 때문입니다. 이스라엘은 가나안 땅에서 번성하기 위해서 그 땅의 신인 바알과 아스다롯을 숭배하였습니다. 그 땅의 신들이 그들을 지켜줄 것을 믿었습니다. 가나안의 종교와 문화, 사람들에게 말려들었습니다. 우상숭배자가 되었고 가나안 문화에 동화되었습니다. 하나님이 주신 땅이기 때문에 주신 하나님을 소중히 여겨야 했는데, 오히려 그 땅을 소중히 여겼습니다. 결국 그들은 어떻게 되었습니까? 열왕기하 25장 21절 "이와 같이 유다가 사로잡혀 본토에서 떠났더라" 본토, 가나안 땅을 떠나게 되었습니다. 본토에서 떠나자마자 우상숭배가 사라졌습니다. 포로기간 오히려 하나님을 더 찾았습니다. 회당을 짓고, 말씀에 순종하는 모습들이 나타났습니다. 역설적이지만, 어려움의 때에 하나님의 백성다운 모습을 드러내었습니다. 가나안 땅을 벗어나 바벨론 땅에서 온 세상을 다스리시는 하나님을 만났습니다.

열왕기서는 이스라엘의 실패를 말하고 있습니다. 이 실패는 신명기에서 이미 모세가 예언한 내용입니다(신 28:64-68). 하나님의 백성이 성공해야지 실패하면 되겠는가? 이스라엘의 실패는 하나님의 실패로 연결될 수 있다는 점에서 문제가 됩니다. 그럼에도 하나님은 왜 이스라엘의 실패를 허용하셨을까요? 인간의 실존을 보여줍니다. 인간의 연약함과 완악함으로 스스로 구원에 이를 수 없는 현실을 보여줍니다. 인간의 무능함을 깊이 인식하면서, 구원자 메시야를 갈망하게 됩니다. 오직 하나님의 은혜만을 구하게 됩니다. 결국 이스라엘의 실패는 하나님의 은혜로 나아가게 합니다. 이스라엘의 연약함과 완악함에도 다윗 언약을 지켜가시는 하나님의 무조건적 사랑을 보게 됩니다. 다윗 왕가의 죄악에도 불구하고 하나님은 다윗 왕가를 지켜가십니다. 결국 다윗의 후손 예수 그리스도를 보내시므로 언약을 완성하십니다. 우리는 이 예수님을 통해 하나님의 백성, 더 나아가 하나님의 자녀가 되었습니다. 이것은 일방적인 은혜입니다. 열왕기서를 공부하며 인간의 실존을 보게 되는데, 다 우리의 모습입니다. 그럼에도 일방적으로 구원하신 하나님의 은혜를 풍성히 누리기를 기도합니다. 더 나아가 하나님의 백성으로서 어떻게 살아가야 하는가 하는 성화의 방향성과 기준과 목표를 확인할 수 있습니다. 사랑하는 자녀를 격려하고 때로는 징계를 통해서라도 성화시켜 가시는 하나님을 만날 수 있기를 기도합니다.

'하나님은 어디 계시는가?' 이 시대도 하나님이 없다고 말합니다. 그러나 우리는 한 가지 아는 것이 있습니다. 하나님께서 나를 사랑하사 독생자 예수님을 죽이셨다는 사실입니다. 이 예수님을 믿음으로 죄사함을 받고 하나님의 자녀가 되었습니다. 성령 하나님께서 나의 마음에 내주하고 계십니다. '하나님이 어디 계시는가?' 두리번거리며 찾을 필요가 없습니다. 우리 마음 한가운데 계십니다. 이제 이 하나님과 교제하면 됩니다.

제13권 역대상, 무엇을 말할까?

하나님에게 순종하고 묻는 사람은 승리합니다

"사울이 죽은 것은 여호와께 범죄하였기 때문이라 그가 여호와의 말씀을 지키지 아니하고 또 신접한 자에게 가르치기를 청하고 여호와께 묻지 아니하였으므로 여호와께서 그를 죽이시고 그 나라를 이새의 아들 다윗에게 넘겨 주셨더라"(대상 10:13-14)

역대기상은 크게 3부분으로 나눠집니다. 1-9장은 족보, 10-20장은 정복자 다윗, 21-29장은 성전건축 준비입니다. 역대상 1장 1절의 처음 시작이 '아담'입니다. 9장까지 이스라엘의 4,000년 역사 족보가 나옵니다. 역대기에서 족보는 무슨 의미가 있을까요? 크게 세 가지로 볼 수 있습니다. 첫째로 유대인의 뿌리입니다. 역대기는 유대인이 바벨론으로 끌려온 이 후에 기록된 것으로 알려져 있습니다. 그 때 유대인은 포로 신분이었습니다. 조국과 주권을 잃었습니다. 그들에게는 과거 역사가 없는 것처럼 보입니다. 그러나 그들에게도 위대한 뿌리가 있었습니다. 에스라는 그 뿌리를 기록함으로써 유대인들에게 민족의 긍지와 자긍심을 심어 주고자 했습니다.

둘째로 유대 역사입니다. 유대 역사는 유대인만의 역사가 아니라 세계 역사의 일부임을 말합니다. 이 족보는 인류의 조상 아담으로부터 시작합니다. 아담으로부터 세계 모든 족속이 생겨났고, 유대 역사도 그 역사 중 한 부분입니다. 결코 유대만의 고립된 역사가 아닙니다. 에스라는 유대 역사를 유대로만 고립시켜 보지 않고 세계 역사 속에서 보고자 했습니다.

셋째로 하나님의 도우심입니다. 족보에는 기도가 두 번 나옵니다. 야베스의 기도(대상 4:9,10)와 르우벤 자손의 기도(대상 5:20)입니다. 야베스와 르우벤 사람들은 역경의 때에 여호와 하나님께 기도했고, 하나님께서는 응답하셨습니다. 이런 역사가 후손들에게 주는 교훈이 무엇입니까? 바벨론에 잡혀 있는 유대인들은 장래를 두려워할 수 있었습니다. 민족이 이대로 없어져 버리는 것은 아닌가 하며 겁 먹을 수 있었습니다. 그들 앞에 수많은 적들이 있습니다. 그러나 그들은 하나님께 기도할 수 있고, 하나님은 응답하십니다.

둘째, 정복자 다윗(10-20장)입니다. 10장은 사울의 죽음을 기록하고 있습니다. 사울은 전쟁에서 졌습니다. 성경은 그 이유를 두 가지로 말하고 있습니다. 첫째로 하나님의 말씀에 불순종했습니다. 둘째로 위기의 때 하나님께 묻지 않고, 무당에게 물었습니다(대상 10:13,14). 반면 다윗은 하나님의 말씀에 순종했고, 때마다 여호와께 물었습니다. 하나님은 다윗이 싸움할 때마다 승리를 주셨습니다. 다윗은 남북으로 갈라진 이스라엘을 통일시켰습니다. 하나님께 묻고, 하나님의 말씀을 지킨 다윗에게 하나님은 구체적으로 세 가지 선물을 주십니다.

첫째로 다윗에게 목숨까지 바칠 수 있는 용사들을 주셨습니다(10-12장). 다윗의 용사들은 다윗에게 돌아온 사람들이었습니다(대상 12:1,8,16,19). 다윗의 용사들은 적과 싸웠고, 적을 물리쳤습니다. 다윗의 용사들은 다윗에게 충성하였습니다. 자기들을 다윗에게 속한 자라고 했습니다. 그들도 하나님을 사랑했겠지만, 하나님보다는 다윗 개인에게 더 충성한 것 같습니다.

둘째로 성전을 섬기는 레위인들을 주셨습니다(13-20장). 다윗은 처음에는 레위인들을 무시했습니다. 하나님의 언약궤를 옮기는데, 용사들과 의논해서 고급 마차로 옮겼습니다. 이 과정에서 베레스 웃사가 죽었습니다. 이를 통해 다윗은 하나님을 섬기는 레위인들의 중요성을 인식하게 되었습니다. 다윗 왕국은 용사와 레위인이라는 두 기둥으로 견고하게 세워지게 되었습니다. 용사와 레위인은 오늘날로 말하면, 실력과 신앙, 지력과 영력이라고 표현할 수 있습니다. 하나님께 묻고 순종한 다윗은 강력한 정복자가 될 수 있었습니다(18-20장).

셋째로, 성전건축 준비입니다(21-29장). 다윗이 가장 잘한 일이 무엇입니까? 남북으로 갈라진 이스라엘을 통일시킨 일입니다. 그런데 성경은 그것보다 성전을 짓고자 하고, 성전을 짓기 위한 엄청난 준비를 더 큰 업적으로 표현하고 있습니다. 왜 그럴까요? 성전은 하나님의 집이요, 이스라엘이 죄사함을 받는 곳이요, 하나님을 만나는 장소입니다. 그만큼 다윗은 자신을 포함한 이스라엘과 하나님과의 관계를 가장 우선적으로, 가장 크게 생각했습니다. 에스라는 성전을 건축하기 위해 귀환한 이스라엘 자손들을 다윗처럼 보고 있습니다. 성전건축이라는 위대한 사명이 그들에게 주어졌음을 가르치고 있습니다. 하나님께 묻고 순종한 다윗은 강한 왕이 되었습니다. 그의 나라는 영원한 나라가 되었습니다(대상 17:14).

열왕기서와 역대기서는 이스라엘 역사를 다루고 있습니다. 그러나 독자와 강조점이 다릅니다. 열왕기서는 바벨론 포로로 잡혀간 이스라엘 백성들에게 쓴 글입니다. 하나님의 백성 이스라엘이 왜 망할 수 밖에 없었는가?를 보여주고 있습니다. 이스라엘이 망한 이유가 하나님의 말씀에 불순종했기 때문이라고 말하고 있습니다. 반면에 역대기서는 포로에서 돌아와 스룹바벨 성전을 건축한 이스라엘 백성들에게 쓴 글입니다. 나라도 없는 상황에서 우리는 누구인가? 정체성의 혼란을 겪고 있습니다. 하나님의 언약 백성의 증표가 스룹바벨 성전에서 예배하는 것이라고 말합니다. 이것이 이스라엘의 정체성이며, 이스라엘이 회복되는 길임을 가르쳐 주고 있습니다. 열왕기서는 하나님 말씀 순종을 강조하기 때문에, 요시야 왕을 가장 선한 왕으로 지목합니다. 반면에 가장 악한 왕은 나라를 망하게 한 므낫세입니다. 또한 역대기서는 성전과 예배에 신실한 왕을 선한 왕으로 보기 때문에, 유월절 예배를 처음 시작한 히스기야 왕을 선한 왕이라고 말합니다. 반면에 가장 악한 왕은 성전문을 닫아버린 아하스입니다. 성전 건축을 준비하고 건축한 다윗과 솔로몬 왕, 예배를 신실하게 드린 히스기야와 요시야 왕을 집중하여 조명하고 있습니다.

제14권 역대하, 무엇을 말할까?

하나님을 찾으면? 하나님을 버리면?

"히스기야가 온 유다에 이같이 행하되 그의 하나님 여호와 보시기에 선과 정의와 진실함으로 행하였으니 그가 행하는 모든 일 곧 하나님의 전에 수종드는 일에나 율법에나 계명에나 그의 하나님을 찾고 한 마음으로 행하여 형통하였더라"(대하 31:20,21)

열왕기서는 이스라엘 왕, 유다 왕을 다 기록하고 있는 반면 역대기서는 유다 왕들만 기록하고 있습니다. 그 주제를 한 마디로 말하면, 왕이 하나님을 버리면 하나님도 왕을 버려 왕은 망하게 되고, 왕이 하나님을 찾으면 하나님이 찾아오셔서 도와주신다는 것입니다. 13장에서 유다 왕 아비야와 이스라엘 왕 여로보암 사이에 전쟁이 일어났습니다. 그런데 유다가 이스라엘에 포위되었습니다. 그 때 유다 사람이 하나님께 부르짖었고, 하나님은 승리를 주셨습니다. 50만 명의 이스라엘 군사들이 죽었습니다.

14-16장에 보면, 아비야가 죽은 다음에 아사가 왕이 되었습니다. 아사는 여호와를 찾았습니다(대하 14:7). 구스 왕 세라가 100만 대군으로 유다를 공격했습니다. 유다로서는 중과부

적이었습니다. 그 때 아사 왕은 하나님께 부르짖었습니다. "여호와여 힘이 강한 자와 약한 자 사이에는 주밖에 도와 줄 이가 없사오니 우리 하나님 여호와여 우리를 도우소서 우리가 주를 의지하오며 주의 이름을 의탁하옵고 이 많은 무리를 치러 왔나이다 여호와여! 주는 우리 하나님이시오니 원하건대 사람이 주를 이기지 못하게 하옵소서"(대하 14:11) 하나님께서 구스 사람을 치니, 100만 대군이 도망쳤습니다. 또 북이스라엘이 쳐들어왔습니다. 아사 왕은 하나님께 구하지 않고, 이웃 나라 아람에게 구원을 요청했습니다. 은금을 아람 왕에게 다 버쳤습니다. 하나님을 버리고 돈과 사람을 의지하였습니다. 선견자 하나니가 아사 왕에게 말했습니다. "여호와의 눈은 온 땅을 두루 감찰하사 전심으로 자기에게 향하는 자들을 위하여 능력을 베푸시나니 이 일은 왕이 망령되이 행하였은즉 이후부터는 왕에게 전쟁이 있으리이다"(대하 16:9)

26장에서 웃시야가 왕이 됩니다. "웃시야가 그의 아버지 아마샤의 모든 행위대로 여호와 보시기에 정직하게 행하며 하나님의 묵시를 밝히 아는 스가랴가 사는 날에 하나님을 찾았고, 그가 여호와를 찾을 동안에는 하나님이 형통하게 하셨더라"(대하 26:4,5) "그의 이름이 멀리 퍼짐은 기이한 도우심을 얻어 강성하여짐이었더라"(대하 26:15) 그런데 그가 강성해지니 그 마음이 교만하여 악을 행하였습니다. 여호와의 전에 들어가서 제사장만이 할 수 있는 분향을 하려고 했습니다(대하 26:16). 결국 웃시야는 문둥이가 되었습니다. 심지어 유다 역사상 가장 악한 왕으로 알려진 므낫세도 하나님 앞에서 회개하고 하나님을 간구하니, 하나님은 그를 다시 왕으로 세우셨습니다(대하 33:12,13).

내 힘은 너무 약해서 결코 할 수 없거나, 이길 수 없을 것 같은 상황이 있습니까? 하나님을 찾으면, 하나님의 도우심으로 할 수 있고, 이길 수 있습니다. 내 죄가 너무 커서 용서받을 수 없을 것 같아도, 하나님을 찾으면 용서받을 수 있습니다. 하나님을 찾으면, 하나님은 우리 신음에도 응답하십니다. 반대로 지금 내가 아무리 돈이 많고 힘이 있고 사람이 많아도 그런 것 때문에 마음이 높아져서 하나님을 찾지 않으면 하나님께 무관심하면 나는 낮아지고 실패하고 맙니다. 이것이 역대하의 중심 메시지입니다.

그러면 역대기서 저자인 에스라는 이를 통해서 무엇을 말하고자 합니까? 에스라는 바벨론에 포로로 끌려간 유다 사람들에게 어떤 메시지를 전하고자 합니까? ① 우리가 왜 이렇게 되었는가? ② 최악의 상황, 비웃음거리가 된 이 상황에서 우리가 어떻게 살아날 수 있는가? 나라도 잃었습니다. 땅도, 주권도 다 잃어버리고 남의 나라 한 구석에 처박혀 있습니다. 이런 우리가 다시 일어설 수 있을까? 아니면 이대로 끝날 것인가? 에스라는 유다 왕들을 통해서 말합니다. '여호와 하나님을 찾으라!' '여호와께 부르짖어라!' '다윗 왕, 히스기야 왕처럼 간절히 여호와를 찾으라! 그러면서 우리들 속에 있는 우상을 제거하자!' 그러면 지금 우리 상황이 어떠하든, 우리 죄가 아무리 무거워도, 하나님의 도우심과 용서하심으로 우리는 다시 일어날 수 있습니다.

탕자가 아버지의 재산을 다 써 버리고 거지가 되어서 돌아왔을 때에도, 아버지 하나님은 그를 환영하셨습니다. 예수님은 우리가 하루에 똑같은 죄를 7번 이상 지어도, 회개하면 받아주시는 분이십니다. 예수님은 자신을 십자가에 못박은 자들을 위해서도 '저희의 죄를 사하여 주옵소서' 기도하시는 분이십니다. 우리가 하나님을 찾으면, 하나님은 우리 신음에도 응답하십니다. 반면에 하나님을 찾지 않으면, 하나님은 반응하지 않으십니다. 하나님을 구하지 않으면, 하나님께서 버리시고 벌하십니다. 하나님에게 벌받지 않으려면 어떻게 해야 할까요? 하나님을 찾아야 합니다. "믿음이 없이는 하나님을 기쁘시게 하지 못하나니, 하나님께 나아가는 자는 반드시 그가 계신 것과 또한 그가 자기를 찾는 자들에게 상 주시는 이심을 믿어야 할지니라"(히 11:6) 하나님은 자기를 찾는 자들에게 상 주시는 분이심을 믿어야 합니다.

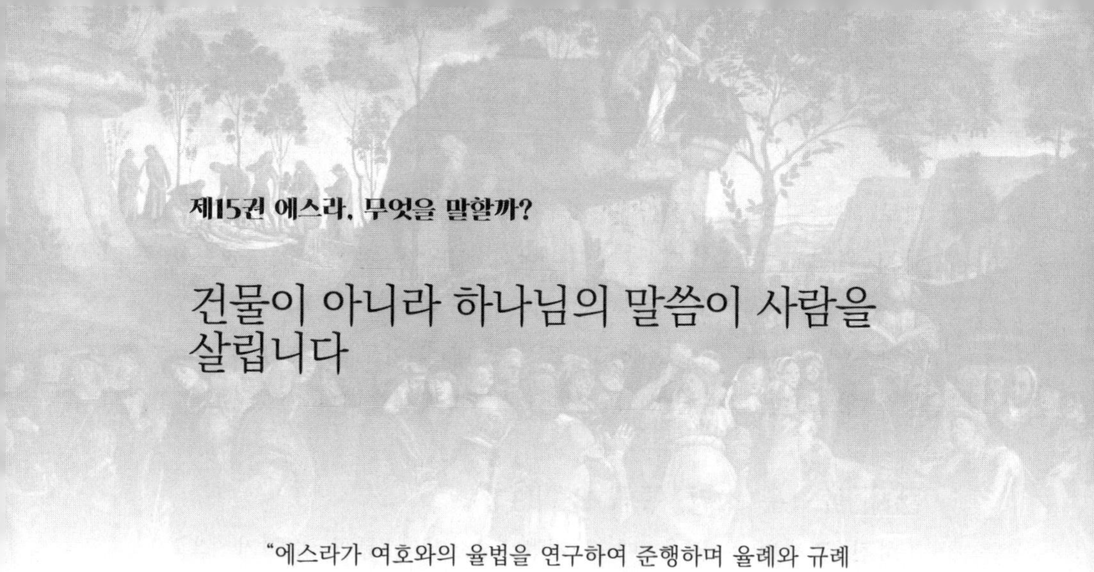

제15권 에스라, 무엇을 말할까?

건물이 아니라 하나님의 말씀이 사람을 살립니다

"에스라가 여호와의 율법을 연구하여 준행하며 율례와 규례를 이스라엘에게 가르치기로 결심하였었더라"(스 7:10)

첫째, 성전 재건 역사, 여호와 하나님이 시작하심(1-2장)

성전 재건은 여호와 하나님이 먼저 하고자 하셨습니다. 이스라엘 민족이 먼저 생각한 것이 아니었습니다. 에스라가 먼저 생각해낸 것도 아니었습니다. 여호와 하나님이 시작하셨습니다. 성전 재건을 제일 앞서 반대해야 할 페르시아 왕 고레스의 마음을 하나님이 움직이셨고 또한 유다 사람들의 마음을 움직이셨습니다. 하나님이 일하실 때 사람들도 움직입니다.

성전 재건의 역사적 의미가 무엇입니까? 첫째로 여호와 신앙의 회복입니다. 여호와 하나님과 이스라엘 사람들과의 관계 회복입니다. 둘째로 백성의 지난 모든 죄를 용서하심을 뜻합니다. 하나님이 죄를 용서하지 않고서는 자기 백성에게로 돌아오실 수 없습니다. 이제 하나님이 자기 백성의 지난 모든 죄를 용서하시고 그들에게로 먼저 돌아오고자 하십니다. 셋째로 하나님의 말씀을 이루기 위함이었습니다. "바사 왕 고레스 원년에 여호와께서 예레미야의 입을 통하여 하신 말씀을 이루게 하시려고 바사 왕 고레스의 마음을 감동시키시매 그가 온 나라에 공포도 하고 조서도 내려 이르되"(스 1:1) 고레스 왕은 이 하나님이 참 신이라고 고백했습니다.

둘째, 즐거운 소리, 통곡 소리(3장)

성전 기초가 놓였을 때 즐거움의 소리와 통곡 소리가 겹쳤습니다. 첫 성전, 솔로몬의 성전을 본 사람들은 새 성전의 규모가 너무 작아서 통곡했습니다. 과거의 영광에 비하면 현재는 너무 초라해 보였습니다. 그러나 하나님은 페르시아 왕 고레스의 마음을 움직이시는 영광의 하나님이십니다. 외적 규모가 작다고 해서 하나님까지 작으신 것은 아닙니다.

셋째, 성전 건축 중단(4장)

유다와 베냐민의 대적이 듣고 스룹바벨과 족장들에게 와서 말했습니다. "우리도 너희와 함께 건축하게 하라 우리도 너희같이 너희 하나님을 찾노라 앗수르 왕 에살핫돈이 우리를 이리로 오게 한 날부터 우리가 하나님께 제사를 드리노라"(스 4:2) 그러나 스룹바벨은 말했습니다. "우리 하나님의 성전을 건축하는 데 너희는 우리와 상관이 없느니라 바사 왕 고레스가 우리에게 명령하신 대로 우리가 이스라엘의 하나님 여호와를 위하여 홀로 건축하리라"(스 4:3) 대적의 도움을 받으면 혼합주의로 흐를 수 있습니다. 그러자 대적은 적극적으로 방해했고 성전 건축은 중단되었습니다.

넷째, 건축 재개, 완공(5-6장)

성전 건축 재개도 하나님으로 말미암았습니다(학 1:8). 그리고 결국 성전은 완공되었습니다. 성전 건축은 하나님으로부터 시작됨을 다시 알 수 있습니다. 하나님의 일은 하나님으로부터 시작합니다.

다섯째, 에스라(7-8장)

에스라는 제사장 후손이었고, 율법에 능한 성경학자였습니다(스 7:6). 그는 예루살렘으로 돌아오면서 한 가지 결심을 했습니다. "에스라가 여호와의 율법을 연구하여 준행하며 율례와 규례를 이스라엘에게 가르치기로 결심하였었더라"(스 7:10)

여섯째, 섞여 있는 이방 여인을 쫓아내라(9-10장)

돌아와 성전을 지은 이스라엘 사람들의 실제 생활은 어떠했습니까? 이스라엘 백성들이 그 땅의 백성에게서 분리되지 않았습니다. 도리어 섞여버렸습니다. 그 구체적인 행위가 그 땅의 딸들을 아내로, 며느리로 맞았다는 것입니다. 이 일 때문에 그들이 다시 그 땅에서 쫓겨날 수 있었고 망할 수 있었습니다(스 9:7). 에스라는 말씀을 통해서 이를 알았습니다. 그리고 그들 중에서 모든 이방 여자들을 다 쫓아내도록 했습니다. 그들은 순수해야 했습니다. 그것이 그들의 살 길이요, 그 땅에서 번성하는 길이었습니다. 성전 건물이 그들을 살리고 번성하게 하지 않습니다. 순수하게 말씀대로 사는 것이 그들을 살리고 번성하게 합니다.

에스라가 결심한 3가지는 무엇입니까? 첫째로 여호와의 율법을 연구하기로 결심했습니다. 여기서 연구하는 것은 어떤 사물에 대한 완전한 지식을 얻기 위해서 온갖 노력을 기울이는 행동을 가리킵니다. 에스라는 율법에 익숙한 학자였습니다. 더 이상 여호와의 율법을 연구하지 않아도 될 것 같습니다. 그러나 그는 연구하기로 결심했습니다. 왜냐하면 아무리 여호와의 율법에 익숙한 학자라도 말씀을 연구하지 않으면 현재적으로 나와 공동체에게 주시는 하나님의 말씀을 인격적으로 들을 수 없기 때문입니다. 현재 말씀하시는 하나님의 음성을 듣기 위해서는 많은 시간과 많은 노력이 필요합니다. 말씀을 정확히 알고자 연구해야 하고, 겸손히 듣고자 기도도 해야 합니다. 둘째로, 에스라는 여호와의 율법을 준행하기로 결심했습니다. 준행이란 말씀을 믿고 순종하는 것입니다. 가장 먼저 자기 자신에게 받은 말씀을 적용하는 것입니다. 자기를 먼저 가르칠 때 영적 권위가 생깁니다. 본이 되기 때문에 다른 사람들이 보고 자연스럽게 따라오게 됩니다. 셋째로, 에스라는 여호와의 율법을 가르치기로 결심했습니다. 이스라엘이 이방인과 통혼하고, 안식일도 지키지 않는 것은 여호와의 율법을 알지 못했기 때문입니다. 하나님의 백성답게 사는 것이 무엇인지를 가르쳐야 하는 것입니다. 그렇지 않으면 자기 생각대로 살아가게 됩니다. 여호와의 율법이 순종할 때, 제사장 나라, 거룩한 백성으로 살아가게 되는 것입니다.

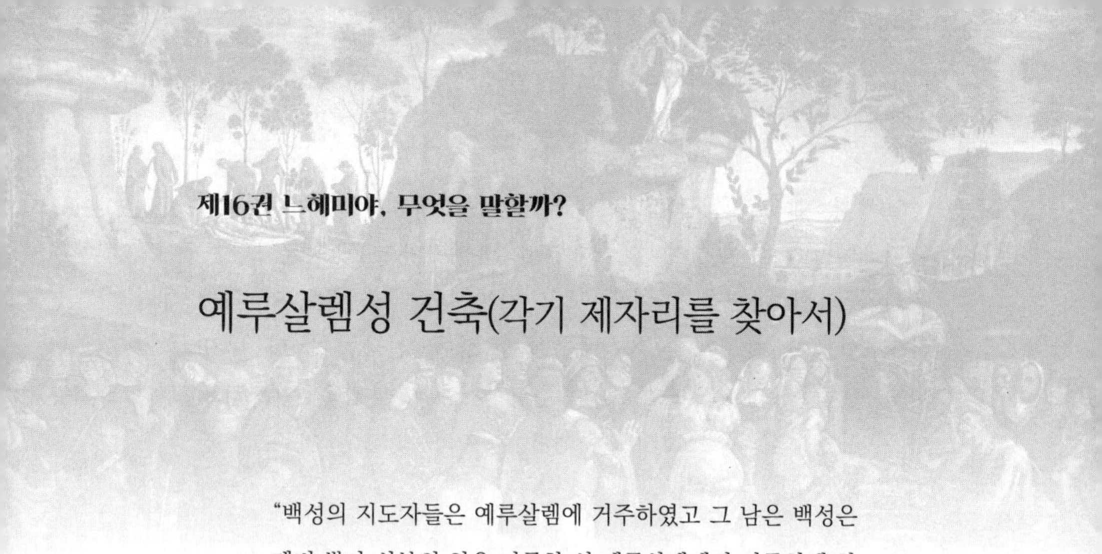

제16권 느헤미야, 무엇을 말할까?

예루살렘성 건축(각기 제자리를 찾아서)

> "백성의 지도자들은 예루살렘에 거주하였고 그 남은 백성은 제비 뽑아 십분의 일은 거룩한 성 예루살렘에서 거주하게 하고 그 십분의 구는 다른 성읍에 거주하게 하였으며 예루살렘에 거주하기를 자원하는 모든 자를 위하여 백성들이 복을 빌었느니라"(느 11:1,2)

느헤미야서는 무너지고 완전히 부서진 예루살렘성 (재)건축의 기록입니다. 예루살렘이 어떻게 재건축되었습니까? 성 건축의 의미가 무엇입니까?

첫째, 예루살렘성 건축(1-7장)

첫째로 예루살렘성 건축은 한 사람 느헤미야로부터 시작되었습니다. 에스라서는 성전 건축의 기록이요 느헤미야서는 성벽 건축의 기록인데, 성전 건축은 여호와 하나님으로부터 시작되었습니다. 하나님이 페르시아 왕 고레스의 마음과 여러 유다 사람들의 마음을 감동시키셨습니다. 이에 반해 예루살렘 성벽 건축은 느헤미야로부터 시작되었습니다(느 2:5).

둘째로 예루살렘 성벽 건축은 유다 민족의 자존심 회복입니다. 예루살렘 성벽을 건축하면서 느헤미야는 말했습니다. "우리가 당한 곤경은 너희도 보고 있는 바라 예루살렘이 황폐하고 성문이 불탔으니 자 예루살렘 성을 건축하여 다시 수치를 당하지 말자"(느 2:17) 예루살렘 성의 파멸은 이스라엘의 수치였습니다. 그래서 그 성을 건축하는 것은 자존심, 영광의 회복이었습니다.

셋째로 각자 맡은 부분을 지었습니다. 성벽 전체를 각 가족 별로 할당했고, 각 가족은 맡은 부분을 힘을 다해 지었습니다. 그리고 성벽이 완성되었습니다.

넷째로 대적이 있었습니다. 대적을 극복하고 성을 지었습니다. 대적들은 성벽 건축을 비웃었습니다(느 4:1-3). 들이닥쳐 모두 죽이겠다고 겁을 주었습니다(느 4:11). 그래도 안되자 느헤미야를 죽이고자 모략을 꾸몄습니다(느 6:2). 성 건축이 위기에 처했습니다. 그러나 느헤미야와 백성들은 한 손에 무기, 한 손에 도구를 들고서 성 건축을 계속했습니다. 대적의 방해가 있다고 해서 성 건축을 쉬거나 중단하지 않았습니다. 느헤미야는 말했습니다. "내가 이제 큰 역사를 하니 내려가지 못하겠노라 어찌하여 역사를 중지하게 하고 너희에게로 내려가겠느냐"(느 6:3) 결국 성 건축이 끝났습니다. 대적은 겁을 주어 일을 중단시키려 했습니다. 이것을 이기는 길은 무슨 일이 있어도 일을 쉬지 않는 것, 줄기차게 일을 해나가는 것입니다.

둘째, 언약을 다시 세움(8-10장)

예루살렘성 건축이 끝이 아니었습니다. 그들은 성경학자 에스라를 청하여 여호와의 율법을 읽게 했습니다. 그들은 율법의 말씀을 듣고서 자기들의 죄를 발견했고 회개했습니다. 그리고 나라가 왜 망했는지, 자기들이 왜 포로가 되었는지 알게 되었습니다. 그리고는 하나님과 언약을 세웠습니다. 언약의 내용이 10장 28-38절입니다. 그렇게 하는 것이 살 길이요, 자존심을 회복하는 길임을 알았습니다.

셋째, 예루살렘 성 낙성식(11-12장)

예루살렘 성 낙성식을 하고서 모두들 기뻐했습니다(느 12:43). 이는 하나님이 크게 즐거워하게 하셨기 때문이라고 말했습니다. 이 말은 하나님이 즐거워하셨다는 말도 됩니다. 무너진 것이 다시 세워지는 것, 무너진 자존심이 다시 세워지는 것, 무너진 신앙이 다시 세워지는 것, 무너진 언약이 다시 세워지는 것은 기쁘고 즐거운 일입니다.

넷째, 각기 제 자리로 돌려놓음(13장)

느헤미야는 성전에 있을 수 없는 도비야를 성전에서 쫓아냈습니다. 레위 사람들이 생활비를 받지 못해 흩어졌는데 불러 모아 다시 제자리에 세웠습니다. 안식일도 제자리를 찾게 하여 안식일에는 아무도 장사하지 못하게 했습니다. 모압 여인이 하나님의 백성들 중에 있으면 안되었으므로 모압 여인들을 다 쫓아내도록 했습니다. 이 모든 일은 성을 건축한 느헤미야가 한 일입니다. 그렇다면 성 건축의 의미는 각기 제자리를 찾아가는 것이라고 할 수 있습니다. 이렇게 각기 제자리를 찾아 그 자리에 설 때 모두가 살아납니다.

예루살렘이 제자리를 찾게 된 것은 느헤미야 때문입니다. 그 이름의 뜻은 '하나님은 위로자이시다'입니다. 하나님이 느헤미야를 위로하셨고, 느헤미야를 통해서 이스라엘 백성을 위로하셨습니다. 하나님이 느헤미야와 이스라엘을 어떻게 위로하셨습니까? 느헤미야에서는 '예루살렘'이란 단어가 34번 나옵니다. 하나님은 예루살렘을 거룩한 성으로 회복하시므로 위로하셨습니다. 11장 1절에 보면 예루살렘을 거룩한 성이라고 부릅니다. 느헤미야는 바벨론에서 태어났기 때문에 예루살렘에 가 본 적이 없습니다. 그러나 성경을 통해서 예루살렘이 하나님의 도성이요 거룩한 성임을 알았습니다. 다윗이 예루살렘성을 건축하고, 솔로몬이 예루살렘 성전을 건축하였습니다. 이사야가 세계 만민이 하나님의 도성 예루살렘으로 몰려오는 환상을 보았습니다. 그런데 예루살렘 현실은 황폐화되었습니다. 느헤미야는 하나님의 도성, 거룩한 성 예루살렘이 이렇게 된 것을 수치로 생각했습니다. 그리고 회복되기를 간절히 기도했습니다. 하나님은 느헤미야를 예루살렘 총독으로 보내십니다. 느헤미야는 파괴된 성벽을 재건하였습니다. 예루살렘 성전을 보호하였고, 백성들이 살 수 있는 환경을 만들었습니다. 그리고 거룩한 백성의 소망 가운데 백성들에게 성경을 가르치고 지키게 하였습니다. 예루살렘 성과 백성들이 제자리를 찾게 되므로 하나님이 크게 즐거워하셨고, 예루살렘이 크게 즐거워하게 되었습니다(느 12:43). 우리 공동체와 우리 자신이 하나님께서 맡겨주신 자리를 확인하고 잘 감당하기를 기도합니다.

제17권 에스더, 무엇을 말할까?

적은 무리의 신자들이 어떻게 불신세계에서 승리할 수 있는가? (민족 구원을 위해 죽으면 죽으리라는 한 여인이 이룬 구원)

> "당신은 가서 수산에 있는 유다인을 다 모으고 나를 위하여 금식하되 밤낮 삼 일을 먹지도 말고 마시지도 마소서 나도 나의 시녀와 더불어 이렇게 금식한 후에 규례를 어기고 왕에게 나아가리니 죽으면 죽으리이다 하니라"(에 4:16)

첫째, 민족의 구원을 위하여 준비된 한 사람, 에스더 (1-2장)

왕후 와스디는 왕의 청을 거절했습니다. 그로 인해 온 나라에서 모든 여인들이 남편을 멸시할 것을 신하들은 염려했습니다. '멸시와 분노가 많이 일어나리이다'(에 1:18) 그리하여 왕후 와스디는 폐위 당하였습니다. 에스더가 와스디를 이어 왕후가 되었습니다. 에스더는 유대인이었습니다. 에스더는 자기를 키워준 사촌 오빠 모르드개를 깊이 존중했고, 그의 말에 순종했습니다. 또한 에스더는 특별히 치장을 하지 않아도 아름다워, 사람들의 사랑을 받았습니다. 에스더가 아름다운 것은 얼굴 때문이기도 하지만 그보다는 마음이 부드러웠습니다. 자기 민족을 위해 죽으면 죽으리라고 할 수 있는 희생의 마음을 가졌습니다. 자기 욕심이 없었습니다. 그래서 에스더는 멸시와 분노를 일으키지 않고 도리어 사람들에게 선한 마음을 일으키는 여인이었습니다. 에스더가 왕후가 된 것은 훗날 민족이 위기에 처했을 때 민족을 구원하기 위함이었습니다. 멸시와 분노를 일으키는 와스디는 폐위되고, 순종과 희생의 아름다운 마음을 가진 에스더는 왕후가 되어 민족을 구원하게 됩니다.

둘째, 하나님의 원수, 민족의 원수에게 절하지 않는 모르드개(3장)

하만에게 절하는 것은 왕의 명령이었습니다. 그런데 모르드개는 일개 문지기이면서도 하만에게 절하지 않았습니다. 모르드개는 전에 반역 음모를 제보하여 왕의 생명을 구원했습니다. 그래도 하만에게 절하라는 왕의 명령에는 복종하지 않았습니다. 왜냐하면 하만은 하나님을 대적하였기 때문입니다. 하만은 아각 사람 곧 아말렉 사람이었습니다. 아말렉 사람은 늘 하나님을 대적하였습니다. 그리고 하나님을 믿는 유대인을 싫어했습니다. 하만은 모든 유대인을 죽일 계획을 세우고 왕의 허가를 받아냈습니다. 모르드개 한 사람이 하만에게 절하지 않음으로 온 민족이 전멸될 위기에 처했습니다. 그런 위험을 감수하고서라도 하만에게 절하지 않는 것이 옳은 일입니까? 살기 위해서는 대적, 원수에게라도 절해야 하지 않습니까?

이 시대 하나님의 대적은 무엇입니까? 무엇이든 하나님의 자리에 앉으려고 하는 것은 대적, 원수라고 할 수 있습니다. 돈, 권력, 혹은 사람들의 인정 같은 것들이 하나님의 자리에 앉으려고 한다면 대적, 원수입니다. 자본주의 사회에서 돈에게 절하지 않으면 우리는 다 망할 것 같습니다.

셋째, 죽으면 죽으리라(4-8장)

위기의 때에 모르드개는 왕후 에스더에게 말합니다. "네가 왕후의 자리를 얻은 것이 이 때를 위함이 아닌지 누가 알겠느냐"(에 4:14) 왕후 에스더는 '죽으면 죽으리라'는 각오로 왕께 나아갔습니다. 다른 사람을 위해서 자기 목숨을 걸기가 얼마나 어렵습니까? 내가 조금이라도 손해보고 희생하는 것 같으면 회피하는 것이 인간의 본성입니다. 하물며 하나밖에 없는 목숨을 희생하기는 거의 불가능합니다. 그런데 에스더는 목숨을 걸고 왕께 나아갑니다. 그런 모습이 왕이 보기에 너무 사랑스러워 보였습니다(에 5:2). 이처럼 하나님은 다른 사람의 구원을 위해 자기를 희생하는 사람을 귀하게 여기십니다. 예수님은 온 인류를 위해 '죽으리라' 각오할 뿐만 아니라 실제로 죽으셨습니다. 하나님은 예수님을 하나님 보좌 우편으로 높이셨습니다.

넷째, 원수를 이기고 영광을 얻은 유대인(9,10장)

결국 에스더는 유대 민족을 구원하였습니다. 유대인은 원수를 이겼습니다. 유대인에게는 영광과 즐거움, 기쁨과 존귀함이 있었습니다. 이렇게 하여 거대한 불신세계에서 전멸의 위기에 처했던 유대인들은 살아남았을 뿐만 아니라 영광과 존귀를 얻었습니다. 오히려 불신세계에 살던 사람들 중에서 유대인 되는 이들도 있었습니다. 하나님을 믿고 살아가는 우리는 거대한 불신세계에서 소수입니다. 우리가 어떻게 살아남을 뿐만 아니라 영광과 존귀를 얻을 수 있습니까? 다른 사람의 구원을 위해 '죽으면 죽으리라'는 각오로 자기를 희생할 때입니다. 하나님은 자기를 희생하고 손해보는 사람을 귀하게 여기시고 사용하십니다. '죽으면 죽으리이다'라는 희생의 아름다운 마음을 가진 한 여인에 의해 민족 구원이 이루어졌습니다.

제3편
구약의 시가서, 무엇을 말할까?

제18권 욥기, 무엇을 말할까?

하나님은 원인과 결과의 하나님이십니까?

> "무지한 말로 이치를 가리는 자가 누구니이까 나는 깨닫지 도 못한 일을 말하였고 스스로 알 수도 없고 헤아리기도 어려운 일을 말하였나이다 내가 말하겠사오니 주는 들으시고 내가 주께 묻겠사오니 주여 내게 알게 하옵소서"(욥 42:2, 3)

욥이 아주 심한 고난 당하는 것을 보고서 친구들은 욥이 하나님에게 죄를 지었기 때문이라고 생각했습니다. 욥에게 회개하고 하나님에게로 돌이키라고 말했습니다. 친구들이 아는 하나님은 의를 행하면 복을 주시고 죄를 지으면 벌을 주시는 분입니다. 하나님은 그러하십니까?

첫째, 사탄의 생각 : 주께서 욥을 축복하셨기 때문입니다

여호와 하나님은 사탄에게 욥에 대해서 이렇게 자랑하셨습니다. "네가 내 종 욥을 주의하여 보았느냐 그와 같이 온전하고 정직하여 하나님을 경외하며 악에서 떠난 자는 세상에 없느니라"(욥 1:8) 그러자 사탄이 여호와께 말했습니다. "주께서 그와 그의 집과 그의 모든 소유물을 울타리로 두르심 때문이 아니니이까"(욥 1:10) 그래서 만일 하나님이 욥을 치시면 욥이 하나님을 저주할 것이라고 말했습니다(욥 1:11). 그러나 욥은 저주하지 않았습니다(욥 1:22, 2:10).

둘째, 친구들의 생각 : 죄 없이 망한 자가 누구인가?

세 친구 엘리바스, 빌닷, 소발은 욥을 위로하러 왔습니다. 하지만 욥의 처참한 상황을 보고서는 너무 놀라 한 마디도 할 수 없었습니다. 그러다가 엘리바스가 먼저 입을 열어 말했습니다. "생각하여 보라 죄 없이 망한 자가 누구인가 정직한 자의 끊어짐이 어디 있는가 내가 보건대 악을 밭 갈고 독을 뿌리는 자는 그대로 거두나니"(욥 4:7,8) 엘리바스는 욥이 악을 밭 갈고 독을 뿌렸기 때문에 그런 일을 당한다고 말했습니다. 엘리바스의 이 말은 세 친구들의 생각이요 앞으로 이어지는 모든 말은 다 이 사상을 말하는 것입니다.

셋째, 욥의 생각 : 무슨 이유로 나와 더불어 다투시는지요?

욥은 친구들에게 이렇게 말했습니다. "내게 가르쳐서 나의 허물된 것을 깨닫게 하라 내가 잠잠하리라"(욥 6:24) 욥은 자기가 그런 고난을 겪을 만큼 허물이 있다고 생각하지 않았습니다. 그는 여호와 하나님을 향해 기도했습니다. "나를 정죄하지 마시옵고 무슨 이유로 나와 더불어 다투시는지 내게 알게 하옵소서" 자기는 죄가 없는데 이런 고난을 겪으니 그 이유를 알고자 했습니다. 이런 욥은 친구들의 생각과 다른 것 같지만, 내용은 같습니다. 자기는 죄를 짓지 않았고 허물이 없으니 이런 고난을 겪지 않아야 하는데 이런 고난을 당하니 이유를 알려달라는 것입니다.

세 친구나 욥이나 결국 하나님을 율법적인 하나님, 원인과 결과의 하나님으로 보고 있습니다. 죄를 지으면 벌을 주시고, 의를 행하면 복을 주시는 하나님으로 알고 있습니다. 만일 하나님이 그런 분이라면 하나님은 법에 갇힌 하나님이 됩니다. 또한 사람의 행위에 매이는 분이 됩니다. 사람의 행위에 따라 하나님의 행하심이 달라집니다. 그렇다면 하나님이 사람에게 매이는 분이 아닙니까?

넷째, 하나님의 생각 : 누가 전능자와 다투겠느냐?

38-41장에서 말씀하시는 하나님은 어떤 하나님이십니까? 모든 말씀을 듣고서 욥이 말했습니다. "주께서는 못 하실 일이 없사오며 무슨 계획이든지 못 이루실 것이 없는 줄 아오니"(욥 42:2) 여호와 하나님은 법을 초월하시며 사람의 행위를 초월하십니다. 하나님은 완전히 자유로우신 분입니다. 모든 일을 하나님의 뜻대로 하십니다.

하나님은 욥에게 질문합니다. "트집 잡는 자가 전능자와 다투겠느냐 하나님을 탓하는 자는 대답할지니라"(욥 40:2) 욥은 고난을 당합니다. 욥이 소유한 짐승들이 11,000마리인데 다 빼앗깁니다. 10명의 자녀들은 집이 무너져 죽습니다. 본인은 온 몸에 종기가 나서 질그릇 조각으로 몸을 긁습니다. 이렇게 말로 표현할 수 없는 고난을 본 친구들은 그의 죄 때문에 그런 고난을 당한다고 말해 줍니다. 고난을 죄의 형벌로 보는 시각입니다. 불교에서는 고난을 자연스러운 것이라고 봅니다. 욥 자신도 고난은 죄의 형벌로 보았습니다. 자신의 죄를 다 해결했는데, 고난이 있다는 사실을 이해할 수 없었습니다. 하나님에게까지 원망하고 불평합니다. 이런 욥에게 하나님은 창조주요 전능자로서 자신의 모습을 보여 줍니다. 욥은 전능하신 창조주 하나님의 역사를 듣고 보면서, 자신은 조그만한 것도 이해하거나 깨닫지 못하는 피조물임을 알게 됩니다. 고난을 통해 욥은 창조주, 전능자 하나님을 만나게 됩니다. 하나님의 주권과 섭리를 발견하게 됩니다. 인류역사에서 고난은 인간발전의 원동력이 되었습니다. 이처럼 하나님은 고난을 사용하셔서 섭리로써 하나님의 크심을 나타내셨습니다.

제19권 시편, 무엇을 말할까?

여호와를 찬양하라

"할렐루야 그의 성소에서 하나님을 찬양하며 그의 권능의 궁창에서 그를 찬양할지어다 그의 능하신 행동을 찬양하며 그의 지극히 위대하심을 따라 찬양할지어다 나팔 소리로 찬양하며 비파와 수금으로 찬양할지어다 소고 치며 춤 추어 찬양하며 현악과 퉁소로 찬양할지어다 큰 소리 나는 제금으로 찬양하며 높은 소리 나는 제금으로 찬양할지어다 호흡이 있는 자마다 여호와를 찬양할지어다 할렐루야"(시 150:1-6)

시편을 한 마디로 말하면 "여호와를 찬양하라"입니다. 여호와 하나님은 어떤 분이십니까?

첫째, 구원의 하나님, 아름다운 그 이름(1-2장)

다윗은 그의 시들을 통해서 의의 세력, 악의 세력을 말했습니다. 악의 세력이 의의 세력을 파멸시키려는 것을 말했습니다. 그는 의의 역사와 악의 역사를 말했습니다. 악의 역사가 끊임없이 의의 역사를 공격했습니다. 그러나 의의 세력, 의의 역사가 승리했습니다. 왜냐하면 여호와 하나님이 구원이시기 때문입니다.

둘째, 방패와 구원이신 하나님(3-9장)

다윗에게 대적과 원수가 많습니다. 그러나 여호와 하나님이 방패가 되십니다(시 3:3). 하나님이 다윗을 위해 변호하십니다(시 9:4).

셋째, 반석이요 구원이신 하나님(10-19장)

다윗에게 하나님은 어떤 분이십니까? "여호와는 나의 반석이시요 나의 요새시요 나를 건지시는 이시요 나의 하나님이시요 내가 그 안에 피할 나의 바위시요 나의 방패시요 나의 구원의 뿔이시요 나의 산성이시로다"(시 18:2)

넷째, 목자 되신 여호와 하나님(19-31장)

다윗에게 하나님은 어떤 분이십니까? "여호와는 나의 목자시니 내게 부족함이 없으리로다"(시 23:1)

다섯째, 의인의 축복(32-41장)

다윗에게 하나님은 어떤 분이십니까? "허물의 사함을 받고 자신의 죄가 가려진 자는 복이 있도다 마음에 간사함이 없고 여호와께 정죄를 당하지 아니하는 자는 복이 있도다"(시 32:1,2)

여섯째, 여호와 우리 하나님께 감사의 제사를 드리자(42-50장)

"내 영혼아 네가 어찌하여 낙심하며 어찌하여 내 속에서 불안해 하는가 너는 하나님께 소망을 두라 그가 나타나 도우심으로 말미암아 내 하나님을 여전히 찬송하리로다"(시 43:5) "하나님은 우리의 피난처시오 힘이시니 환난 중에 만날 큰 도움이시라"(시 46:1) 이 하나님께 감사의 제사를 드립니다(시 50:14).

일곱째, 구원의 하나님을 찬양하라(51-72장)

좀 더 구체적으로 살펴보겠습니다. ① 죄로부터의 구원, 죄를 씻어내시는 하나님(51장), ② 강포한 자로부터의 구원(52-54장), ③ 동료로부터의 구원(55-57장), ④ 사악한 자, 독사같은 자로부터의 구원(58-59장), ⑤ 하나님의 행하신 일을 보라(60-68장), ⑥ 수렁에서 건지소서(69-71장).

여덟째, 우리를 회복하여 주십시오(73-89장)

① 하나님은 자기 백성을 양 무리같이 인도하십니다(73-77장). ② 우리를 회복하여 주십시오(78-81장). "만군의 하나님이여! 우리를 회복하여 주십시오"(시 80:7) ③ 포로 된 땅에서 주의 성전을 그리워합니다(82-89장).

아홉째, 의로우시고 인자로우신 하나님(90-106장)

① 인생은 짧습니다(90-91장). ② 의로우신 하나님을 찬양하라(92-101장). ③ 인자하심이 영원하신 하나님(102-106장)입니다.

열번째, 여호와의 인자하심이 영원합니다(107-119장)

① 원수에게서 구원하십니다(107-109장). ② 왕이요 대제사장이신 그리스도(110장), ③ 은혜로우시고 자비하신 하나님, 진실과 공의의 하나님(111장), ④ 의인을 축복하시는 하나님(112-115장), ⑤ 그 인자하심(사랑)이 영원함이로다(116-118장). ⑥ 주의 말씀은 내 발에 등이요(119장).

열한번째, 여호와를 찬양하라(120-150장)

① 천지를 지으신 하나님이 우리의 도움이 되십니다(120-134장). ② 그의 사랑은 영원합니다(135-137장). ③ 하나님께서 나를 원수에게서 구원하셨습니다(138-145장). ④ 여호와를 찬양하라(146-150). 하나님의 사람에게 원수와 대적이 많습니다. 그러나 여호와 하나님은 구원이십니다. 이 구원의 하나님을 찬양합시다.

시편의 히브리어 제목은 '찬양들'입니다. 하나님은 찬양을 얼마나 기뻐하실까요? 지금도 하늘에서는 천군 천사들이 하나님을 찬양하고 있습니다. 그런데 하나님은 사람들의 찬양을 더 좋아하십니다. 왜냐하면 찬양하는 사람들이 하나님의 자녀이기 때문입니다. 자녀들의 찬양을 듣는 아버지 하나님은 얼마나 기쁘실까요? 하나님은 황소를 드림보다 찬양을 더 기뻐하신다고 말씀하셨습니다(시 69:30,31). 지금 시세로 황소 한 마리가 700만원인데, 찬양은 700만원 헌금을 드리는 것보다 더 큰 것입니다. 하나님께 드리는 최고의 재물이 황소인데 그보다 더 큰 재물이 찬양입니다. 그래서 150편의 시편중 100편에서 하나님을 찬양하고 있습니다. 찬양의 대상은 하나님이십니다. 시편은 시인이 만나고 바라는 하나님을 구체적이고 직접적으로 표현하고 있습니다. 산문은 하나님을 길게 설명하는 반면 시편은 '목자, 반석, 방패' 등 짧고 분명한 이미지로 표현하고 있습니다. 특별히 구원의 하나님을 가장 많이 찬양하고 있습니다. 또 하나님을 찬양해야 하는 이유를 230개 말씀으로 표현하고 있습니다. 마지막 시편인 150편에는 찬양을 가장 잘 말씀해 주고 있습니다. 1절에는 누구를 찬양할 지 말합니다. 하나님을 찬양합니다. 어디에서 찬양합니까? 그 성소에서, 궁창(하늘과 땅)에서 찬양합니다(1절). 무엇 때문에 찬양합니까? 그의 능하신 행동을, 그의 지극히 위대하심을 찬양합니다(2절). 즉 하나님이 행하신 위대한 일 뿐만 아니라 하나님 자신 때문에 찬양합니다. 어떻게 찬양합니까? 모든 악기를 동원하고 춤을 추면서 찬양합니다(3-5절). 누가 찬양합니까? 호흡이 있는 자마다 여호와를 찬양합니다(6절). 여호와를 찬양합시다.

제20권 잠언, 무엇을 말할까?

지혜를 얻어라

"여호와를 경외하는 것이 지혜의 근본이요 거룩하신 자를 아는 것이 명철이니라"(잠 9:10)

잠언을 쓴 솔로몬 왕의 심정을 생각해 봅니다. 본문의 대상은 아들이요 청년입니다. 그런데 청년은 좋은 환경에서 살고 있는 것이 아니라, 나쁜 환경에서 살고 있습니다. 하나님을 멸시하는 자의 삶이 강력한 힘을 가지고 청년들의 삶을 유혹하고 있습니다. 대부분의 사람들은 이런 삶을 살아갑니다. 이런 삶이 청년 주위를 둘러싸고 있습니다. 음란한 삶, 사기치고 다른 사람의 것을 빼앗는 삶, 무엇보다도 청년들이 음란한 여자들을 쫓아다니는 그런 상황에서 살고 있습니다. 여우같은 여자들이 청년들을 유혹하고 있습니다. 육체의 쾌락을 추구하며 재미를 좇는 그런 상황에서 살고 있습니다.

이런 상황에서 청년이 어떻게 제대로 살아갈 수 있는가? 솔로몬은 자기 아들이 잘못될까 몹시 두려워하고 있습니다. 아들의 종말이 비참해지지 않을까 겁을 내고 있습니다. "두렵건대 마지막에 이르러 네 몸 네 육체가 쇠약할 때에 네가 한탄하여 말하기를 내가 어찌하여 훈계를 싫어하며 내 마음이 꾸지람을 가벼이 여기고 내 선생의 목소리를 청종하지 아니하며 나를 가르치는 이에게 귀를 기울이지 아니하였던고"(잠 5:11-13) 이런 두려움 때문에 솔로몬은 자기 아들이 후회 없는 삶, 악에 빠지지 않는 삶을 살기를 간절히 원하여서 잠언을 썼습니다. 그냥 교훈적으로 이렇게 살아야 한다는 법만을 가르친 것이 아닙니다. 잠언은 어린 아들을 향한 솔로몬의 간절한 아버지의 마음, 목자의 마음이 가득 담겨 있습니다. 우리가 잠언을 읽을 때 솔로몬의 이런 마음을 알고 읽어야 합니다. 그렇게 하면 그 뜻이 더욱 분명해질 것입니다.

솔로문은 잠언에서 두 종류의 삶을 말합니다. 지혜로운 삶, 어리석은 삶 두 가지입니다. 그리고 두 삶이 어떻게 다른지를 말합니다.

첫째, 지혜로운 자와 미련한 자를 대조합니다

그 몇 가지 예를 들어 봅니다. 지혜로운 아들과 미련한 아들, 불의의 재물과 의리, 의인과 악인, 손이 게으른 자와 손이 부지런한 자가 대조됩니다.

둘째, 두 삶에는 각기 상급과 형벌이 있습니다

지혜로운 삶과 미련한 삶에는 각기 대가가 있습니다. 지혜로운 삶에는 상급이 따르고, 미련한 삶에는 형벌이 따릅니다. 솔로몬은 본문에서 사람들을 보고 이렇게 살아야 한다, 저렇게 살아야 한다고 말하지 않습니다. 자기가 옳다고 생각하는 삶을 강변하거나 강요하지 않습니다. 다만 각 삶의 결과가 어떠한지를 말합니다. 솔로몬은 삶의 외형만을 보지 않고 그

삶이 가진 내적 모습을 보았습니다.

셋째, 인생에는 분명한 기준이 있고, 인생을 판단하는 분이 있습니다

각 삶에 따라 왜 서로 다른 결과가 나옵니까? 지혜로운 삶에는 왜 생명이 함께 합니까? 반면에 미련한 삶에는 왜 죽음이 함께 합니까? 우리 인생에는 우리가 비록 느끼지 못한다 할지라도 분명한 기준이 있습니다. 그 기준에 따라 상을 주기고 하고 벌을 주기도 하는 존재가 있다는 것을 말합니다. 그 존재가 여호와 하나님이십니다. 그래서 여호와를 경외하는 것이 지혜의 시작이라고 말합니다.

솔로몬은 자신의 인생에서 이 사실을 경험하였습니다. 솔로몬은 형 아도니야의 반란으로 인하여 갑자기 왕이 되었습니다. 많은 준비를 하지 못했습니다. 게다가 이스라엘은 하나님이 택한 백성이었습니다. 이들을 어떻게 다스릴 지 심히 고민되었습니다. 하나님께 드린 그의 기도에서 잘 볼 수 있습니다. “솔로몬이 이르되 주의 종 내 아버지 다윗이 성실과 공의와 정직한 마음으로 주와 함께 주 앞에서 행하므로 주께서 그에게 큰 은혜를 베푸셨고 주께서 또 그를 위하여 이 큰 은혜를 항상 주사 오늘과 같이 그의 자리에 앉을 아들을 그에게 주셨나이다 나의 하나님 여호와여 주께서 종으로 종의 아버지 다윗을 대신하여 왕이 되게 하셨사오나 종은 작은 아이라 출입할 줄을 알지 못하고 주께서 택하신 백성 가운데 있나이다 그들은 큰 백성이라 수효가 많아서 셀 수도 없고 기록할 수도 없사오니 누가 주의 이 많은 백성을 재판할 수 있사오리이까 듣는 마음을 종에게 주사 주의 백성을 재판하여 선악을 분별하게 하옵소서"(왕상 3:6-9) 하나님을 경외하며 하나님께 지혜를 구했을 때, 하나님은 지혜 뿐만 아니라 그가 구하지도 않은 부귀와 영광도 함께 주셨습니다(왕상 3:13). 하나님께서 지혜를 구하는 자에게 상으로 부귀와 영광까지도 상으로 주셨습니다. 반면에 솔로몬은 40년간 많은 성을 쌓았습니다. 이스라엘 전역을 요새화해서 영원한 대제국을 만들고자 한 것입니다. 자기의 힘으로 모든 것을 하고자 했습니다. 본인이 생각할 때 가장 지혜로운 선택인 것 같았지만 하나님이 보실 때는 가장 미련한 행동이었습니다. 하나님은 벌을 내리셨습니다. 끊임없이 외세의 침입을 받게 하셨습니다. 마지막에는 이스라엘을 나누어 버리셨습니다. 솔로몬의 아들 르호보암은 2지파만 가지게 되었고, 10지파는 여로보암이 가지게 되었습니다. 솔로몬이 아들에게 무슨 말을 해 주겠습니까? 여호와를 경외하는 것이 지혜의 근본임을 명시하라고 간절히 명령할 것입니다. 우리도 잠언 말씀을 통해서 여호와 경외하기를 배우고 삶의 지혜를 얻을 수 있기를 기도합니다.

제21권 전도서, 무엇을 말할까?

하나님을 경외하라

> "하나님께서 행하시는 모든 것은 영원히 있을 것이라 그 위에 더할 수도 없고 그것에서 덜할 수도 없나니 하나님이 이같이 행하심은 사람들이 그의 앞에서 경외하게 하려 하심인 줄을 내가 알았도다"(전 3:14)

전도서는 '헛되다'는 말로 시작합니다. 그래서 전도서는 인생의 허무를 노래하는 책으로 생각하기 쉽습니다. 물론 그런 점이 있습니다. 하지만 전도자 솔로몬이 헛되다고 할 때는 그냥 막연하게 헛되다, 허무하다는 그런 말만은 아닙니다. 전도자가 헛되다고 할 때는 얻는 것이 없다는 말입니다. "해 아래에서 수고하는 모든 수고가 사람에게 무엇이 유익한가"(전 1:3) 이 말에서 '무엇이 유익한가?'라는 말은 '무엇을 얻을 수 있는가?' 하는 말입니다.

전도자는 평생을 살면서 얻고자 한 것이 많았습니다. 지혜를 얻고자 했습니다. 사물의 근원에 대한 지식을 얻고자 했습니다. 무엇이 선이며, 무엇이 악인지를 분별할 수 있는 지혜를 얻고자 했습니다. 그런 지혜를 얻기 위해서 많이 공부했으며 하나님께 기도했습니다. 그러면 전도자는 왜 그런 지혜를 얻고자 했습니까?

전도자는 왕이었습니다. 전도자는 왕으로서 나라를 바르게, 선으로 다스려 보고 싶었습니다. 자기 나라에 악한 것이 있다면 그것을 잘 알아내서 악을 제거하고 싶었습니다. 악을 제거하고 선을 일으키고 싶었습니다. 자기 나라에서 구부러진 것이 있으면 바로 펴고 싶었습니다. 그리하여 전도자의 나라가 선의 나라, 의의 나라가 되기를 원했습니다. 선의 나라에서 모든 사람들이 선하게, 의롭게, 또한 행복하게 살기를 간절히 바랬습니다.

그런데 왕은 그토록 원하던 그것을 얻지 했습니다. 나라에서 굽어진 것을 많이 보았지만 바로 펼 수 없었습니다. 자기 나라에서 악을 보았으나, 그 악을 다 없앨 수 없었습니다. 전도자 왕은 개인적으로는 권력도 얻었고 재물도 많이 얻었습니다. 많은 여자도 얻었습니다. 사람도 많이 얻었습니다. 사업을 크게 하기도 했습니다. 그러나 악을 제거하고 선을 세우는 일은 할 수 없었습니다. 그토록 원했건만 할 수 없었습니다. 후에는 전도자 자신도 악에 빠지고 말았습니다. 십계명의 제 1계명인 다른 신을 섬기지 말라는 계명부터 깨뜨렸습니다. 그래서 그는 이렇게 노래합니다. “헛되고 헛되며 헛되고 헛되니 모든 것이 헛되도다 해 아래에서 수고하는 모든 수고가 사람에게 무엇이 유익한가”(전 1:2,3)

그런데 그런 중에 전도자는 두 가지 진리를 깨달았습니다. 첫째, 만사에 때가 있다는 것입니다. “범사에 기한이 있고 천하만사가 다 때가 있나니, 날 때가 있고 죽을 때가 있으며 심을 때가 있고 심은 것을 뽑을 때가 있으며"(전 3:1,2) 둘째, 모든 일은 하나님이 이루신다는 것입니다. 사람이 하나님의 행하시는 일에 대해서 더할 수도 없고 덜할 수도 없습니다(전 3:14).

그러면 사람이 할 일이 무엇입니까? 하나님을 경외하는 것입니다(전 3:14). 자기에게 주어진 일, 현재 주어진 모든 것들을 기뻐하고 감사합니다(전 4:22). 그리고 주어진 일을 열심히 합니다. 사람이 자기 힘으로 구부러진 것을 바로 잡을 수 없고 세상을 바로 잡을 수 없습니다. 하나님이 때를 따라 하십니다. 우리가 할 일은 하나님을 경외하는 것입니다. 하나님을 경외하는 자는 창조주 하나님을 기억합니다(전 12:1). 하나님이 하신 일을 기억하고 감사합니다.

누구나 솔로몬을 부러워합니다. 그의 부와 권력, 지혜와 영광을 높이 평가합니다. 그런데 전도서에서 솔로몬은 자신의 인생을 회고하면서 자신의 한계를 인정합니다. 나라에서 굽은 것을 펼 수 없었고 악을 제거할 수도 없었습니다. 반면에 지혜의 왕 솔로몬이 해결하지 못했던 세상의 악을 여호와 하나님은 어떻게 해결하셨습니까? 하나님은 요셉을 노예로 팔아버린 요셉 형들의 악을 선으로 바꾸셨습니다. 요셉이 애굽의 총리가 되어서 세상을 구원하였습니다. 지혜의 왕 솔로몬은 악을 선으로 바꾸시는 하나님 앞에 무릎 꿇었을 것입니다. 솔로몬 자신은 우상을 믿는 아내의 마음도 바꾸지 못한 한계를 보았습니다. 그러나 하나님은 사단의 종을 하나님의 자녀로 바꾸시는 놀라운 일을 하셨습니다. 하나님은 자기의 아들 예수님에게 세상 죄를 지게 하셨습니다. 이를 통해 세상의 악을 없애셨습니다. 죄와 죽음을 박살내셨습니다. 사단의 세력을 무력하게 만들었습니다. 그리고 허물과 죄로 죽은 자를 살리사 하나님의 자녀가 되게 하셨습니다. 온 인류의 악을 선으로 바꾸셨습니다. 그래서 지혜의 왕 솔로몬은 하나님을 경외하라고 엄하게 명령하고 있습니다. 인류를 구원하시는 하나님의 일은 더하거나 뺄 것 없이 완벽합니다. 다만 우리는 이 하나님께 감사하고 사랑하고 경외하는 일 밖에는 없습니다.

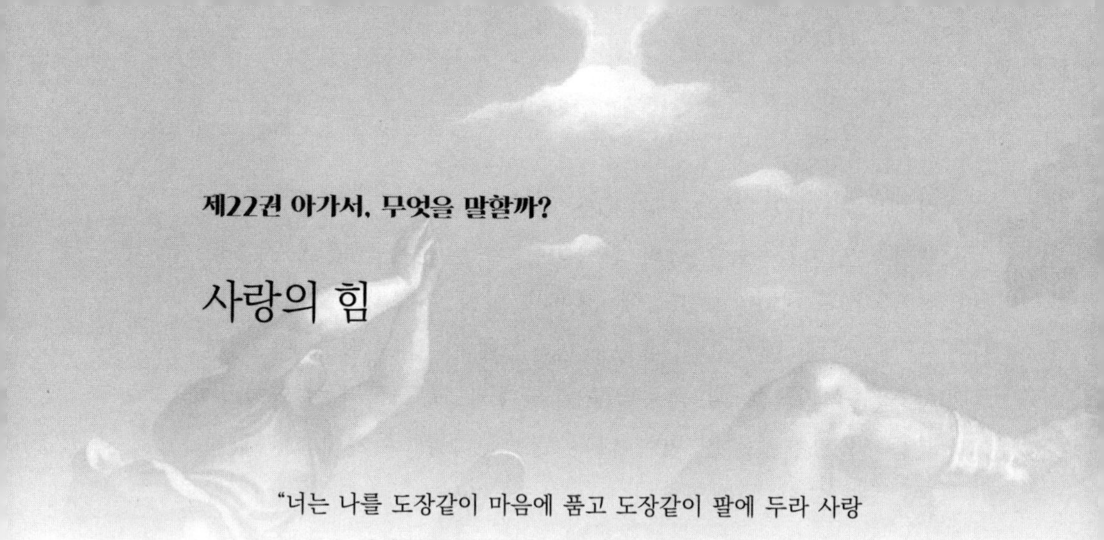

제22권 아가서, 무엇을 말할까?

사랑의 힘

> "너는 나를 도장같이 마음에 품고 도장같이 팔에 두라 사랑은 죽음 같이 강하고 질투는 스올같이 잔인하며 불길같이 일어나니 그 기세가 여호와의 불과 같으니라"(아 8:6)

아가서는 한 남자와 한 여자의 사랑의 노래라고 할 수 있습니다. 사랑의 힘을 노래합니다. 사랑의 힘이 어떠합니까?

첫째, 사랑은 사랑하는 사람을 서로 친밀하게 합니다

사랑하는 이는 자기의 사랑하는 여자를 '나의 사랑, 나의 누이'라고 부릅니다. 남자에게 있어서 사랑하는 여자는 여동생처럼 친밀한 존재라고 할 수 있습니다.

둘째, 서로를 좋게 봅니다

"여자들 중에 내 사랑은 가시나무 가운데 백합화 같도다"(아 2:2) 남자가 보기에 세상 모든 다른 여자들은 가시나무처럼 보이는데 반해 자기 사랑은 가장 부드럽고 청순한 백합화처럼 보입니다. 그런데 실상 그 여자의 모습은 어떠합니까? "내가 햇볕에 쬐어서 거무스름할지라도 흘겨보지 말 것은"(아 1:6) 그래도 남자에게 자기 사랑은 가시나무 가운데 백합화처럼 보였습니다. 한편 여자에게 있어서 남자는 어떻게 보였습니까? "남자들 중에 나의 사랑하는 자는 수풀 가운데 사과나무 같구나 내가 그 그늘에 앉아서 심히 기뻐하였고 그 열매는 내 입에 달았도다"(아 2:3) 숲 속에서 길을 잃고 먹을 것이 없습니다. 그 때 사과나무를 만나서 그 그늘에 쉬면서 사과를 먹으면 새로운 힘이 나지 않겠습니까? 여자에게 사랑하는 이는 그런 존재였습니다.

셋째, 서로를 완전한 존재로 봅니다

"나의 사랑 너는 어여쁘고 아무 흠이 없구나"(아 4:7) "내 사랑하는 자는 희고도 붉어 많은 사람 가운데에 뛰어나구나"(아 5:10)

넷째, 서로에 대해 유일한 존재입니다

"왕비가 육십 명이요 후궁이 팔십 명이요 시녀가 무수하되 내 비둘기 내 완전한 자는 하나뿐로구나"(아 6:8,9) 사랑하는 이에게 많은 여자가 있었으나 완전한 사랑의 대상은 오직 하나 뿐이었습니다. 사랑하는 이는 여러 여인들 중의 하나가 아니라 오직 하나 곧 유일한 존재였습니다. 그런데 그 여자는 포도원에서 열심히 일해서 얼굴이 검게 탔습니다. 무시도 당하였습니다. 그런 여자를 겉으로만 보면 결코 완전히 아름답다고 할 수 없습니다. 그런데 '사랑하는 이'가 그렇게 볼 수 있는 것은 사랑의 힘 때문입니다.

다섯째, 갈등이 있습니다

"내가 내 사랑하는 자를 위하여 문을 열었으나 그는 벌써

물러갔네 그가 말할 때에 내 혼이 나갔구나 내가 그를 찾아도 못 만났고 불러도 응답이 없었노라"(아 5:6) "여자들 가운데에서 어여쁜 자야 네 사랑하는 자가 어디로 갔는가 네 사랑하는 자가 어디로 돌아갔는가"(아 6:1) 이런 갈등을 통해서 서로를 더욱 간절히 그리워합니다.

여섯째, 사랑은 죽음처럼 강합니다

"사랑은 죽음같이 강하고"(아 8:6) 죽음이 오면 아무도 피하지 못합니다. 죽음에 굴복해야 합니다. 이처럼 사랑이 찾아올 때 아무도 그것을 거부할 수 없습니다. 사랑에 굴복해야 합니다. 그것이 사랑의 힘입니다.

솔로몬은 잠언 3,000가지를 말했고, 노래를 1,005편 지었습니다(왕상 4:32). 이 노래 중의 노래가 아가서입니다(아 1:1). 아가서는 유월절 때마다 회당에서 낭독되었습니다. 출애굽을 기념하는 유월절에 왜 아가서가 읽혀졌을까요? 대제국 애굽의 노예에서 구원하신 하나님의 사랑을 아가서가 잘 표현했기 때문입니다. 어린 양의 피를 댓가로 출애굽의 역사를 이루신 하나님의 크신 사랑을 아가서가 잘 이야기하고 있기 때문입니다. 솔로몬은 이 하나님의 사랑을 사랑하는 연인의 사랑으로 표현했습니다. 포도원에서 일하므로 피부도 거친, 시골 처녀를 왕이 사랑하는 것은 마치 피조물인 인간을 하나님이 사랑하시는 것과 같다 했습니다. 이 사랑의 힘은 죽음같이 강하다고 표현했습니다(아 8:6). 죽음이 찾아오면 거부할 수 없듯이, 사랑이 찾아오면 거부할 수 없습니다. 사랑의 힘은 그 정도로 강력합니다. 솔로몬은 어떻게 이 하나님의 사랑을 알았을까요? 성전 봉헌식에서 하나님께 드리는 기도를 보면 솔로몬은 사랑의 하나님을 만난 것을 알 수 있습니다. 하나님을 배반하고 대적할지라도 회개하고 돌이키면, 하나님은 용서하시고 사랑하시고 어려움에서 건져내신다고 고백합니다. 솔로몬은 하나님을 생각하며 특별히 하나님의 사랑을 생각하며 사랑의 힘을 느꼈고 그 사랑을 아가서로 표현하였습니다. 예수님은 자기 목숨을 내 주기까지 우리를 사랑했습니다. 죽음도 그 사랑을 이기지 못한 것입니다. 이 예수님께서 원수까지 사랑하라고 하십니다. 미움, 시기, 질투, 원수 맺는 것이 사랑보다 더 힘이 있어 보이는 것이 현실입니다. 그러나 원수를 사랑하신 예수님의 사랑이 부어지면 우리는 미움, 시기, 질투, 원수를 이기고 사랑의 열매를 맺을 수 있습니다. 손양원 목사님도 하나님의 사랑이 마음에 임하자 자기 두 아들을 죽은 원수 안재선을 자기 아들 삼아서 사랑할 수 있게 되었습니다. 손양원 목사님도 안재선을 사랑할 수 없었지만 자기 아들을 십자가에 내어주신 하나님의 사랑이 그의 마음에 임할 때, 안재선을 사랑할 수밖에 없었다고 고백하였습니다. 우리가 하나님의 사랑을 맛보고 하나님의 사랑을 공급받아 사랑을 실천하는 하나님의 사람들이 되기를 기도합니다.

제4편

구약의 대선지서, 무엇을 말할까?

제23권 이사야, 무엇을 말할까?

나를 기르시고 책임지시는 하나님

> "많은 백성이 가며 이르기를 오라 우리가 여호와의 산에 오르며 야곱의 하나님의 전에 이르자 그가 그의 길을 우리에게 가르치실 것이라 우리가 그 길로 행하리라 하리니 이는 율법이 시온에서부터 나올 것이요 여호와의 말씀이 예루살렘에서부터 나올 것임이니라"(사 2:3)

한 농부가 자기 밭에 알이 크고 당도가 높고 색깔이 좋은 포도 열매를 맺는 포도나무를 심었습니다. 그런데 만일 그 포도나무가 알도 작고 맛도 시고 색깔도 칙칙한 포도 열매를 맺는다면, 농부는 그 포도나무를 어떻게 하겠습니까? 당연히 그 포도나무를 찍어 버립니다. 그 뿌리를 뽑아 버립니다.

여호와 하나님은 세상 여러 민족 중에서 특별히 이스라엘 민족에게 하나님을 나타내셨습니다. 그들에게 생명의 율법의 말씀을 주셨습니다. 하나님은 그들에게 믿음의 조상들을 주셨습니다. 여호와 하나님은 이스라엘이 좋은 열매 맺기를 원하셨습니다. 좋은 열매란 무엇입니까? 무엇보다도 여호와 하나님께서 자기들을 낳으시고 키우셨다는 것, 자기들을 먹이고 돌보심을 믿는 믿음의 열매였습니다. 세상에서 사람들이

나 세상 상황을 두려워하는 것이 아니라 여호와 하나님을 두려워하는 것, 곧 여호와 하나님께서 자기들을 죽일 수도 있고 살릴 수도 있다는 것을 믿는 믿음의 열매였습니다. 더 나아가 하나님의 말씀대로 사는 것, 구체적으로 가난하고 약한 사람들을 잘 도와주고, 정직하고 속이지 않으며, 뇌물을 받지 않으며, 돈 욕심을 내지 않는 것, 다른 사람의 것을 빼앗지 않고, 다른 사람을 존중하는 것 등이었습니다.

그런데 그들의 현실은 어떠했습니까? "소는 그 임자를 알고 나귀는 그 주인의 구유를 알건마는 이스라엘은 알지 못하고 나의 백성은 깨닫지 못하는도다"(사 1:3) "신실하던 성읍이 어찌하여 창기가 되었는고 정의가 거기에 충만하였고 공의가 그 가운데에 거하였더니 이제는 살인자들 뿐이로다"(사 1:21) 여호와 하나님께서 이런 이스라엘을 어떻게 하시겠습니까? 그들을 찍어버리는 것이 당연하지 않겠습니까? 하나님은 많이 죽이셨고, 살아남은 사람들을 먼 나라로 흩어 버리셨습니다. 그러나 그것으로 끝이 아니었습니다.

여호와 하나님은 남은 사람들이 있게 하셨고, 새 싹이 나게 하셨습니다. "그 날에 여호와의 싹이 아름답고 영화로울 것이요"(사 4:2) 그 싹은 새 싹입니다. 어떤 점에서 그러합니까? "그 날에 이스라엘의 남은 자와 야곱 족속의 피난한 자들이 다시는 자기를 친 자를 의지하지 아니하고 이스라엘의 거룩하신 이 여호와를 진실하게 의지하리니 남은 자 곧 야곱의 남은 자가 능하신 하나님께로 돌아올 것이라"(사 10:20,21)

그 남은 자들이 큰 민족이 되며 새 나라를 세웁니다. 새 하늘과 새 땅을 세웁니다. 그 남은 자들을 통하여 여호와 하나님의 말씀이 온 세상에 우뚝 섭니다. 그리고 모든 사람들이 말합니다. "오라 우리가 여호와의 산에 오르며 야곱의 하나님의 전에 이르자 그가 그의 길을 우리에게 가르치실 것이라 우리가 그 길로 행하리라"(사 2:3) 여호와 하나님께서 가르치실 것이 무엇입니까? 아브라함의 하나님, 이스라엘의 하나님이 사람에게 먹을 것을 주신다는 것, 살리기도 하고 죽이기도 하신다는 것, 온 세상을 다스리는 분이 되신다는 것을 가르치십니다. 우리는 이사야서를 통해서 이 하나님을 만날 수 있습니다.

이사야는 유다왕 아마샤의 형제인 아모스의 아들입니다. 그래서 그는 아하스왕과 히스기야왕에게 언제든지 나아갈 수 있는 위치였습니다(사 7:3,10). 또 이사야는 웃시야왕의 역사를 기록하는 직책도 맡았습니다(대하 26:22). 이사야서의 문체를 볼 때 학식있는 사람이었고, 시대를 품고 기도하는 목자임에 틀림이 없습니다. 이사야가 품은 비전은 만민이 하나님의 말씀을 들으러 예루살렘으로 몰려오는 것이었습니다(사 2:3). 하나님의 말씀을 맡은 사명을 가장 소중히 여겼습니다. 그러나 이스라엘의 현실은 소돔과 고모라의 백성과 같았습니다(사 1:10). 비전과 현실의 괴리 속에서 이사야는 괴로웠습니다. 이스라엘 백성들에게 막말을 많이 한 것 같습니다. 이사야가 하나님을 만났을 때 그의 고백에서 볼 수 있습니다. "화로다 나여 망하게 되었도다 나는 입술이 부정한 사람이요 나는 입술이 부정한 백성 중에 거주하면서 만군의 여호와이신 왕을 뵈었음이로다"(사 6:5) 입술이 부정한 사람이라고 고백할 정도로 험악한 말을 많이 했습니다. 하나님께서는 제단의 숯불을 그의 입술에 대시므로 그의 죄를 사하여 주셨습니다(사 6:6,7). 이사야는 이 은혜에 감사해서 하나님의 선지자로 자원하였습니다(사 6:8). 웃시야왕 말기부터 시작하여 요담, 아하스, 히스기야, 므낫세까지 60년 동안 선지자로 충성하였습니다. 므낫세에게 순교를 당하였습니다. 히브리서 11장 37절에 톱으로 켜서 죽임을 당한 순교자가 이사야를 가리킵니다. 60년간 하나님의 말씀을 전하면서, 그가 만난 하나님은 '이스라엘을 책임지시고 기르시는 하나님'이셨습니다. 이스라엘의 배반은 돌이킬 수 없을 정도로 극심했습니다. 그러자 하나님은 자신의 아들 예수님을 통해서 그 배반의 대가를 지불하셨습니다. 이스라엘 뿐만 아니라 온 인류를 책임지시고 기르시는 하나님을 이사야는 보게 되었습니다. 메시아 예수님을 예언하며 어렴풋하게나마 그 은혜를 누렸습니다. 신약에 사는 우리는 명확하게 메시아 예수님을 알게 되었습니다. 나를 위해 자기 아들 예수님을 죽이신 하나님을 만나게 되었습니다. 우리를 책임지시기 위해서 우리 마음에 내주하시는 성령 하나님을 인식하게 되었습니다. 나를 기르시고 책임지시는 하나님께 감사를 드립니다.

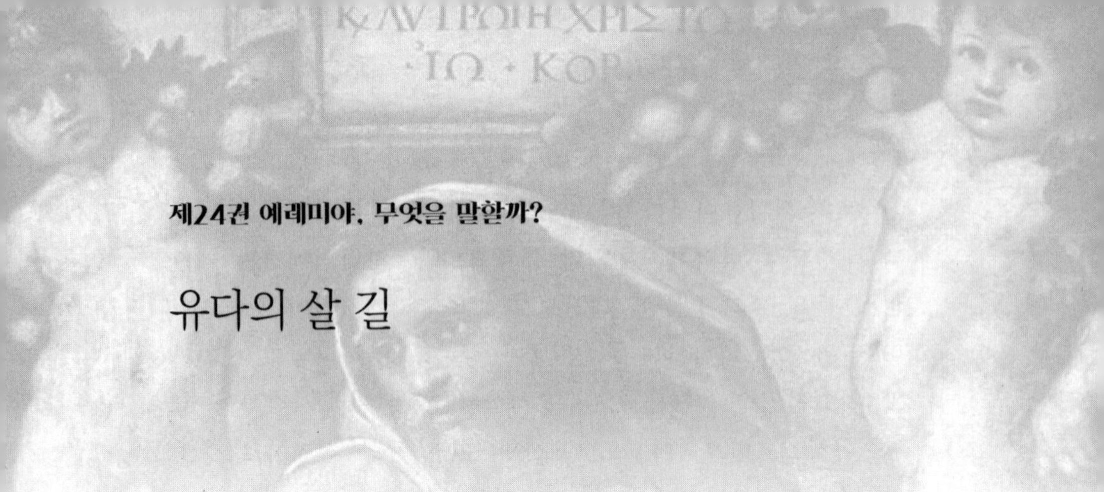

제24권 예레미야, 무엇을 말할까?

유다의 살 길

"여호와의 말씀이니라 보라 날이 이르리니 내가 이스라엘 집과 유다 집에 새 언약을 맺으리라 이 언약은 내가 그들의 조상들의 손을 잡고 애굽 땅에서 인도하여 내던 날에 맺은 것과 같지 아니할 것은 내가 그들의 남편이 되었어도 그들이 내 언약을 깨뜨렸음이라 여호와의 말씀이니라 그러나 그 날 후에 내가 이스라엘 집과 맺을 언약은 이러하니 곧 내가 나의 법을 그들의 속에 두며 그들의 마음에 기록하여 나는 그들의 하나님이 되고 그들은 내 백성이 될 것이라 여호와의 말씀이니라"(렘 31:31-33)

예레미야에서는 크게 세 가지를 말합니다.

첫째, 유다의 죄

하나님을 떠나 우상을 섬긴 것, 천천히 흐르는 실로아 물을 버리고 스스로 웅덩이를 판 것, 그런데 그 웅덩이는 터진 웅덩이로 물을 담을 수 없습니다. 하나님을 떠난 그들은 사회적 약자들, 고아나 과부를 돌보지 않고 도리어 착취했습니다. 그리고 그런 죄들을 버리려 하지 않고 도리어 고집했습니다.

둘째, 여호와 하나님의 벌하심

여호와 하나님은 북방의 바벨론 제국을 보내어 그들을 멸하고자 하십니다. 살육하는 칼을 보내십니다. 그러나 완전히 없애지는 않으십니다.

셋째, 구원의 길

여호와 하나님은 잔혹한 형벌 중에 구원의 길을 말씀하셨습니다. 그것은 바벨론에 항복하고 바벨론에 전쟁포로로 끌려가서 거기서 땅을 사고 농사를 지으면서 사는 것이었습니다. 이집트의 도움을 청하거나 이집트로 가지 말라고 말씀하셨습니다.

그런데 유다 사람들은 두 가지를 받아들일 수 없었습니다. 먼저는 자기들이 이방 민족의 침략을 받아 망한다는 것을 절대 받아들일 수 없었습니다. 거기에는 세 가지 이유가 있었습니다. 첫째는 자기들이 그렇게 하나님의 벌을 받을 만큼, 또 그렇게 완전히 망할 만큼 악하다는 것을 인정할 수 없었습니다. 그들은 성전 제사를 잘 드리고 있었습니다. 나름대로 율법을 잘 지키고 있다고 생각했습니다. 여호와 하나님을 버렸다고 생각하지 않았습니다. 물론 우상을 섬기고는 있었지만 여호와 하나님을 완전히 버린 것은 아니었습니다. 그래서 자기들이 악하다는 것을 받아들일 수 없었습니다. 둘째는 현재 자기들은 그렇게 약하지 않다고 생각했습니다. 자기들 힘으로든지 아니면 이집트의 도움을 받아 바벨론을 막아낼 수 있다고 생각했습니다. 그만한 힘이 있다고 생각했습니다. 당시 유다에는 일반적으로 나라가 망할 때 나타나는 말기 증세같은 것은 없었던 것 같습니다. 셋째는 여호와 하나님이 지키신다고 믿었습니다. 그들이 비록 우상과 여호와를 같이 섬겼지만, 그래도 여호와의 택한 백성이니 여호와 하나님께서 지키실 것이라고 믿었습니다. 그래서 자기들이 망한다는 예레미야의 말을 받아들일 수 없었습니다. 여러 많은 선지자들도 평안하다, 문제없다, 망하지 않는다는 말을 했습니다. 오직 예레미야만이 망한다는 불길한 말만 하고 다녔습니다.

다음으로 그들은 바벨론에 항복하는 것이 살 길이라는 것을 절대 받아들일 수 없었습니다. 바벨론이 침략하여 나라를 속국으로 삼으려 하는데 그 바벨론에 항복하라고 예레미야가 말했습니다. 사람들이 볼 때 예레미야의 말은 반역자, 매국노의 말로 들렸습니다. 우리나라 일제 강점기에 어떤 사람이 일본에 항복하는 것이 살 길이라고 했다면 어땠을까요?

하나님은 유다 사람들이 바벨론에 항복함으로써 멍에 메는 것을 배우게 하시고, 바벨론 사람들의 말 듣는 것을 배우게 하려 하셨습니다. 그리함으로써 교만하여 하나님의 말씀을 듣지 않는 그들에게 겸손과 말 듣는 것을 가르치려 하셨습니다. 또 사람을 섬겨 봄으로써 하나님을 섬기는 것이 결코 부담스러운 것이 아님을 알게 하려 하셨습니다. 전에 그들은 여호와 하나님 섬김을 짐으로 여겼습니다. 바벨론 포로생활에는 이런 숨은 뜻이 있었습니다. 그러나 그들은 자기같이 훌륭한 사람들이 다른 사람의 종이 되어 섬긴다는 것을 받아들일 수 없었습니다. 그러나 결국 그들은 바벨론의 포로가 되었습니다. 지금 나는 멍에를 메고 다른 사람을 섬기는 것을 어떻게 생각하는지요? 하나님을 섬기는 것에 대해서는 어떻게 생각하십니까?

예레미야는 하나님의 선지자로서 유다의 죄악을 철저하게 드러냈습니다. 그리고 이에 대한 하나님의 심판도 분명하게 전달했습니다. 거리에서, 장터에서, 성문에서 목 놓아 호소하였습니다. 이 때 예레미야의 심정은 어떠했을까요? 예레미야는 선지자로서 남들이 소유하지 못한 청력과 타인이 지니지 못한 시력을 지님으로 인해 고통해야만 했습니다. 예레미야는 임박한 절망의 시간들을 앞당겨 경험해야 했습니다. 도래하는 비극의 절규들을 고통스럽게 들어야 했습니다. 이렇게 예레미야는 고독의 선지자, 슬픔의 예언자가 되었습니다. 그러나 아무리 외쳐도 왕과 백성들은 무감각했습니다. 예레미야는 이런 그들에게 마지막으로 바벨론의 침공에 대해서 항복하라고 합니다. 망하는 것이 하나님의 뜻이라고 말합니다. 순수히 포로로 잡혀가라는 하나님의 메시지를 전달합니다. 바벨론에 항복하는 것이 '살 길'이라고 목 놓아 외쳤습니다. 그러나 아무도 그의 말을 듣지 않았습니다. 사람들이 볼 때 예레미야는 반역자, 매국노로 보일 뿐이었습니다. 이스라엘 왕과 백성들은 예레미야를 감옥에 가두고 죽이고자 했습니다. 예레미야는 무감각해진 동포를 향해 분노하였습니다. 회복할 수 없는 불치의 병을 앓고 있는, 죽어가는 유다를 바라보며 절망했습니다. 다가오는 민족적인 불행을 돌이킬 수 없다는 자괴감과 무력함으로 비탄에 빠졌습니다. 무너져 내리는 조국을 보며 예레미야는 주야로 눈물을 흘렸습니다. 이런 그에게 하나님은 '그것이 유다의 살 길'임을 확신시켜 주십니다.

바벨론 포로로 잡혀가서 끝나는 것이 아니라, 70년 후에 다시 회복되어 돌아올 것을 하나님이 약속하십니다(렘 29:10). 바벨론 포로생활 중에 다시 만나주시겠다고 약속하십니다(렘 29:13). 그들을 향한 하나님의 생각이 재앙이 아니라 평안이라고 분명하게 말씀해 주십니다(렘 29:11). 더 나아가 부패의 근원인 백성들의 마음을 완전히 새롭게 하십니다. 하나님의 법을 그들의 마음에 기록하므로, 하나님은 그들의 하나님이 되고, 그들은 하나님의 백성이 되는 새 언약을 선포하십니다(렘 31:31-33). 예레미야는 이 모든 과정을 겪으며 하나님의 고통을 볼 수 있었습니다. 그 고통을 함께 느끼며, 함께 고통하였습니다. 그리고 결국 살려 내시고야마는 하나님의 사랑을 깨달았습니다. 자신의 언약 백성을 향한 하나님의 마음을 예레미야는 알고 누리는 축복을 받게 되었습니다. 유다의 살 길은 오직 하나님에게만 있음을 예레미야는 목 놓아 외치고 있습니다. 우리의 살 길도 오직 하나님에게만 있음을 믿습니다.

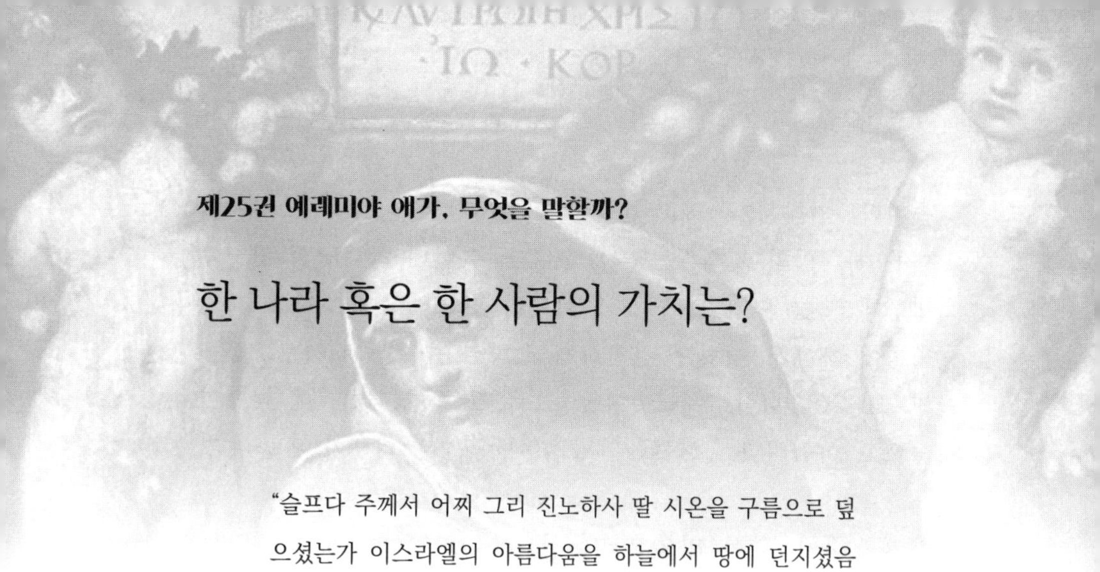

제25권 예레미야 애가, 무엇을 말할까?

한 나라 혹은 한 사람의 가치는?

"슬프다 주께서 어찌 그리 진노하사 딸 시온을 구름으로 덮으셨는가 이스라엘의 아름다움을 하늘에서 땅에 던지셨음이여 그의 진노의 날에 그의 발판을 기억하지 아니하셨도다"(애 2:1)

첫째, 과거의 영광과 현재의 적막함, 이스라엘이 황무해졌으나 위로하는 자가 없도다(1장)

예레미야는 자기 백성을 생각하고 슬퍼합니다. 그는 밤새도록 애곡합니다(애 1:2,16). 예레미야가 이렇게 애곡하는 데는 크게 두 가지 이유가 있습니다. 첫째로 유다의 과거와 현재를 비교하니 슬픕니다(애 1:6,7). 둘째로 위로자가 없습니다(애 1:7,9,15,16). 왜 위로자가 없습니까? 하나님이 치셨기 때문입니다. 위로자가 없다는 것처럼 서러운 일이 있을까요?

둘째, 슬프다, 주께서 어찌 그리 진노하사(2장)

2장에서 예레미야는 여호와의 진노를 읽었습니다(애 2:1,3,7,21). 진노란 무엇입니까? 진리가 있는 곳에 진노가 있습니다. 기대치가 크고 높을수록 진노가 큽니다. 이스라엘에 대한 하나님의 기대치는 높았습니다. 그런데 하나님의 진노가 이렇게도 클 수가 있습니까? 아무리 진노하셨다고 해도 자기 백성에 대해서 이렇게 잔인하게 행하실 수 있습니까? 그만큼 진노가 컸습니다. 예레미야는 그 진노를 생각할 때 마음이 슬프고 아픕니다. 그러나 진노 뒤에는 높은 기대가 있습니다.

셋째, 내가 저를 바라리라(3장)

첫째로 예레미야의 개인적 고통이 있습니다. 예레미야는 백성에게 조롱거리가 되었습니다. 개인적 고통이 컸습니다(애 3:1-20). 둘째로 그런 중에 하나님으로 인하여 소망을 발견했습니다(애 3:20-40). 하나님의 진노에 대한 자세는 두 가지입니다. ① 여호와의 자비와 긍휼이 무궁하므로 우리가 진멸되지 않습니다. 하나님의 긍휼이 아침마다 새롭습니다. 하나님의 진노 가운데서 하나님의 자비를 기억했습니다. ② "사람이 젊었을 때에 멍에를 메는 것이 좋으니 혼자 앉아서 잠잠할 것은 주께서 그것을 메우셨음이라"(애 3:27,28) 유다가 바벨론에 끌려간 것은 주께서 메운 멍에였습니다. 그 멍에를 잘 지면 이스라엘은 변화되고 크게 성장합니다. 큰 일꾼이 됩니다. 젊은 시절을 사는 이들은 이 점을 잘 기억해야 합니다. 세째로 고난당하는 백성으로 인한 슬픔, 자신의 억울함을 위한 기도입니다(애 3:41-66).

넷째, 그 선지자들의 죄를 인함이라(4장)

과거의 영광은 사라지고 현재는 비참합니다(애 4:1,2,11). 그렇게 된 데에는 두 가지 이유가 있었습니다. 첫째로 선지자들과 제사장들의 죄가 있었습니다(애 4:13). 둘째로 헛된 도움을 바랐습니다(애 4:17). 하나님의 도움이 아닌 이집트의 도움을 바랐습니다.

다섯째, 우리를 주께로 돌이키소서(5장)

5장 1-18절에서는 "여호와여 우리의 당한 것을 기억하시고 우리의 수욕을 감찰하옵소서"라고 말합니다. 5장 19-22절에서는 "여호와여 주는 영원히 계시오며 주의 보좌는 세세에 미치나이다 주께서 어찌하여 우리를 영원히 잊으시오며 우리를 이같이 오래 버리시나이까? 여호와여 우리를 주께로 돌이키소서 그리하시면 우리가 주께로 돌아가겠사오니 우리의 날을 다시 새롭게 하사 옛적 같게 하옵소서"라고 말합니다.

이스라엘이 과거 영광스러웠는데 지금은 모든 영광을 잃었습니다. 여기서 한 민족이나 한 개인의 가치를 생각할 수 있는데 그 가치가 무엇에 의해, 어떻게 결정되는가입니다. 이스라엘이 여호와 하나님과 그 말씀 안에 있을 때는 가치있는 존재, 빛나는 존재였습니다. 그러나 여호와 하나님을 떠나 우상이나 사람, 돈, 권력을 의지했을 때 도리어 가치가 없어지고 말았습니다. 기쁨의 대상이 슬픔의 대상이 되었습니다. 예레미야 애가를 통해 이 점을 확실히 알 수 있습니다.

예레미야는 이스라엘에게 쏟아지는 하나님의 진노를 보았습니다(애 2:1). 하나님이 진노하시니 어디 다른 곳에 구원을 요청할 수도 없었습니다. 예루살렘은 삼면이 절벽으로 둘러싸인 지형 때문에 쉽게 정복당하지 않는 곳입니다. 바벨론이 대군으로 공격했지만 18개월이나 걸렸습니다. 하지만 하나님이 구름으로 덮어버리니 무너집니다. 이 과정에서 예루살렘은 철저히 파괴되었습니다. 하나님의 도성이라고 불리우고 '딸 시온'으로 불리우던 곳이 돌무더기가 되었습니다. 아무 가치없는 곳이 되었습니다. '이스라엘의 아름다움'으로 표현되던 성전이 무너졌습니다. 솔로몬과 다윗이 휘황찬란하게 지었던 성전이 완전히 파괴되었습니다. 하나님께서 하늘에서 땅에 던지셨기 때문입니다. 하나님의 임재를 상징하던 성전이 하나님께서 떠나시므로 아무런 가치를 지닐 수 없게 되었습니다. 하나님의 백성으로 특별 대우를 받던 이스라엘 백성들이 모든 대우를 상실했습니다. 굶주림으로 자식을 잡아 먹는 야만을 행하였습니다. 칼에 엎드려져 죽고 노예로 사로잡혀 갔습니다. 예레미야는 이처럼 철저히 파괴되어 무가치하게 된 예루살렘을 보았습니다. 여호와 하나님이 함께 하실 때 이스라엘과 예루살렘은 가치가 있었습니다. 그러나 하나님 없이도 잘 살 수 있다고 한 이스라엘과 예루살렘은 무가치한 존재가 되었습니다. 예레미야도 포로로 잡혀간 이스라엘 백성들도 이 사실을 알게 되었습니다. 그래서 포로로 잡혀간 바벨론에서 하나님을 찾기 시작했습니다. 함께 하시는 하나님을 만나게 되었습니다. 하나님과 함께 할 때 다시금 가치있는 존재, 빛나는 존재가 되었습니다. 나의 존재 가치는 어디서 찾을 수 있습니까? 사탄의 종에서 하나님의 자녀가 된 것이 가장 큰 존재의 변화입니다. 성령 하나님이 거하시는 성전이 되었다는 것이 가장 가치있는 변화입니다. 나의 인생에서 하나님이 빠져 버리면 나는 무가치한 존재가 될 것입니다. 나의 가치의 핵심인 하나님을 굳게 붙잡고 있기를 기도합니다.

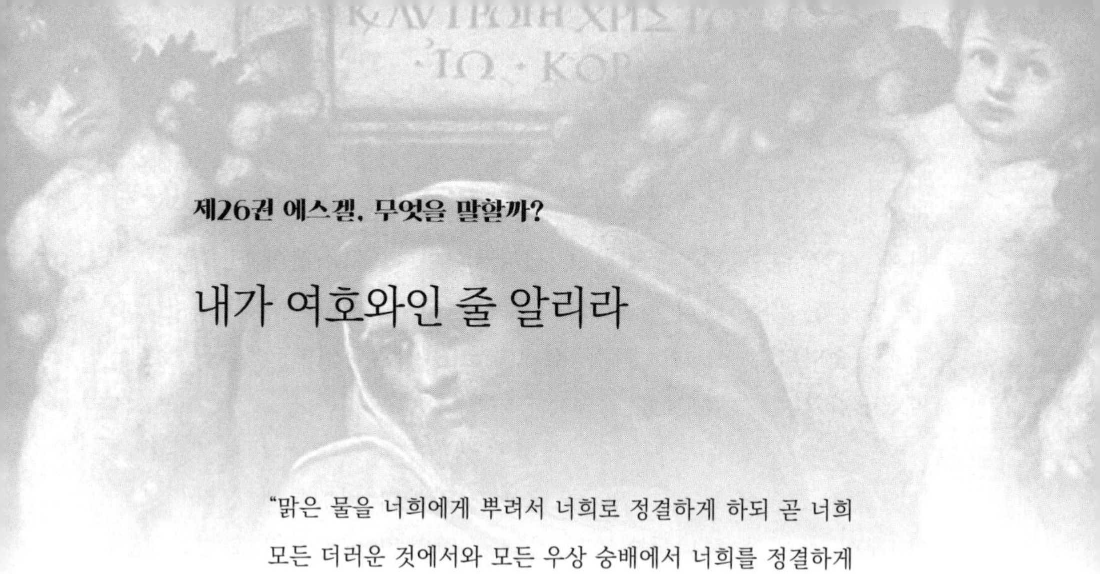

제26권 에스겔, 무엇을 말할까?

내가 여호와인 줄 알리라

"맑은 물을 너희에게 뿌려서 너희로 정결하게 하되 곧 너희 모든 더러운 것에서와 모든 우상 숭배에서 너희를 정결하게 할 것이며 또 새 영을 너희 속에 두고 새 마음을 너희에게 주되 너희 육신에서 굳은 마음을 제거하고 부드러운 마음을 줄 것이며 또 내 영을 너희 속에 두어 너희로 내 율례를 행하게 하리니 너희가 내 규례를 지켜 행할지라 내가 너희 조상들에게 준 땅에서 너희가 거주하면서 내 백성이 되고 나는 너희 하나님이 되리라"(겔 36:25-28)

"내가 그발 강가 사로잡힌 자 중에 있을 때에" "여호야긴 왕이 사로잡힌 지 오 년 그 달 오 일이라" "그가 여호와의 성전의 모든 보물과 왕궁 보물을 집어내고 그가 또 예루살렘의 모든 백성과 모든 지도자와 모든 용사 만 명과 모든 장인과 대장장이를 사로잡아 가니"(왕하 24:13,14) 에스겔은 사로잡혀 갔다가 환상 중에 예루살렘으로 돌아왔습니다. 유다와 예루살렘의 완전한 멸망을 예언하면서 사람들에게 우상을 버리고 여호와께로 돌이키라고 간곡히 말했습니다. 그런데 사람들은 잡혀갔던 에스겔이 말한 것을 받아들이지 않았습니다. 사람들은 에스겔의 말에도 불구하고 예루살렘이 망하지 않을 것이라고 확신했습니다. 예루살렘은 여호와 하나님의 성이니 안전할 것이라고 생각했습니다. 에스겔이 전하는 멸망의 말은 빨리 이루어지지 않고 더디 이루어지리라고 생각했습니다(겔 12:25). 거짓 선지자들은 사람들에게 평강을 말했습니다(겔 13:10).

그들은 그들에게 닥친 일 곧 왕과 사람들이 바벨론에 끌려간 것이 여호와 하나님으로 말미암은 것임을 인정하지 않았습니다. 그 모든 일이 여호와로 말미암은 것임을 인정했다면 자기들의 죄악을 인정하고 여호와께로 돌이킬 수 있었을 것입니다. 그러나 그들은 나라가 멸망 직전에 있는데도 자기들의 문제와 그에 대한 여호와 하나님의 일하심은 보지 못했습니다. 지금이라도 하나님이 도우시면 안전할 것이며 다시 번성할 것이라고 믿었습니다. 하나님은 그런 그들에게 에스겔을 보내어 이런 말을 전하셨습니다.

“내가 멸망하게 하는 기근의 독한 화살을 너희에게 보내되 기근을 더하여 너희가 의뢰하는 양식을 끊을 것이라”(겔 5:16) “내가 너를 불쌍히 여기지 아니하며 긍휼히 여기지도 아니하고 네 행위대로 너를 벌하여 네 가증한 일이 너희 중에 나타나게 하리니 내가 여호와인 줄을 너희가 알리라”(겔 7:4) “내가 그들을 이방인 가운데로 흩으며 여러 나라 가운데에 헤친 후에야 내가 여호와인 줄을 그들이 알리라”(겔 12:15) “사람이 거주하는 성읍들이 황폐하며 땅이 적막하리니 내가 여호와인 줄을 너희가 알리라 하셨다 하라”(겔 12:20) “그들을 멸망하게 하여 나를 여호와인 줄 알게 하려 하였음이라”(겔 20:26)

"내가 여호와인 줄 알리라" 이 말이 에스겔에 가장 많이 반복되어 있습니다. 이 말은 사람들에게 닥친 일이 우연히 되었거나, 혹은 사람에 의한 것이 아니라, 여호와 하나님으로 인함을 알게 된다는 말입니다. 그렇게 되면 그들은 자신들이 당한 모든 불행한 일을 통해서 여호와 하나님을 인식하게 되고 하나님에게로 돌이키게 됩니다. 그리고 여호와 하나님 안에서 새로운 마음을 갖게 되고 새로운 삶을 살게 됩니다. 여호와 하나님이 그들 중에 계시고 그들을 새롭게 하심을 알게 됩니다. 만일 그들이 완전히 멸망하기 전에 그들에게 일어난 일들을 통해서 여호와 하나님에게로 돌이켰다면 그렇게 멸망당하는 일은 없었을 것입니다. 그들이 그렇게 하지 않았기 때문에 하나님은 멸망이라는 극단적 방법을 써서라도 그들을 여호와 하나님에게로 돌이키고 그들을 새롭게 하려 하셨습니다. 우리가 각자 개인이나 혹은 우리 사회 속에서 일어나는 크고 작은 불행한 일들이 여호와 하나님으로 인함임을 알게 되면 우리는 어떻게 될까요? 반대로 모른다면 어떻게 될까요? "너희는 내가 여호와인 줄 알리라"

에스겔은 예루살렘에서 제사장으로 하나님을 섬기고 있었습니다. 그런데 1차 포로로 바벨론에 끌려왔습니다. 이방땅 바벨론에서 하나님을 만났습니다. 예루살렘 성전에만 계신 줄 알았던 하나님이 바벨론 땅 그발 강가에서 그에게 나타나셨습니다. 그가 들은 말씀은 더욱 충격이었습니다. 여호와 하나님께서 자신과 동족들을 바벨론 포로로 끌고 왔다는 것입니다. 에스겔은 이스라엘이 바벨론보다 힘이 약해서 포로로 끌려 온 줄로 알았습니다. 하나님이 바벨론 신보다 힘이 약해서 그렇게 된 줄로 생각했습니다. 그런데 그게 아니었습니다. 여호와 하나님께서 우상숭배와 율법 불순종의 죄에 대해서 징계를 내리셨습니다. 에스겔은 이 말씀을 영접했습니다. 그리고 바벨론 포로들과 예루살렘에 있는 백성들에게 이런 하나님의 말씀을 전하였습니다. 이스라엘이 완전히 멸망하여 고통 당할 것을 막고자 했습니다. 그런데 아무도 여호와 하나님의 말씀을 받아들이지 않았습니다. 결국 이스라엘은 완전히 망하였습니다. '내가 여호와인 줄 알리라' 여호와 하나님은 60번 반복하여 말씀하셨습니다. 여호와 하나님께서 현재의 역사를 주관하고 계심을 들을 때까지 반복해서 선포하셨습니다. 에스겔은 이 여호와 하나님의 말씀을 영접하였습니다. 그러자 그에게 놀라운 회복의 말씀이 주어졌습니다. "맑은 물을 너희에게 뿌려서 너희로 정결하게 하되 곧 너희 모든 더러운 것에서와 모든 우상숭배에서 너희를 정결하게 할 것이며 또 새 영을 너희 속에 두고 새 마음을 너희에게 주되 너희 육신에서 굳은 마음을 제거하고 부드러운 마음을 줄 것이며 또 내 영을 너희 속에 두어 너희로 내 율례를 지켜 행할지라 내가 너희 조상들에게 준 땅에서 너희가 거주하면서 내 백성이 되고 나는 너희 하나님이 되리라"(겔 36:25-28) 다시 조상의 땅으로 돌아가게 하시겠다는 믿기지 않는 약속을 하십니다. 더 나아가 회개하지 않는 완악한 그들에게 새 마음, 새 영을 주신다고 하십니다. 그 새 영은 '내 영' 곧 하나님의 영으로 성령 하나님을 가리킵니다. 우리보다 크신 성령 하나님께서 인간 속에 들어오실 수 있겠습니까? 죄로 오염된 인간은 안되기 때문에 보혜사 성령님께서 늘 함께 하셔서 돌보신다는 약속입니다. 에스겔은 이 말이 정확히 무슨 말인지 몰랐습니다. 그러나 600년 후 예수님을 통해서 성령 하나님께서 인간 속에 들어오게 되었습니다. 2,600년이 지난 지금도 예수님을 통해서 성령 하나님께서 우리 속에 내주하십니다. 예수님을 구원자로 영접하고 하나님을 아버지라고 고백하게 하십니다. 여호와 하나님은 그 하신 약속을 반드시 이루시며 세계 역사를 주관해 가시는 전지전능하신 하나님이십니다.

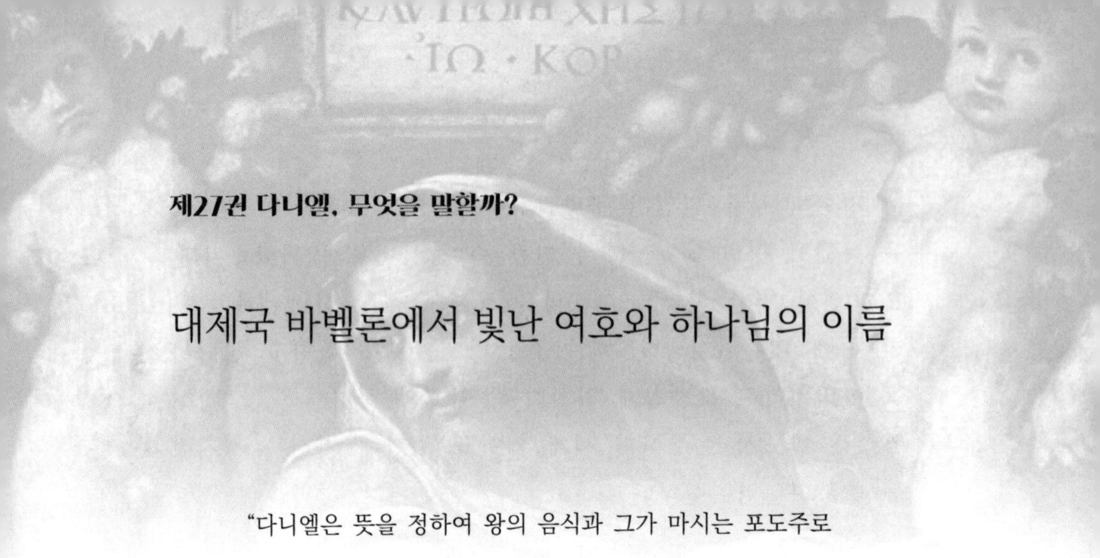

대제국 바벨론에서 빛난 여호와 하나님의 이름

"다니엘은 뜻을 정하여 왕의 음식과 그가 마시는 포도주로 자기를 더럽히지 아니하리라 하고 자기를 더럽히지 아니하도록 환관장에게 구하니"(단 1:8)

바벨론이 유다를 정복하고 유다 자손들을 포로로 잡아갔습니다. 유다라는 나라가 없어졌습니다. 그와 함께 유다의 하나님 여호와의 이름도 없어진 것 같았습니다. 그런데 역설적이게도, 그 바벨론 제국에서 여호와의 이름이 더 빛났습니다. 그 일은 다니엘, 그리고 다니엘의 세 친구인 하나냐, 미사엘, 아사랴를 통해서 이루어졌습니다. 그들이 어떻게 했기에 그런 큰 일이 일어났습니까? 그들이 무슨 큰 일을 했습니까?

첫째, 자기를 더럽히지 않고자 했습니다

다니엘과 세 친구는 바벨론 왕실 장학생으로 뽑혀 특별교육 기회를 얻었습니다. 그런데 그 때 다니엘은 한 가지 뜻을 정했습니다. "왕의 음식과 그가 마시는 포도주로 자기를 더럽히지 아니하리라"(단 1:8) 왕의 음식에는 율법에서 금한 고기, 예를 들어 돼지고기 같은 것이 있었습니다. 포도주는 바벨론의 신들에게 드려졌던 것이라고 합니다. 다니엘은 바벨론의 학문은 배우지만, 바벨론의 우상 숭배에는 참여하지 않고자 했습니다.

둘째, 왕이 세운 금신상에게 절하지 않았습니다

느부갓네살 왕은 금으로 큰 신상을 만들어 두라 평지에 세우고는 바벨론 전역의 관리들이 와서 그 신상에게 절하도록 명령했습니다. 그 신상은 왕의 통치와 권위를 상징합니다. 그 금신상에게 절하는 것은 신에게 절하는 것이라기보다는 왕에게 절하는 것이었습니다. 그런데도 하나냐, 미사엘, 아사랴는 절하지 않았습니다. 비록 자기들이 그 때문에 맹렬히 타는 풀무불 속에 던져질지라도 절하지 않겠다고 말했습니다. 왕은 그들에게 말했습니다. "능히 너희를 내 손에서 건져낼 신이 어떤 신이겠느냐?"(단 3:15) 왕은 자신을 신보다 더 큰 존재로 여겼습니다. 그런데 여호와는 그 세 사람을 풀무불 속에서 구원하셨습니다. 이를 본 왕은 말합니다. "사드락(하나냐), 메삭(미사엘), 아벳느고(아사랴)의 하나님을 찬송할지로다 그 하나님 밖에는 다른 신을 섬기지 아니하며 그에게 절하지 아니한 종들을 구원하셨도다"(단 3:28)

셋째, 여호와 하나님에게 구하기를 중단하지 않았습니다

다리오 왕 때에 다니엘은 전국을 다스리는 총리가 되었습니다. 그를 시기한 사람들이 왕 외의 다른 어떤 사람이나 혹

신에게 무엇을 구하는 것을 금하는 법을 만들었습니다. 그 법을 어기는 사람은 사자 굴에 던져 넣기로 했습니다. 그런데 다니엘은 자기 하나님 여호와께 구하는 것을 중단하지 않았습니다(단 6:10). 그 때문에 사자 굴에 던져져야 했습니다. 왕이라도 그를 구원할 수 없었습니다. 그런데 여호와 하나님께서 그를 구원하셨습니다. 왕은 말했습니다. "내가 이제 조서를 내리노라 내 나라 관할 아래에 있는 사람들은 다 다니엘의 하나님 앞에서 떨며 두려워할지니 그는 살아 계시는 하나님이시요 영원히 변하지 않으실 이시며 그의 나라는 멸망하지 아니할 것이요 그의 권세는 무궁할 것이며"(단 6:26) 그 후 여호와 하나님은 다니엘에게 주신 환상을 통해서 여호와 하나님이 세계의 통치자이심을 나타내셨습니다. 이 시대에도 다니엘과 그 친구들처럼 오직 하나님만 믿고 하나님에게 구하는 몇 사람을 통해서 하나님의 이름이 드러납니다. 나 한 사람의 믿음이 소중합니다.

다니엘은 하나님께서 왜 유다를 멸망시켰는지를 알았습니다. 더럽혀져서 망했다는 깊은 인식을 하고 있었습니다. 그래서 다니엘은 바벨론 왕궁에서 음식으로 자기를 더럽히지 않기로 결단하였습니다. 왕이 하사한 것을 받지 않는 것은 죽을 수 있는 일이었지만, 율법에서 금한 음식을 거부하였습니다. 바벨론에서 그의 행동은 아주 작은 몸부림이었지만, 하나님은 그에게 학문과 지혜를 주실 뿐만 아니라 환상과 꿈을 깨닫는 능력까지 주셨습니다. 다니엘의 세 친구 하나냐, 미사엘, 아사랴는 우상숭배로 유다가 망한 것을 알았습니다. 우상의 나라 바벨론에서 우상숭배를 거부하였습니다. 풀무불 속에 던져졌으나 하나님이 그들을 살리셨습니다. 대제국 바벨론에서 하나님의 이름이 빛났습니다. 다니엘은 유다가 다른 신에게 구했으나 하나님께 구하지 않으므로 망한 것을 알았습니다. 그래서 목숨을 걸고 하나님께 하루 세 번 기도했습니다. 하나님께 구하였다고 사자굴에 던져졌으나 하나님이 그를 살리셨습니다. 대제국 바벨론의 왕이 하나님을 찬양하고 온 땅에 하나님이 참 신임을 선포하였습니다. 다니엘은 대제국 바벨론에서 하나님을 만났습니다. 다니엘은 하나님의 환상을 드러내므로 온 인류의 역사의 주인공이 하나님이심을 선포하였습니다. 바벨론으로부터 시작해서 헬라, 로마, 그리고 인류의 종말의 때를 보여주었습니다. "지혜있는 자는 궁창의 빛과 같이 빛날 것이요 많은 사람을 옳은 데로 돌아오게 한 자는 별과 같이 영원토록 빛나리라"(단 12:3) 다니엘은 궁창의 별과 같이 영원토록 빛나고 있습니다.

제5편
구약의 소선지서, 무엇을 말할까?

제28권 호세아, 무엇을 말할까?

사람은 변합니다 하나님은 변하지 않으십니다

"그러므로 우리가 여호와를 알자 힘써 여호와를 알자 그의 나타나심은 새벽 빛같이 어김없나니 비와 같이 땅을 적시는 늦은 비와 같이 우리에게 임하시리라 하니라"(호 6:3)

첫째, 음란한 이스라엘, 변함없으신 하나님(1-6장)

첫째로 하나님은 버렸던 자녀를 다시 자기 자녀 삼으십니다(1장). 하나님은 자신과 이스라엘 백성과의 관계를 남편과 아내의 관계로 보십니다. 남편과 아내는 어떤 관계일까요? 첫째, 사랑의 관계입니다. 그것은 단순히 육신적인 관계가 아니라, 깊은 사랑의 관계입니다. 남녀 간의 사랑은 아주 특별합니다. 하나님과 이스라엘은 그런 관계입니다. 하나님은 남편으로서 이스라엘을 사랑하십니다. 둘째, 언약 관계입니다. 부부 관계가 처음에는 사랑에서 시작할 수 있지만, 두 사람이 결혼을 할 때는 약속 관계를 맺습니다. 약속을 어겨서는 안 됩니다. 반면 부모와 자녀 관계는 혈육 관계요, 친구 관계는 말 그대로 친구 관계입니다. 셋째, 신실해야 합니다. 남편은 아내에 대해서, 아내는 남편에 대해서 신실해야 합니다. 여기서 신실해야 한다는 것은 남편은 다른 여자를, 아내는 다른 남자를 사랑하지 않아야 한다는 것입니다. 여호와 하나님과 이스라엘의 관계는 이런 관계입니다. 그런데 이스라엘이 여호와 하나님에게 신실하지 못했습니다. 하나님은 그런 그들을 버리고자 하셨습니다.

둘째로 하나님은 자기 백성에게 다시 장가드십니다(2-3장)

하나님은 그런 이스라엘을 어떻게 하십니까? "내가 네게 장가 들어 영원히 살되 공의와 정의와 은총과 긍휼히 여김으로 네게 장가 들며, 진실함으로 네게 장가 들리니 네가 여호와를 알리라"(호 2:19,20) 여기서 '장가든다'는 것은 이혼한 아내를 다시 데려오는 것이나 돈을 주고 사는 것이 아닙니다. 마치 처녀와 결혼하듯이 그렇게 결혼한다는 뜻입니다. 이는 하나님이 이스라엘을 완전히 새로운 존재로 여기심을 의미합니다. 하나님은 범죄한 이스라엘을 순결한 처녀로 여기십니다. 하나님은 호세아에게도 말씀하셨습니다. "이스라엘 자손이 다른 신을 섬기고 건포도 과자를 즐길지라도 여호와가 그들을 사랑하나니 너는 또 가서 타인의 사랑을 받아 음녀가 된 그 여자를 사랑하라"(호 3:1) 이로써 호세아가 음란한 이스라엘을 향한 하나님의 마음을 알게 됩니다.

셋째로 하나님은 기다리십니다(4:1-6:3)

하나님은 음란한 이스라엘이 돌아오기까지 기다리십니다. 그들이 언젠가는 자기 스스로 고칠 수 없다는 것을 알고(호 5:13), 하나님이 고치실 것을 알고서 여호와 하나님을 알고자 돌아올 것을 내다 보십니다(호 6:1-3). 이스라엘은 사람에게 실망했을 때 여호와께로 돌아가고자 했으며 찾고자 했습니다. 그들은 여호와께서 매일 어김없이 찾아오는 새벽처럼 견고하고 요동함이 없고 변함이 없으시다는 것을 알았습니다. 사람은 변하나 여호와는 변하지 않으심을 알았습니다. 그래서 여호와를 찾았습니다.

둘째, 아침 이슬같으신 하나님(7-14장)

첫째로 하나님에게로 돌아오지 않는 이스라엘을 하나님은 황폐하게 하십니다(7-10장). 하나님은 이스라엘을 치료하고자 하셨습니다. 이스라엘의 음란을 고쳐 신실하게 하려고 하셨습니다. 우상숭배를 고쳐 오직 여호와 하나님을 섬기게 하려고 하셨습니다. 그들의 교만을 고쳐 겸손하게 하려고 하셨습니다. 사나운 마음을 고쳐 부드럽고 인애가 많은 마음으로 만들고자 하셨습니다. 그런데 이스라엘은 여호와께로 오지 않았습니다. 하나님은 그들을 황폐케 하셨습니다. 둘째로 이스라엘은 열매가 없었습니다(8-10장). 셋째로 하나님은 그들을 고치십니다(11-14장). 그들이 반역했지만 하나님은 여전히 고치고자 하셨습니다. 하나님은 이스라엘에 대해서 이슬같으십니다(호 14:5). 조용하나 변함이 없으십니다. 사람은 변합니다. 그러나 하나님은 변하지 않으십니다. 이것이 호세아의 중심 내용입니다.

호세아는 변하지 않으시는 하나님을 온 몸으로 체험한 선지자입니다. 하나님은 새벽 빛같이 어김없이 나타시고, 땅을 적시는 늦은 비와 같이 일정하게 임하십니다. 반면에 사람은 변합니다. 변하는 사람의 모습을 잘 보여주는 인물이 호세아의 아내 고멜입니다. 그녀는 호세아와 결혼하였지만 불륜을 저질러 두 명의 아이를 낳습니다. 후에는 호세아와 아이들을 버리고 집을 나가 버립니다. 결국 고멜은 노예로 팔려간 신세가 됩니다. 이때 하나님께서는 호세아에게 고멜을 데려와서 아내로 삼고 사랑하라고 하십니다. 호세아는 남편으로서 불륜을 저지른 그녀를 도저히 받아들일 수 없다고 말할 수 있습니다. 선지자로서 어떻게 죄 많은 여자를 데리고 살 수 있냐고 반문할 수도 있습니다. 그러나 배반하고 반역하고 원수된 이스라엘을 변함없이 사랑하시는 하나님을 만나게 됩니다. 이 하나님을 따라서 고멜을 다시 아내로 맞아들이고 사랑합니다. 우리가 연약하고, 아직 죄인되었을 때, 인간이 하나님의 원수되었을 때, 우리를 사랑하사 독생자를 주신 하나님의 사랑을 경험하게 됩니다. 호세아는 이 하나님을 알고, 이 하나님의 사랑을 맛보며, 아내와 자녀들을 사랑하였습니다. 이스라엘을 사랑하여, 온 몸으로 하나님의 사랑을 나타내었습니다. 호세아는 대표적인 사랑의 선지자로 불리우게 되었습니다.

제29권 요엘, 무엇을 말할까?

하나님께로 돌아오면 열매를 누립니다

"그런즉 내가 이스라엘 가운데에 있어 너희 하나님 여호와가 되고 다른 이가 없는 줄을 너희가 알 것이라 내 백성이 영원히 수치를 당하지 아니하리로다 누구든지 여호와의 이름을 부르는 자는 구원을 얻으리니 이는 나 여호와의 말대로 시온 산과 예루살렘에서 피할 자가 있을 것임이요 남은 자 중에 나 여호와의 부름을 받을 자가 있을 것임이니라"(욜 2:27,32)

첫째, 여호와의 날(1:1-2:11)

여호와 하나님을 떠난 이스라엘에게 여호와에게로부터 파멸이 이릅니다. 그리하여 사람들에게서 기쁨이 끊어집니다. 메뚜기 떼가 몰려와 농산물을 다 먹어버립니다(욜 1:4). 그들은 울게 됩니다. "취하는 자들아 너희는 깨어 울지어다 포도주를 마시는 자들아 너희는 울지어다 이는 단 포도주가 너희 입에서 끊어졌음이니"(욜 1:5) "밭이 황무하고 토지가 처량하니 곡식이 진하여 포도주가 말랐고 기름이 다하였도다"(욜 1:10) "씨가 흙덩이 아래서 썩어졌고 창고가 비었고 곳간이 무너졌으니 이는 곡식이 시들었음이로다"(욜 1:17) 곡식이 말라버렸으니 창고가 필요없습니다. 농부들에게 수확은 그들이 살아가는 재미요 의미이기도 합니다. 그런데 그 모든 수확을 메뚜기 떼가 먹어버리면 얼마나 슬프겠습니까? 사람이 자기 수고의 열매를 얻는 것이 큰 기쁨입니다. 열매를 빼앗기면 기쁨이 끊어집니다. 사람이 하나님을 떠나면 열매도 빼앗긴다는 것이 요엘서의 메시지입니다.

둘째, 하나님께로 돌아오라(2:12-17)

그래서 사람들에게 여호와 하나님께로 돌아오라고 합니다. "여호와의 말씀에 너희는 이제라도 금식하고 울며 애통하고 마음을 다하여 내게로 돌아올지어다"(욜 2:12) '이제라도'의 뜻은 '아직 늦지 않았다'입니다. 이제라도 돌아오면 말라버리지 않을 수 있습니다. 아직 늦지 않았으니 이제라도 내게로 돌아오라, 포기하지 말라는 뜻입니다. "너희는 옷을 찢지 말고 마음을 찢고 너희 하나님 여호와께로 돌아올지어다"(욜 2:13) 재앙 자체보다는 재앙의 원인을 생각해야 합니다. 재앙의 원인은 이스라엘의 마음이 하나님을 떠난 것입니다. 그래서 마음을 찢고 하나님 여호와께로 돌아와야 합니다. 그리하면 하나님이 뜻을 돌이켜 재앙을 내리지 않으십니다.

셋째, 풍요함(2:18-3:21)

첫째로 하나님은 백성을 다시 풍성하게 하십니다(2:18-27). "여호와께서 그들에게 응답하여 이르시기를 내가 너희에게 곡식과 새 포도주와 기름을 주리니 너희가 이로 말미암아 흡족하리라 내가 다시는 너희가 나라들 가운데에서 욕을 당하지 않게 할 것이며"(욜 2:19) "마당에는 밀이 가득하고 독에는 새 포도주와 기름이 넘치리로다"(욜 2:24) 이스라엘이 마음을 찢고 하나님에게로 돌이키면 하나님이 다시 풍성하게 하십니다.

둘째로 하나님은 성령을 부어주십니다(2:28-32). "그 후에 내가 내 영으로 만민에게 부어주리니"(욜 2:28) "그 때에 내가 또 내 영을 남종과 여종에게 부어 줄 것이며"(욜 2:29) 이상을 보면 여호와 하나님은 사람을 육체로 머물러 두지 않으십니다. 하나님의 영을 부어주십니다. 그러면 사람이 영적인 존재가 됩니다. 영적인 존재가 된다는 것은 하나님을 찾는 존재가 된다는 뜻입니다. 주의 이름을 부르는 사람이 됩니다.

셋째로 하나님은 자기 백성을 위해 보복하십니다(3장). 보복하시는 하나님은 '내 백성의 피난처, 이스라엘 자손의 산성'이 되십니다.

사람이 하나님을 떠나 다른 데로 가면 자기 수고의 열매를 빼앗깁니다. 그러나 이제라도 하나님께로 향하면 풍성함, 하나님의 영을 얻습니다. 우리가 삶에서 풍성함을 누리려면 어떻게 해야 합니까?

'하나님께로 돌아오면 열매를 누립니다'라는 계시를 요엘은 받았습니다. 메뚜기와 기근으로 빼앗긴 열매를 이제는 풍성히 누리게 됩니다. 기근 중에도 이삭이 100배의 결실을 맺었듯이 이스라엘 전체가 열매를 누리게 됩니다. 더 나아가 하나님은 최고의 선물인 성령 하나님도 주신다고 약속하십니다(눅 11:13). 마음을 찢고 하나님께로 돌아오면 하나님께서도 자기 마음을 주십니다. 하나님의 영, 성령 하나님을 그 마음에 부어주십니다. 성령 하나님이 주어지면 철없는 아이들이 장래 일을 말할 것입니다. 이기적이고 놀기 좋아하는 젊은이들은 이상 곧 비전을 보게 됩니다. 한물간 늙은이들이 꿈을 꾸게 됩니다. 당시 사람 취급도 받지 못하던 노예들, 비천한 남종과 여종에게도 하나님은 그의 영을 부어 주십니다. 하나님은 만민에게 성령 하나님을 부어 주십니다. 내주하시는 성령 하나님은 사랑, 기쁨, 평안 등 아름다운 성령의 열매를 주십니다(갈 5:22,23). 성령 하나님은 권능을 선물로 주십니다(행 1:8). 성령 하나님은 보혜사가 되셔서 모든 것을 가르치시고 생각나게 하십니다(요 14:26). 이 성령 하나님은 '누구든지 여호와의 이름을 부르는 자'를 구원해 주십니다. '요엘' 선지자의 이름 뜻은 '여호와는 하나님이시다'입니다. 엘리야가 이스라엘 백성들에게 질문한 적이 있었습니다. '너희가 어느 때까지 둘 사이에서 머뭇머뭇 하려느냐 여호와가 만일 하나님이면 그를 따르고 바알이 만일 하나님이면 그를 따를지니라'(왕상 18:21) 이 질문에 '여호와가 유일한 하나님이시다' 요엘은 이름으로 대답한 것입니다. 바알이 아닌 여호와가 하나님이라고 고백하면 구원을 받습니다. 돈이 아닌, 자신이 아닌, 여호와가 하나님이라고 고백하면 구원을 받습니다. 예수님이 그리스도라고 고백하면 누구든지 구원을 받습니다. 유대인, 이방인에 관계없이, 남녀노소 관계없이, 누구든지 구원을 받습니다. 구약의 이 놀라운 선포가 베드로 때 완전하게 성취되었습니다(행 2장). 요엘이 성령충만의 열매를 누렸듯이, 우리도 하나님께로 돌아가 성령충만의 열매를 누릴 수 있기를 기도합니다.

제30권 아모스, 무엇을 말할까?

이스라엘의 살 길

> "너희는 살려면 선을 구하고 악을 구하지 말지어다 만군의 하나님 여호와께서 너희의 말과 같이 너희와 함께 하시리라"(암 5:14)

첫째, 돌이키지 않으리라(1-2장)

하나님은 이방 나라들의 서너 가지 죄를 인해 각 나라들을 심판하십니다. 이방 나라들의 죄는 크게 두 가지라고 볼 수 있습니다. 첫째로 하나님의 백성을 사로잡고 이방인에게 넘겨주었습니다. 둘째로 공통적으로 사람에 대한 무정, 무자비함입니다. 임산부의 배를 가르기도 했습니다. 하나님은 그들에 대한 벌을 돌이키지 않으십니다. 하나님은 유다와 이스라엘의 서너 가지 죄를 지적하십니다(암 2:4-16). 여호와 하나님은 그 벌을 돌이키지 않으십니다. 벌을 돌이키지 않는다는 것은 무슨 뜻입니까? 벌을 내리기로 작정하고 있었는데, 혹시 그들이 돌이키면 벌을 돌이킬 생각을 하셨던 것 같습니다. 그런데 그들이 돌이키지 않으니 여호와께서도 벌을 돌이키지 않으십니다. 이렇게 본다면 이스라엘의 죄에 대해서, 그리고 하나님에 대해서 무엇을 알 수 있습니까? 첫째로 이스라엘의 죄가 오래 되었다는 것입니다. 둘째로 하나님은 이스라엘에게 돌이킬 수 있는 기회를 여러 번 주셨다는 것입니다. 그런데도 이스라엘은 돌이키지 않았습니다.

둘째, 돌아오지 않았다(3-4장)

그들의 죄는 다른 면에서 특별한 것이었습니다. "내가 땅의 모든 족속 가운데 너희만을 알았나니 그러므로 내가 너희 모든 죄악을 너희에게 보응하리라"(암 3:2) 하나님은 오직 이스라엘만을 아셨는데, 이스라엘은 하나님만 알지 않고 다른 신도 알았습니다. 하나님은 그들에게 보응하십니다(암 3:2,14,15). 그 보응은 당연합니다. 그런데도 이스라엘은 어떻게 했습니까? "너희가 내게 돌아오지 아니하였느니라"(암 3:6,8,9,10,11) 이 말씀을 통해서 볼 때 백성에게 여러 모양의 재앙이 임하는 것은 백성들로 하여금 하나님에게로 돌이키게 하기 위한 하나님의 훈련임을 알 수 있습니다. 그러나 이스라엘은 그런 재앙을 받고서도 그 목적을 알지 못하고 하나님에게로 돌아오지 않았습니다. 그런 재앙들이 하나님으로부터 온 것임을 알지 못했고, 하나님을 의식하지 못했습니다. 그냥 일반적 자연재해로 알았거나 혹은 자기들의 힘이 약해서 강대국의 침략을 받는다고 생각했습니다.

셋째, 이스라엘의 살 길은 무엇입니까(5-9장)?

본문에서 제시하는 바 이스라엘의 살 길은 크게 두 가지입니다. 첫째로 하나님을 찾으라(암 5:4). 하나님은 감추어져 계십니다. 하나님은 보이지 않습니다. 다른 우상은 보이지만 하나님은 보이지 않습니다. 또 하나님은 눈에 보이는 현상 뒤에 계십니다. 눈에 보이는 사건들, 사람에게 닥치는 여러 일들 속에 하나님이 계십니다. 그래서 하나님을 찾아야 합니다. 문제만 볼 것이 아니라 문제 뒤에 계신 하나님을 찾아내야 합니다. 그리하면 삽니다. 둘째로 선을 행하고 의를 행하라. "너희가 살려면 선을 구하고 악을 구하지 말지어다 만군의 하나님 여호와께서 너희의 말과 같이 너희와 함께 하시리라"(암 5:14) "오직 정의를 물 같이 공의를 마르지 않는 강 같이 흐르게 할지어다"(암 5:24)

아모스는 이스라엘 왕 여로보암 2세 때 북이스라엘 때 활동하는 선지자입니다. 그의 이름의 뜻은 '강하다'이며, 남유다에서 목자요 농부였습니다. 그런데 하나님의 부르심을 받아서 북이스라엘에 가서 말씀을 전합니다. 그리고 아모스는 자기 이름으로 문서를 남긴 첫 문서 예언자입니다. 그가 문서로 말씀을 남긴 가장 큰 이유는 그의 메시지가 나라 전체의 멸망에 대한 예언이기 때문입니다. 오랜 세월이 흘러야 실현될 내용이기 때문에 문서로 남겨야 했습니다. 또한 단순한 일화가 아니라 메시지 전체를 기록으로 남겼습니다. 메시지를 전하면서 아모스는 북이스라엘에서 추방되는 아픔도 겪었습니다. 그만큼 아모스의 메시지가 강력했습니다. 아모스가 전한 말씀의 핵심이 무엇입니까? 북이스라엘에서 가장 번성한 시기가 여로보암 2세입니다. 여름궁전, 겨울궁전을 상아로 지을 정도로 부유한 시대였습니다(암 3:15). 잘 살게 된 것이 하나님 때문이라고 제사가 넘쳐나는 시대이기도 했습니다(암 4:4,5). 삼일마다 십일조를 드릴 정도로 열심이었습니다. 그러나 그들은 약자를 짓밟고 학대하였습니다(암 2:6-8, 4:1). 빈

부격차가 심각하였습니다. 적폐가 쌓였고 정의가 사라졌습니다. 예배나 우상숭배의 문제가 아니라 정의문제가 심판의 이유입니다. 한 나라가 멸망할 정도로 심각했습니다. 그럼에도 불구하고 하나님은 아모스를 보내 돌아오라고 하십니다. 하나님을 찾고 선을 행하면 용서하시겠다고 하십니다. "오직 정의를 물같이 공의를 마르지 않는 강같이 흐르게 할지어다"(암 5:24) 그러나 북이스라엘은 받아들이지 않았습니다. 큰 지진으로 경고를 해도 돌이키지 않았습니다(암 1:1) 결국 30년이 지나지 않아 B.C. 722년에 북이스라엘은 앗수르에 철저히 짓밟혔습니다.

제31권 오바댜, 무엇을 말할까?

자기를 위해 사는 사람, 하나님을 위해 사는 사람

> "여호와께서 만국을 벌할 날이 가까웠나니 네가 행한 대로 너도 받을 것인즉 네가 행한 것이 네 머리로 돌아갈 것이라"(옵 1:15)

에돔은 망하고 야곱 족속 곧 이스라엘은 흥합니다. 그 이유가 무엇입니까?

첫째, 에돔은 교만했습니다(1:1-9)

에돔은 먼저 교만 때문에 망합니다. "내가 너를 나라들 가운데에 매우 작게하였으므로 네가 크게 멸시를 받느니라 너의 마음의 교만이 너를 속였도다 바위틈에 거주하며 높은 곳에 사는 자여 네가 마음에 이르기를 누가 능히 나를 땅에 끌어내리겠느냐"(옵 1:2,3) '교만이 너를 속였도다' 이 말의 뜻은 무엇입니까? 교만 때문에 자신의 실상을 보지 못했습니다. 교만 때문에 자신이 낮아질 것임을 알지 못했습니다. 교만은 그것을 가진 당사자를 속입니다. 교만한 사람은 자기보다 높은 자가 있다는 것, 자기보다 힘센 자가 있다는 것을 알지 못합니다. 교만은 그것을 가진 사람에게 자기보다 힘센 자가 없다고 속입니다.

하나님이 사람의 교만을 꺾으십니다. “너와 약조한 자들이 다 너를 쫓아 변경에 이르게 하며 너와 화목하던 자들이 너를 속이고 이기며 네 식물을 먹는 자들이 네 아래 함정을 베푸니 네 마음에 지각이 없음이로다”(옵 1:7) ‘지각이 없다’는 자는 자기에 대한 이해가 없습니다. 곧 자기가 낮아진다는 것을 알지 못했습니다. 그런 사람은 배반당합니다.

둘째, 형제 야곱에게 행한 포학을 인하여(1:10-16)

이방인이 예루살렘을 공격할 때에 에돔도 동참했습니다. “네가 멀리 섰던 날 곧 이방인이 그의 재물을 빼앗아가며 외국인이 그의 성문에 들어가서 예루살렘을 얻기 위하여 제비 뽑던 날에 너도 그들 중에 한 사람 같았느니라”(옵 1:11) 그들은 어떻게 했어야 합니까? “네가 형제의 날 곧 그 재앙의 날에 방관할 것이 아니며 유다 자손의 패망하는 날에 기뻐할 것이 아니며 그 고난의 날에 네가 입을 크게 벌릴 것이 아니라”(옵 1:12) 그런데 그들은 그렇게 하지 않았습니다. 그래서 망했습니다. 에돔이 이스라엘의 멸망에 동참한 것은 곧 형제의 멸망에 동참한 것이었습니다. 에돔은 에서로서 야곱의 형입니다. 야곱이 비록 에서를 속여 장자권과 축복을 빼앗아갔지만 에서는 야곱의 멸망에 참여하지 않아야 했습니다. 형제의 멸망에 동참하는 사람은 도리어 망합니다.

셋째, 야곱 족속은 자기 기업을 누립니다(1:17-21)

시온 산에 피할 자가 있을 것입니다. “그 산이 거룩할 것이요 야곱 족속은 자기 기업을 누릴 것이며 야곱 족속은 불이 될 것이며 요셉 족속은 불꽃이 될 것이요 에서 족속은 지푸라기가 될 것이라”(옵 1:17,18) “사로잡혔던 이스라엘의 많은 자손은 가나안 사람에게 속한 이 땅을 사르밧까지 얻을 것이며"(옵 1:20) 에돔은 망하는데 왜 이스라엘은 자기 땅을 얻습니까? 하나님의 이름을 위해서 사는 사람들이기 때문입니다. 에돔은 자기가 높은 줄 알았고 자기 영광을 위해서 살았으나, 이스라엘은 자기 위에 하나님이 계신 줄 알고 겸손했으며 하나님의 이름을 위해 살았습니다. 결국 자기를 위해 살면 망하나 하나님을 위해 살면 땅을 얻습니다.

오바댜라는 이름의 뜻은 '하나님을 경외하는 자'입니다. 그 이름처럼 하나님을 위해 사는 사람과 민족은 구원을 받는다는 것이 가장 큰 주제입니다. 오바댜는 이스라엘의 회복을 확신하고 예언하는 믿음과 소망의 선지자였습니다. 뿐만 아니라 자기를 위해 사는 사람과 민족에 대해서는 철저한 심판을 선포합니다. 한마디의 회개의 촉구도 없이 오직 준엄한 심판만을 선고하는 의협심이 강한 불같은 성격의 소유자가 오바댜입니다. 성경에는 또다른 오바댜가 나오는데, 우상숭배자 아합의 신하입니다. 아합 왕은 하나님의 선지자를 찾아 죽이는데, 오바댜는 100명의 선지자를 숨겨 살렸습니다. 하나님을 경외하는 자로서 이름값을 했습니다. 특별히 오바댜가 심판을 선포한 민족은 에돔입니다. 야곱의 형 에서의 후손입니다. 예수님때 이스라엘을 다스리던 사람이 헤롯 왕인데 이두매 사람으로 에돔 족속입니다. 이스라엘과는 형제국일 것 같은데 적대국 관계였습니다. 가깝고도 먼 나라요, 가시같은 이웃이었습니다. '왕의 대로'라는 무역로로 번창할 때, 바벨론에 돈을 주어서 이스라엘을 공격하도록 했습니다. 유다가 멸망할 때는 약탈을 일삼았습니다. 이렇게 자기를 위해 산 에돔은 멸망합니다.

제32권 요나, 무엇을 말할까?

누구의 기준으로 사람을 볼까?

"여호와께서 이르시되 네가 수고도 아니하였고 재배도 아니 하였고 하룻밤에 났다가 하룻밤에 말라 버린 이 박넝쿨을 아꼈거든 하물며 이 큰 성읍 니느웨에는 좌우를 분변하지 못하는 자가 십이만여 명이요 가축도 많이 있나니 내가 어찌 아끼지 아니하겠느냐 하시니라"(욘 4:10,11)

요나는 하룻밤에 났다가 하룻밤에 망한 박넝쿨은 아꼈습니다. 박넝쿨이 말라서 없어졌을 때 '사는 것보다 죽는 것이 내게 낫겠다'라고 말했습니다. 그런데 그런 요나는 니느웨 사람들은 다 죽기를 바랐습니다. 요나가 사흘 길인 니느웨 성을 하루만 돌면서 외쳤습니다. "사십 일이 지나면 니느웨가 무너질 것이다" 니느웨 사람들은 그 말을 받아들였습니다. 하나님의 진노를 받아들였습니다. 모두들 굵은 베를 입고 재에 앉았습니다. 그리고 각자 악한 길과 손으로 행한 강포에서 떠났습니다. 하나님은 그들이 행한 것을 보시고 뜻을 돌이켜 그들에게 내리리라고 말씀하셨던 재앙을 내리지 않으셨습니다. 그러자 요나는 화가 나서 하나님에게 말했습니다. "여호와여 이제 원하건대 내 생명을 가져가십시오. 사는 것보다 죽는 것이 내게 낫습니다" 한낱 풀에 지나지 않는 박넝쿨을 그렇게 아낀 요나가 왜 한 성이 망하지 않은 것에 대해서는 화를 내고 그 성 사람들이 다 죽기를 바랐습니까? 박넝쿨은 요나에게 유익을 주었지만, 니느웨 사람들은 요나의 민족에게 큰 해를 끼쳤기 때문입니다.

요나뿐 아니라 사람이라면 누구나 자기에게 이익이 되는 존재는 그것이 박넝쿨이든 혹은 집의 강아지든 아낍니다. 하지만 해를 끼친 존재에 대해서는 비록 사람이라 할지라도 망하기를 원하지 않습니까? 그렇게 하는 것이 맞는 것 같습니다. 날마다 펄쩍펄쩍 뛰며 반겨주는 강아지가 죽으면 슬퍼하겠지만 내게 해를 준 사람에 대해서는 죽기를 바라지 않습니까? 사람은 누구나 자기를 기준으로 사람을 봅니다. 자기를 기준으로 해서 이익이 되면 아끼고 손해가 되면 아끼지 않습니다. 요나는 하나님의 선지자였지만 자기를 기준으로 사람을 보았습니다.

그런 요나에게 하나님이 말씀하십니다. “하물며 이 큰 성읍 니느웨에는 좌우를 분변하지 못하는 자가 십이만여 명이요 가축도 많이 있나니 내가 어찌 아끼지 아니하겠느냐”(욘 4:11) 요나 편에서 보면 니느웨 사람들은 해를 끼친 사람이지만, 하나님 편에서 보면 니느웨 사람들도 하나님의 피조물입니다. 하나님이 만드신 사람이 십이만 명이나 있고 가축도 많이 있습니다. 게다가 니느웨 사람들이라도 하나님에게는 유익이 될 수 있습니다. 하나님은 그 사람들을 하나님을 떠난 이스라엘 사람들을 때리는 막대기로 쓰기도 하셨습니다. 하나님으로서는 니느웨 사람들을 아끼는 것이 맞습니다. 요나도 사람이라 자기 기준으로 사람을 보겠지만, 하나님의 선지자이니 하나님의 기준으로 사람을 보는 것을 배워야 했습니다. 이후에 요나는 어떻게 되었을까요? 요나의 무덤이 니느웨성에서 발견되었습니다. 귀족무덤처럼 큰 무덤이었는데 그곳에 요나의 이름이 써 있습니다. 요나는 하나님께 데모하다가 일사병에 걸려 죽지 않았을 것입니다. 하나님의 뜻을 영접하고 니느웨의 회개를 도왔을 것입니다. 하나님이 요나를 아끼신 결과입니다. 지금 나는 오직 나를 기준으로 사람을 봅니까? 아니면 하나님을 기준으로 사람을 봅니까?

제33권 미가, 무엇을 말할까?

남은 자의 허물을 사하시고 강성케 하실 하나님

> "그가 많은 민족들 사이의 일을 심판하시며 먼 곳 강한 이방 사람을 판결하시리니 무리가 그 칼을 쳐서 보습을 만들고 창을 쳐서 낫을 만들 것이며 이 나라와 저 나라가 다시는 칼을 들고 서로 치지 아니하며 다시는 전쟁을 연습하지 아니하고 각 사람이 자기 포도나무 아래와 자기 무화과나무 아래에 앉을 것이라 그들을 두렵게 할 자가 없으리니 이는 만군의 여호와의 입이 이같이 말씀하셨음이라"(미 4:3-4)

첫째, 예루살렘은 무더기가 되고(1-3장)

하나님은 이스라엘(사마리아)의 죄와 예루살렘의 죄로 인해서 사마리아도, 예루살렘도 다 무너뜨리시고 무더기가 되게 하십니다. 그들의 죄가 무엇입니까? 하나님은 그들에게 정의와 인애를 원하셨지만, 그들은 탐욕으로 불의했고 잔혹했습니다(미 1:5, 1:7, 2:2, 2:8-9, 3:1-4). 그러면서도 자기들은 안전하다고 말했습니다. "여호와를 의뢰하여 이르기를 여호와께서 우리 중에 계시지 아니하냐 재앙이 우리에게 임하지 아니하리로다"(미 3:11) 그러나 하나님은 무엇이라고 말씀하십니까? "이러므로 너희로 말미암아 시온은 갈아엎은 밭이 되

고 예루살렘은 무더기가 되고 성전의 산은 수풀의 높은 곳이 되리라"(미 3:12)

둘째, 남은 자들이 사자와 같으리라(4-5장)

그런데 4장 1,2절에는 전혀 다른 말씀이 있습니다. "끝날에 이르러는 여호와의 전의 산이 산들의 꼭대기에 굳게 서며 작은 산들 위에 뛰어나고 민족들이 그리로 몰려갈 것이라 곧 많은 이방 사람들이 가며 이르기를 오라 우리가 여호와의 산에 올라가서 야곱의 하나님의 전에 이르자 그가 그의 도를 가지고 우리에게 가르치실 것이니라 우리가 그의 길로 행하리라 하리니 이는 율법이 시온에서부터 나올 것이요 여호와의 말씀이 예루살렘에서부터 나올 것임이라" "각 사람이 자기 포도나무 아래와 자기 무화과나무 아래에 앉을 것이라"(미 4:4) 시온에 대해서 이렇게 말씀합니다. "딸 시온이여 내가 네 뿔을 무쇠같게 하며"(미 4:13) 남은 자에 대해서 말씀합니다. "야곱의 남은 자는 많은 백성 가운데 있으리니 그들은 여호와께로부터 내리는 이슬같고 풀 위에 내리는 단비같아서 사람을 기다리지 아니하며"(미 5:7) "야곱의 남은 자는 여러 나라 가운데와 많은 백성 가운데에 있으리니 그들은 수풀의 짐승들 중의 사자같고 양 떼 중의 젊은 사자같아서 만일 그가 지나간즉 밟고 찢으리니 능히 구원할 자가 없을 것이라"(미 5:8) 앞에서는 분명 예루살렘이 돌무더기가 된다고 하나님은 말씀하셨습니다.

그런데 어떻게 그런 곳에서 여호와의 말씀이 나올 수 있습니까? 어떻게 남은 자들이 이렇게 될 수 있습니까? 옛 것은 다 무너져 없어지고 새로운 것이 시작되었기 때문입니다. 하나님께서 예루살렘을 무너뜨리시고 무더기가 되게 하신 것은 단순히 보이는 성만 그렇게 하신 것이 아니라, 예루살렘 사람들 속에 있던 죄악들, 음행, 우상숭배, 돈에 대한 욕심, 거짓 선지자들, 돈을 좋아하는 지도자들, 돈을 받고 거짓말하는 선지자들, 이런 모든 것을 없애셨습니다. 불의와 잔인함을 없애셨습니다. 그리고 이제 의와 인애를 세우십니다. 무엇보다도 여호와 하나님에 대한 믿음을 세우십니다. 예루살렘을 무너뜨림으로 여호와 하나님의 말씀이 진실함이 드러났습니다. 하나님의 의로움이 드러났습니다. 그래서 만민이 시온으로 모여듭니다.

셋째, 하나님은 용서와 인애를 기뻐하십니다(6-7장)

하나님이 백성과 논쟁하십니다. "내 백성아 내가 무엇을 네게 행하였으며 무슨 일로 너를 괴롭게 하였느냐"(미 6:3) '내 백성'은 여호와 하나님이 자기 백성을 괴롭게 했다고 생각했습니다. '하나님이 예루살렘을 돌무더기로 만드신 것은 잘못한 것 아닌가?' '자기 백성을 괴롭게 하신 것 아닌가?' 그러나 그것은 하나님의 매였습니다. 그러므로 그들은 겸손하게 하나님과 함께 행해야 했습니다(미 6:8). 하나님은 어떤 분입니까? "주와 같은 신이 어디 있으리이까 주께서는 죄악과 그 기업에 남은 자의 허물을 사유하시며 인애를 기뻐하시므로 진노를 오래 품지 아니하시나이다"(미 7:18) 이렇게 보면 하나님의 무너뜨림은 끝이 아니라 하나님의 말씀, 인애의 시작임을 알 수 있습니다. 혹시 지금 내 삶이나 일이 무너졌습니까? 끝난 것 같습니까? 하나님의 말씀, 인애, 용서의 시작입니다.

미가서의 저자 미가의 원래 이름은 '미가야후'입니다. 그는 모레셋 사람으로 직업은 농부로 알려졌습니다. 모레셋은 예루살렘 서남쪽 약 40km 떨어진 조금만 시골입니다. 1장 14절에서는 '가드모레셋'이라고 불리웠습니다. 블레셋 가드 사람들의 통치 아래 있는 모레셋이라는 뜻입니다. 따라서 모레셋은 유다 지역 중에서도 가장 유다답지 못한 곳, 이민족의 지배를 가장 많이 받았던 곳이라고 할 수 있습니다. 가장 유다답지 않은 곳에서, 전혀 선지자 교육도 받지 못한 농부에게 여호와의 말씀이 임하였습니다. 미가의 뜻은 '여호와같은 이가 누구인가?'입니다. 그가 만난 여호와 하나님은 누구이실까요? 그는 심판의 하나님을 만나고 있습니다. 미가는 아하스 왕 때에 활동했기 때문에 북왕국 이스라엘의 멸망이라는 충격적인 사건을 경험했습니다. 하나님의 백성이 망하는 것은 상상할 수도 없는 일이었습니다. 그런데 하나님으로부터 남유다도 그렇게 망할 것이라는 묵시를 듣습니다. 도저히 받아들을 수 없었을 것입니다. 그러나 하나님께서 지적하신 죄목을 듣고는 영접할 수밖에 없었습니다. "시온을 피로 예루살렘을 죄악으로 건축하는도다"(미 3:10) 농부인 미가는 예루살렘에 가서 예루살렘의 멸망과 유다의 멸망을 예언하였습니다. 귀족 출신 이사야 선지자의 말도 듣지 않았는데 누가 그의 말을 듣겠습니까? 하지만 미가의 말대로 유다는 그 죄로 말미암아 멸망하였습니다 그러나 그것으로 끝나지 않습니다. 열방이 예루살렘으로 말씀을 배우기 위해서 몰려듭니다. 말씀에 순종하여 칼을 쳐서 보습을 만들고, 창을 쳐서 낫을 만드는 놀라운 일이 벌어집니다(미 4:3). 전쟁중에 이런 일을 누가 감히 상상할 수 있겠습니까? 그러나 그는 남은 자의 허물을 사하시며 강성케 하실 하나님을 믿었습니다. 실제로 말씀이신 예수님을 배우기 위해서 세계가 몰려들고 있습니다. 마지막 날에는 새 예루살렘이 이 땅에 임하게 될 것입니다. 미가는 하나님의 이런 희망을 가슴에 품고 전하는 희망의 선지자가 되었습니다. 무너질지라도 하나님의 말씀은 무너지지 않고 강성하게 됩니다. 이 말씀을 영접하고 순종하기를 기도합니다.

대적자의 대적자가 되신 하나님

"여호와는 질투하시며 보복하시는 하나님이시니라 여호와는 보복하시며 진노하시되 자기를 거스르는 자에게 여호와는 보복하시며 자기를 대적하는 자에게 진노를 품으시며"(나 1:2)

첫째, 하나님을 대적하는 자, 하나님에게 피하는 자(1장)

첫째로 하나님은 대적하는 자에게 보복하십니다. "여호와는 질투하시며 보복하시는 하나님이시니라 여호와는 보복하시며 진노하시되 자기를 거스르는 자에게 여호와는 보복하시며 자기를 대적하는 자에게 진노를 품으시며"(나 1:2) "여호와께 악을 꾀하는 한 사람이 너희 중에서 나와서 사악한 것을 권하는도다"(나 1:11) 산헤립이 유다를 침략하여 여러 성을 정복하고 예루살렘을 포위하였습니다. 랍사게가 예루살렘 사람들에게 하나님을 믿지 말라고 말합니다. 하나님을 믿지 말고 앗수르 왕을 믿으라고 말합니다. 그런 앗수르는 어떻게 됩니까? 멸절당합니다(나 1:12)

둘째로 하나님은 피하는 자에게는 산성이십니다. "여호와는 노하기를 더디하시며 권능이 크시며 벌 받을 자를 결코 버려

두지 아니하시느니라”(나 1:3) “여호와는 선하시며 환난 날에 산성이시라 그는 자기에게 피하는 자들을 아시느니라”(나 1:7) 하나님은 자기를 대적하여 악을 꾀하는 자에 대해서는 진노가 되시고 폭풍이 되시나 자기에게 피하는 자에게는 산성이 되십니다. 피한다는 것은 위험이 닥쳐올 때 피난처, 안전한 곳을 찾는 것입니다. 하나님은 하나님에게서 안전을 찾는 사람을 아십니다. 무엇을 아십니까? 그 사람이 닥쳐오는 위험을 혼자서 이겨낼 수 없다는 것, 위험 앞에서 사람이 약하다는 것, 안전한 곳이 필요하다는 것을 아십니다.

둘째, 하나님이 니느웨의 대적이 되심(2-3장)

첫째로 니느웨는 수사자, 암사자 같았습니다(2장). “파괴하는 자가 너를 치러 올라왔나니”(나 2:1) 하나님이 약탈자를 니느웨에 보내어 약탈하게 하십니다. 바벨론이 앗수르를 공격합니다. 파괴자는 니느웨를 철저히 파괴합니다. “니느웨가 공허하였고 황무하였도다”(나 2:10) “이제 사자의 굴이 어디냐 젊은 사자가 먹을 곳이 어디냐 전에는 수사자 암사자가 그 새끼 사자와 함께 거기서 다니되 그것들을 두렵게 할 자가 없었으며”(나 2:11) 그만큼 니느웨는 강했습니다. 그가 여호와께 대적하여 도모했고 여호와께서 그의 대적이 되셨습니다. “만군의 여호와의 말씀에 내가 네 대적이 되어 네 병거들을 불살라 연기가 되게 하고 네 젊은 사자들을 칼로 멸할 것이며 내가 또 네 노략한 것을 땅에서 끊으리니 네 파견자의 목소리가 다시는 들리지 아니하리라”(나 2:13) 여호와께서 대적이 되시면 그 강한 곳이 일시에 파멸합니다.

둘째로 니느웨는 음행과 잔인함으로 망합니다(3장). "이는 마술의 주인된 아리따운 기생이 음행을 많이 행함을 인함이라 그가 그 음행으로 여러 나라를 미혹하고 그 마술로 여러 족속을 미혹하느니라"(나 3:4) 한 강대국이 일시에 망할 수 있습니까? 강하고 부유한 나라가 망하려면 오랜 시간이 걸리지 않습니까? 한 나라의 그 많던 상인들이 마치 느치가 날개를 펴서 날아감과 같이 일시에 날아갈 수 있습니까? 그런데 니느웨 곧 앗수르는 일시에 망했습니다. 다시 일어설 수 없게 망했습니다. 왜 그렇게 되었습니까? 니느웨가 행음하고 여호와를 대적했을 때 그렇게 되었습니다. 세상 어떤 강대한 나라든지 만일 행음하고 여호와 하나님을 대적한다면 니느웨처럼 될 수 있습니다.

요나서에서는 니느웨가 회개하였고 그로 인하여 니느웨는 하나님의 심판을 받지 않았습니다. 하나님은 니느웨 사람들을 아끼셨습니다. 그런데 나훔에서는 하나님이 니느웨의 대적이 되셨고 니느웨는 일시에 망했습니다. 요나서에서의 니느웨와 나훔서에서의 니느웨의 사이에 왜 그런 차이가 있습니까? 아마도 니느웨는 한 번 회개하고 그것으로 끝이었던 것 같습니다. 한 번 회개했다고 해서 그것이 구원을 보장해 주지 않습니다. 회개한 후에 계속 하나님을 믿고 하나님 편이 되어야 합니다.

나훔서의 저자 나훔의 뜻은 '위로 또는 위로자'입니다. 그의 고향은 엘고스입니다. 엘고스는 '나훔의 마을'이라는 뜻을 가지고 있는 갈릴리 '가버나움'으로 추정됩니다. 나훔은 앗수르의 수도 니느웨 멸망에서 위로를 받습니다. 왜냐하면 보복하시는 하나님을 만났기 때문입니다. 앗수르는 북이스라엘을 B.C. 722년에 멸망시켰습니다. 전통 강국 애굽을 짓밟은 것(B.C. 633년)처럼 앗수르는 초강대국으로 계속 성장했습니다. 이런 앗수르에게 보복할 수가 없었습니다. 남유다도 할 수 없었습니다. 나라도 안 되는데, 한 개인으로는 보복이 불가능했습니다. 그러나 하나님께서 보복하십니다. 하나님은 나훔의 하나님이시므로 그 마음의 고통을 풀어주십니다. 더 나아가 하나님은 나의 하나님으로 나의 대적에 대해서 보복하시는 하나님이십니다. 하나님께서 B.C. 612년 앗수르를 멸망시키셨습니다. 하나님만이 세상과 역사의 참다운 주관자이십니다.

제35권 하박국, 무엇을 말할까?

하나님이 주셨고 하나님이 가져가셨습니다

"비록 무화과나무가 무성하지 못하며 포도나무에 열매가 없으며 감람나무에 소출이 없으며 밭에 먹을 것이 없으며 우리에 양이 없으며 외양간에 소가 없을지라도 나는 여호와로 말미암아 즐거워하며 나의 구원의 하나님으로 말미암아 기뻐하리로다"(합 3:17,18)

첫째, 하박국의 두 가지 질문(1장)

첫번째 질문은 왜 불의가 있는가? 하박국은 유대 사회에 가득한 불의를 보았습니다. 그는 불의가 없어지도록 하나님께 기도했습니다. 그런데 불의가 없어지지 않았습니다. 하박국은 사회에 왜 불의가 존재하는지 알 수 없었습니다. 더욱 이해할 수 없었던 것은 하나님이 왜 그런 불의를 없애시지 않는가? 하였습니다.

두번째 질문은 악인이 왜 의인을 심판하는가? 이방인이 어떻게 하나님의 백성을 심판할 수 있는가? 바벨론이 유다를 쳐서 멸망시켰습니다. 하박국은 하나님에게 여쭈었습니다. "그가 그물을 떨고는 계속하여 여러 나라를 무자비하게 멸망시키는 것이 옳으니이까"(합 1:17) 하나님은 어떻게 대답하십니까?

둘째, 하나님의 심판(2장)

하나님은 악인에게 하나님의 심판이 있음을 말했습니다. "그 종말이 속히 이르겠고 결코 거짓되지 아니하리라 비록 더딜지라도 기다리라 지체되지 않고 반드시 응하리라"(합 2:3) 그렇게 말씀하시면서 세 가지 방향을 주셨습니다.

첫째로 의인은 믿음으로 살리라. "의인은 그의 믿음으로 말미암아 살리라"(합 2:4) 여기서 말하는 '믿음'이란 신실함, 변하지 않음, 꾸준함입니다. 여기서 '산다'는 것은 살아난다, 생명을 얻는다입니다. 의인은 주위 상황이 어떠하든 하나님을 믿는 데 변함이 없습니다. 그로 인해 생명을 얻으며 힘차게 세상을 살아갑니다.

둘째로 여호와의 영광을 인정하는 것이 세상에 가득하리라. "이는 물이 바다를 덮음 같이 여호와의 영광을 인정하는 것이 세상에 가득함이라"(합 2:14) 세상 모든 일이 여호와께로부터 온 것임을 인정하는 것이 가득하게 됩니다.

셋째로 오직 여호와는 성전에 계시니 온 천하는 그 앞에서 잠잠하라. "오직 여호와는 그 성전에 계시니 온 땅은 그 앞에서 잠잠할 지니라"(합 2:20) 무엇에서 조용해야 합니까? 하박국은 말이 많았습니다. 왜 이런 일이 생겼는가? 세상은 어떻게 되는가? 악이 이대로 방치되는가? 이 모든 말을 그치고 조용해야 합니다.

셋째, 하늘과 땅에 가득한 하나님의 영광(3장)

하박국은 말씀을 듣고서 하나님을 발견했습니다. 그리고 하나님을 찬양했습니다. 그가 발견한 하나님은 어떤 분이십니까?

첫째로 하나님의 영광이 온 세상을 덮었습니다(합 3:1-6). 하박국은 세상에 불의와 악이 가득하다고 생각했었습니다. 그러나 알고 보니 여호와의 영광이 온 세상에 가득했습니다.

둘째로 하나님은 악에 대하여 노를 발하시고 자기 백성을 구원하십니다(합 3:7-15). 하박국이 보니 하나님이 자기 백성을 구원하시려고 악인의 집의 머리를 치셨습니다.

셋째로 하나님이 주셨고 가져가셨습니다(합 3:16-19). 그는 하나님의 일을 들었고, 하나님을 인하여 기뻐하게 되었고 힘을 얻게 되었습니다. "비록 무화과나무가 무성하지 못하며 포도나무에 열매가 없으며 감람나무에 소출이 없으며 밭에 먹을 것이 없으며 우리에 양이 없으며 외양간에 소가 없을지라도 나는 여호와로 말미암아 즐거워하며 나의 구원의 하나님으로 말미암아 기뻐하리로다"(합 3:17,18) 열매가 없고 소가 없음이 여호와 하나님으로 말미암음을 그는 알게 되었습니다. 그래서 그는 여호와로 인해 즐거워하고 힘을 얻었습니다(합 3:19). 하박국은 아무 것도 남지 않았을 때 하나님을 보았습니다. 그리고 전에 가졌던 것이 당연한 것이 아님을 알았습니다. 전에는 가진 모든 것이 당연하다고 생각했고, 더 가지고자 했습니다. 그러나 가진 것이 없어졌을 때 그 모든 것이 당연하지 않음을 알게 되었습니다. 전에 가졌던 것이 얼마나 감사한 일인지 알게 되었습니다. 그리고 하나님을 인하여 기뻐하였습니다.

하박국은 성전에서 노래하는 찬양대의 대원으로, 레위의 후손입니다(합 3:1,19). 하박국은 요시야 왕의 성전 개혁과 국가 개혁을 목격했습니다. 말씀 앞에서 회개하고, 말씀을 전 국민이 지키도록 하는 요시야 왕을 보며 희망에 부풀었습니다. 성전 선지자로서 말씀을 백성들에게 가르치기도 했을 것입니다. 그런데 이렇게 개혁을 주도하던 요시야 왕이 애굽과의 전투에서 죽었습니다. 이후 그 아들들의 실정을 보면서, 그는 선지자이지만 하나님께 따졌습니다. 어떻게 의로운 왕이 악한 이방인들에게 죽을 수 있습니까? 하나님의 백성이 어떻게 이방인의 손에 죽을 수 있습니까? 하나님의 성전이 어떻게 이방인의 손에 파괴될 수 있습니까? 하박국은 성전이 없어지면서 직장도 잃었습니다. 사랑하는 가족들도 잃었습니다. 남은 것이 아무것도 없었습니다. 그는 이런 자신의 처지를 이렇게 고백했습니다. '무화과나무가 무성하지 못하며, 포도나무에 열매가 없으며, 감람나무에 소출이 없으며, 밭에 먹을 것이 없으며, 우리에 양이 없으며, 외양간에 소가 없습니다' 그럴지라도 하박국은 하나님을 즐거워하며 자신의 구원의 하나님으로 말미암아 기뻐한다고 고백합니다. 눈에 보이고 경험되는 현실보다 하나님께 집중하였습니다. 하나님은 주실 수도 있고, 가져 가실 수 있는 분이심을 고백합니다. 이렇게 하나님께 대한 사랑과 신뢰를 놓지 않을 수 있었던 것은 '나의 구원의 하나님' 때문입니다. 우리도 나를 구원하기 위해 자기 아들을 죽이신 구원의 하나님을 생각할 때, 어떤 상황속에서도 하나님을 찬양할 수 있습니다.

제36권 스바냐, 무엇을 말할까?

그들 중에 거하시는 여호와 하나님

"너의 하나님 여호와가 너의 가운데에 계시니 그는 구원을 베푸실 전능자이시라 그가 너로 말미암아 기쁨을 이기지 못하시며 너를 잠잠히 사랑하시며 너로 말미암아 즐거이 부르며 기뻐하시리라 하리라"(습 3:17)

첫째, 내가 땅 위의 모든 것을 멸절하리라(1장)

"여호와께서 이르시되 내가 땅 위에서 모든 것을 진멸하리라 내가 사람과 짐승을 진멸하고 공중의 새와 바다의 고기와 거치게 하는 것과 악인들을 아울러 진멸할 것이라 내가 사람을 땅 위에서 멸절하리라 나 여호와의 말이니라"(습 1:2,3) 땅 위에서 모든 것을 치워버리십니다. 땅 위에 아무 것도 남지 않게 됩니다. 왜 그렇게 하십니까? "여호와를 배반하고 따르지 아니한 자들과 여호와를 찾지도 아니하며 구하지도 아니한 자들을 멸절하리라"(습 1:6) 그들이 왜 여호와를 찾지도 구하지도 않았습니까? 그들이 마음속으로 말했습니다. "여호와께서는 복도 내리지 아니하시며 화도 내리지 아니하시리라"(습 1:12) 그러니 여호와를 찾을 이유가 없다고 여겼습니다. 그러면 그들은 누가 복, 화를 준다고 생각했습니까? 자기 자신? 그 땅의 우상들? 아니면 강한 나라의 왕들? 하나님은 그런 사람들을 등불을 켜고 찾아내어 벌하신다고 합니다(습 1:12). 이는 하나님이 복을 내리고 화를 내리는 분이심을 말해주는 것입니다. 그런 사람들에게 여호와의 큰 날이 임합니다. 그 날은 여호와의 분노의 날입니다(습 1:14-18).

둘째, 자기를 크다고 생각하는 사람들에 대한 여호와의 분노(2장)

세상의 모든 겸손한 자들은 여호와의 분노를 피할 수 있습니다(습 2:1-3). 어떤 사람이 겸손한 사람들입니까? 여호와의 분노가 임한다고 믿는 사람들입니다. 여호와의 분노가 임할 만큼 자기들이 잘못했고 악하다는 것을 인정하는 사람들입니다. 여호와 하나님이 복도 주시고 화도 주신다는 것을 아는 사람들입니다. 곧 복과 화가 자기의 노력이나 능력에 의해 정해지는 것이 아니라 하나님에 의해 정해진다는 것을 아는 사람들입니다. 그런 사람들은 결국 여호와 하나님을 찾습니다. 공의를 구합니다. 그러면 그들은 분노를 피할 수 있습니다.

반면에 교만한 자들은 여호와의 분노를 피하지 못합니다(습 2:4-15). 어떤 사람이 교만한 사람입니까? 자기들을 크다고 생각하는 사람들입니다. 그들은 자기들에게 주어진 영역을 넘어서서 크다고 생각했습니다. 이스라엘을 비방하고 조롱했는데, 이는 자기들이 이스라엘보다 크다고 생각했기 때문이었습니다. 또 나 외에는 신이 없다고 하는 사람들입니다. "오직 나만 있고 나 와에는 다른 이가 없다"(습 2:15) 그런 그들이 어떻게 됩니까?

셋째, 그들 중에 거하시는 하나님(3장)

하나님은 자기에게 가까이 나아가지 않는 사람들 중에 거하십니다(습 3:1-8). 하나님은 그들 중에 계시면서 그들에게 공의를 베푸십니다(습 3:5). 불의한 자들에게 분노하십니다.

여기서 진멸의 의미는 무엇입니까? 첫째는 깨끗하게 합니다(습 3:9). 둘째는 교만을 치십니다(습 3:11). 셋째는 남은 자들이 있습니다(습 3:12). 남은 자들은 불의에 대한 하나님의 진노를 보았습니다. 동족이 어떻게 죽어갔는지 다 보았습니다. 그들은 동족의 진멸을 보았습니다. 그리고 그 진멸의 이유를 알았습니다. 그래서 남은 자들은 하나님을 찾으며 악한 짓을 하지 않습니다. 넷째는 남은 자들 중에 거하십니다(습 3:14-20). 하나님은 그 남은 자들의 구원이 되십니다. 하나님은 사람들 중에 계십니다. 악한 사람들 중에는 의로운 심판으로, 의로운 사람들 중에는 구원으로 그들 중에 거하십니다.

스바냐 선지자는 히스기야의 현손으로 왕족 출신 선지자입니다. 그는 요시야 시대에 선지자로 활동했지만, 그는 므낫세와 아몬 시대를 목격했습니다. 하나님께서 이스라엘을 멸절시키기로 작정할 정도로 악하였습니다. 므낫세는 자기 아들들을 몰렉에게 바치기 위해 불에 던졌습니다. 몰렉이 복과 화를 주관한다고 믿었습니다. 반면에 하나님은 복도 내리지 않고 화도 내리지 않는다고 무시했습니다(습 1:12). 그래서 하나님은 복을 내리고 화를 내리는 분이심을 말해줍니다. 이스라엘 땅을 황폐하게 하고 모두 포로로 끌려가게 하셨습니다. 자기가 크다고 스스로 자만했던 그들은 이제 바벨론의 노예로 고통을 당하게 됩니다. 이 무서운 하나님의 진노를 스바냐는 요시야 왕에게 전하였습니다. 그러자 요시야 왕이 깊이 회개하고 대대적인 종교개혁을 이루었습니다. 스바냐는 이 종교개혁을 보면서 구원의 하나님께 감사를 드렸습니다. 영원하고 무한하고 불변한 사랑으로 이스라엘을 잠잠히 사랑하시는 하나님을 만나게 되었습니다. 스바냐 선지자는 이 하나님에게서 기쁨과 즐거움을 얻습니다. 이 요시야 왕의 종교개혁을 통해서 하나님을 체험한 다니엘은 바벨론에서 총리로서 하나님을 드러내었습니다. 하나님께서 다니엘과 함께 하셨기 때문입니다. 우리 가운데 거하시는 성령 하나님께서도 우리에게 구원과 기쁨과 사랑을 풍성히 허락해 주십니다.

제37권 학개, 무엇을 말할까?

작은 성전, 크신 하나님

> “만군의 여호와가 이같이 말하노라 조금 있으면 내가 하늘과 땅과 바다와 육지를 진동시킬 것이요 또한 모든 나라를 진동시킬 것이며 모든 나라의 보배가 이르리니 내가 이 성전에 영광이 충만하게 하리라 만군의 여호와의 말이니라”(학 2:6,7)

첫째, 하나님의 집, 자기 집(1장)

첫째로 백성이 자기 집은 잘 지었으면서 하나님의 집은 짓지 않았습니다(학 1:1-11). 성전 건축이 중단된 지 오래되었습니다. 하나님이 말씀하셨습니다. “만군의 여호와가 이같이 말하여 이르노라 이 백성이 말하기를 여호와의 전을 건축할 시기가 이르지 아니하였다 하느니라”(학 1:2) 성전 건축이 중단된 것은 왕의 명령때문이었습니다. 그런데 이제는 그들 스스로 말합니다. ‘때가 아직 오지 않았다. 여호와의 집을 지을 때가 아직 아니다.’ 그러면서 자기 집은 잘 지어놓고 있었습니다. 하나님의 집보다 자기들 집을 먼저 지었습니다. 자기들이라도 잘 살고 싶었습니다. 그러나 그들이 잘 살 수 있었습니까? “너희가 많이 뿌릴지라도 수확이 적으며 먹을지라도 배부르지 못하며 마실지라도 흡족하지 못하며 입어도 따뜻하지 못하며 일꾼이 삯을 받아도 그것을 구멍 뚫어진 전대에 넣음이 되느니라"(학 1:6) "너희가 많은 것을 바랐으나 도리어 적었고 너희가 그것을 집으로 가져갔으나 내가 불어버렸느니라 나 만군의 여호와가 말하노라 이것이 무슨 까닭이냐? 내 집은 황폐되었으되 너희는 각각 자기의 집을 짓기 위하여 빨랐음이라"(학 1:9)

둘째로 백성들은 하나님을 경외하였습니다(학 1:12-15). 이에 모든 백성이 그들의 하나님 여호와의 말씀을 듣고서 성전 건축을 시작했습니다. 아무리 자기 집을 잘 지어도 여호와의 집이 황폐한 가운데 있으면 자기들이 잘 될 수 없다는 것을 인정했습니다. 하나님이 모든 것을 흩어버리심을 믿었습니다.

둘째, 새 성전의 초라함과 영광(2장)

첫째로 새 성전이 옛 성전에 비해 보잘 것이 없었습니다(학 2:1-3). 옛 성전을 본 사람들은 새 성전이 보잘 것 없다고 여겼습니다(학 2:3). 그들은 옛날의 영광과 현재의 초라함을 비교할 때 힘이 나지 않았습니다.

둘째로 나중 영광이 더 크리라(학 2:4-9). "이 땅 백성아 스스로 굳세게 하여 일할지어다 내가 너희와 함께 하노라"(학 2:4) "만군의 여호와가 이같이 말하노라 조금 있으면 내가 하늘과 땅과 바다와 육지를 진동시킬 것이요 또한 모든 나라를 진동시킬 것이며 모든 나라의 보배가 이르리니 내가 이 성전에 영광이 충만하게 하리라 만군의 여호와의 말이니라"(학 2:6,7) 하나님은 성전이 커야 이런 일을 하십니까? 하나님은 작은 성전에는 안 계십니까?

셋째로 오늘부터는 내가 너희에게 복을 주리라(학 2:10-19).

넷째로 열방의 세력을 멸하시리라(학 2:20-23) "내가 하늘과 땅을 진동시킬 것이요 여러 왕국들의 보좌를 엎을 것이요 여러 나라의 세력을 멸할 것이요 그 병거들과 그 탄 자를 엎드러뜨리리니 말과 그 탄 자가 각각 그의 동료의 칼에 엎드러지리라"(학 2:21,22) 하나님의 일하심은 성전의 크고 작음에 매이지 않습니다. 비록 학개 시대의 성전이 작고 초라해도 여호와 하나님은 천지를 진동시키십니다. 작은 성전 안에 있는 모든 이들이 이 하나님을 볼 수 있기를 바랍니다.

학개는 선지자로서 그 이름의 뜻은 '나의 축제'입니다. 이스라엘의 축제는 주요 절기와 연관되어 있습니다. 이스라엘의 3대 축제는 유월절, 맥추절, 장막절입니다. 이 축제 때마다 백성들은 예루살렘 성전에 모여서 축제를 즐겼습니다. 성전은 축제의 중심이었습니다. 그런데 성전이 없다면 축제도 없습니다. 학개 선지자는 성전 재건에 온 힘을 쏟습니다. 탈무드 전승에 의하면 학개는 스가랴, 말라기 선지자와 함께 회당의 창시자로 알려졌습니다. 유대교 전승에 의하면 학개는 바벨론 포로때부터 선지자로 활동하다가 스룹바벨과 함께 성전 재건을 위하여 예루살렘으로 돌아왔습니다. 15년간 성전 재건이 멈춰진 상황에서 다시금 성전 재건을 이룬 선지자입니다. 성전 재건으로 말미암아 진정한 축제가 가능하게 되었습니다. 그런데 고생해서 지은 성전을 보니 축제를 즐길 마음이 사라져 버렸습니다. 성전이 너무나 초라했기 때문입니다. 그 곳에는 하나님이 안 계실 것 같았습니다. 백성들도 보잘 것 없는 성전에 실망하고 있었습니다. 그러나 크신 하나님께서 이 작은 성전에 임재하시겠다고 약속하십니다. 하늘과 땅과 바다와 육지를 다스리시는 만군의 여호와 하나님께서 그 영광으로 이 성전을 충만하게 하시겠다고 약속하십니다. 모든 나라를 진동시킬, 모든 나라를 통치하시는 하나님께서 모든 보배를 이 성전에 가져오게 하십니다. 학개는 이 약속을 믿습니다. 왜냐하면 하나님께서 자기 집만 짓고 있는 백성들의 마음을 감동시키사 성전을 짓게 하셨기 때문입니다. 더 나아가 이 약속은 보잘 것 없는 인간속에 성령 하나님께서 임재하신 놀라운 사건으로 현재도 재현되고 있습니다. 나의 마음에 내주하시는 성령 하나님과 함께 축제와 같은 삶을 살 수 있기를 기도합니다.

제38권 스가랴, 무엇을 말할까?

버려진 예루살렘, 다시 돌아오신 하나님

"그가 내게 대답하여 이르되 여호와께서 스룹바벨에게 하신 말씀이 이러하니라 만군의 여호와께서 말씀하시되 이는 힘으로 되지 아니하며 능력으로 되지 아니하고 오직 나의 영으로 되느니라"(슥 4:6)

스가랴서는 다리오 왕 2년, 스가랴가 예루살렘에 관해 받은 여호와의 말씀입니다. 다리오 왕은 중단되었던 예루살렘 성전 건축의 재개를 명령한 왕입니다(슥 6:1-12). 스가랴가 받은 말씀은 황폐되었던 예루살렘이 앞으로 어떻게 될 것인지에 대한 내용입니다.

첫째, 내가 예루살렘에 돌아가리라(슥 1:3,16)

전에 여호와 하나님이 예루살렘을 버리셨습니다. 여호와께서 그 성을 떠나셨습니다. 그러나 이제 다시 예루살렘으로 돌아오십니다.

둘째, 하나님이 그 성에 머무십니다(슥 2:4,5,10-12)

예루살렘은 그 가운데 사람과 가축이 많으므로 성벽 없는 성이 됩니다(슥 2:4). 그러면 어떻게 지킵니까? "내가 불로 둘러싼 성곽이 되며 그 가운데에서 영광이 되리라" 무엇보다도 여호와 하나님이 그 성에 머무십니다(슥 2:10). 그러니 눈에 보이는 성벽을 쌓지 않아도 성은 안전합니다. 눈에 보이는 성벽이 있어야 성이 안전합니까?

셋째, 내가 내 종 '싹'을 나게 하리라(슥 3:8)

싹은 새로운 생명, 새로 시작하는 생명을 의미합니다. 예루살렘이 파괴되고 멸망됨으로써 옛 역사는 묻혔습니다. 끝났습니다. 그러나 그것으로 끝이 아니었습니다. 황폐되고 무너진 곳에서 '싹'이 나와서 새로운 생명, 새로운 역사가 시작됩니다. 싹이 나면 하나님이 그 땅의 죄악을 하루에 제거하시고(슥 3:9), 사람들은 각각 포도나무와 무화과나무 아래로 서로 초대합니다(슥 3:10).

넷째, 작지만 큰 역사입니다(슥 4:8-10)

새로운 시작은 작았습니다. 새로 짓는 성전은 옛 성전에 비해 너무 작아서 멸시하는 사람들이 있었습니다(슥 4:10). 그러나 여호와의 눈이 그 성전을 향해 있습니다(슥 4:11). 그 성전에 여호와께서 머무십니다. 그리고 여호와께서 온 땅을 다스리십니다.

다섯째, 진리의 성이라 불립니다(슥 8:3-5)

그 성에 전에는 진리와 진실한 재판이 없었고, 서로를 향해 인애와 긍휼이 없었습니다. 그래서 그 성은 황폐되었습니다. 그러나 이제 어떻게 됩니까? 여호와가 말씀합니다. "내가 시온에 돌아와 예루살렘 가운데 거하리니 예루살렘은 진리의 성읍이라 불리고 만군의 여호와의 산은 성산이라 불리리라"(슥 8:3) 그러면 그 성에 늙은이도, 소년과 소녀도 가득하게 됩니다.

여섯째, 내가 그들로 견고하게 하리니(슥 10:6-12)

"내가 유다 족속을 견고하게 하며"(슥 10:6) "내가 그들로 나 여호와를 의지하며 견고하게 하리니 그들이 내 이름으로 행하리라"(슥 10:12) 그런 그들은 싸울 때에 용사 같이, 전쟁의 준마와 같이 원수를 밟습니다(슥 10:5).

일곱째, 생수가 예루살렘에서 솟아나서(슥 14:6), 죄와 더러움을 씻으십니다(슥 13:1)

왜 그렇게 됩니까? "여호와께서 천하의 왕이 되시리니 그 날에는 여호와께서 홀로 한 분이실 것이요 그의 이름이 홀로 하나이실 것이라"(슥 14:9) 하나님이 예루살렘에 대해서 왜 이렇게 하십니까? "나는 말하기를 이는 내 백성이라 할 것이요" 예루살렘이 자기 백성이기 때문입니다. 하나님은 자기 백성을 버리셨다가도 다시 돌아오십니다. 우리는 이 하나님을 믿고 살아갑니다.

스가랴 선지자는 학개 선지자와 함께 성전 재건을 이룬 분입니다. 하나님께서는 학개를 통해 성전 재건을 다시 시작하라는 강한 명령을 내리셨습니다. 그리고 스가랴를 통해 그 성전을 중심으로 이루어질 구원 계획을 보여 주셨습니다. 나라가 멸망한 시점에서 성전을 짓는 것이 무슨 의미가 있는가? 솔로몬 성전과 비교해 볼 때 초라한 성전이 과거의 성전이 감당했던 그 역할을 감당할 수 있는가? 질문할 수밖에 없습니다. 하나님을 향한 스가랴 선지자의 질문이었습니다. 하나님은 8가지 환상과 그리스도에 대한 예언을 주시므로 이 초라한 성전이 온 세상에 미칠 영향력과 여기에서 일어날 놀라운 구원의 역사에 대해 말씀해 주십니다. 이제 하나님은 더 이상 예루살렘 성전에 갇혀 계시지 않습니다. 하나님이 성전을 재건하라고 명하시는 것은 사람들을 그 안으로 불러 모으시기 위해서가 아닙니다. 하나님은 위대한 성령의 불을 전 세계에 퍼뜨리고자 하십니다. 이 성전은 그 봉화대의 역할을 하게 됩니다. 성전이 예표했던 예수 그리스도가 세상에 오십니다. 사람의 힘과 능력이 아닌 오직 하나님의 영, 성령 하나님께서 예수 그리스도를 온 세상에 전파하십니다. 이 역사를 위해 성전 재건이 반드시 필요했습니다. 스가랴는 이 인류구원의 계획을 들으며 감격하여 이스라엘 백성들을 독려하였습니다. 스가랴라는 이름의 뜻은 '하나님을 기억하라'입니다. 앞으로 이루실 하나님의 계획과 이스라엘 역사속에 살아계신 하나님을 기억하며 현재 주어진 사명, 성전 재건에 스가랴는 온 힘을 쏟아 부었습니다.

제39권 말라기, 무엇을 말할까?

주께서 어떻게 우리를 사랑하셨나이까?

> "내 이름을 경외하는 너희에게는 공의로운 해가 떠올라서 치료하는 광선을 비추리니 너희가 나가서 외양간에서 나온 송아지같이 뛰리라"(말 4:2)

말라기서에는 이스라엘이 여호와 하나님에게 여러 가지를 묻고 있는데 무엇을 알기 위해서가 아니라, 자기들이 생각하는 하나님과 현실이 너무 다른 것 같아서 따지면서 묻습니다.

첫째, 주께서 어떻게 우리를 사랑하셨나이까(말 1:2)?

그들이 겉으로 나타나는 현실을 볼 때 하나님이 자기들을 사랑하신 것 같지 않았습니다. 그들은 큰 희망을 안고 바벨론에서 예루살렘으로 돌아왔습니다. 성전도 건축했습니다. 그러나 달라진 것이 없어 보였습니다. 땅은 여전히 황폐해 있고, 주변의 이방 민족들은 여전히 힘이 강했습니다. 그런데도 하나님은 이스라엘을 사랑하신다고 말씀하셨습니다. 그들은 따지듯 묻습니다. "주께서 어떻게 우리를 사랑하셨습니까?"

둘째, 우리가 어떻게 주의 이름을 멸시하였나이까(말 1:6)?

자기들은 주의 이름을 공경한다고 생각했습니다. 그런데 하나님은 그들이 멸시했다고 말씀하십니다.

셋째, 우리가 어떻게 주를 더럽게 하였나이까(말 1:7)?

하나님은 그들이 하나님의 제단에 더러운 음식을 드렸다고 말씀하십니다. 그러나 그들은 말합니다. "우리가 어떻게 주를 더럽게 하였나이까?" 하나님의 대답이 무엇입니까? 1:8입니다. "너희가 눈 먼 희생제물을 바치는 것이 어찌 악하지 아니하며 저는 것 병든 것을 드리는 것이 어찌 악하지 아니하냐 이제 그것을 너희 총독에게 드려 보라 그가 너를 기뻐하겠으며 너를 받아 주겠느냐" 그들이 왜 그런 것을 드렸을까요? 현재 땅이 좋지 않기 때문에 대부분의 양들이 건강상태가 안 좋았던 것일까요? 제물로 드릴만한 양을 고르기가 쉽지 않았다고 할 수 있을까요?

넷째, 이 일이 얼마나 번거로운고(말 1:13)?

외적 상황이 좋지 않은 가운데서 좋은 제물을 골라 드리는 것이 얼마나 번거롭습니까? 얼마나 귀찮습니까?

다섯째, 내가 너희 중 하나인들 받겠느냐(말 1:8-13)?

여호와 하나님께서 이스라엘에게 되물으십니다. "너희가 눈 먼 희생제물을 바치는 것이 어찌 악하지 아니하며 저는 것 병든 것을 드리는 것이 어찌 악하지 아니하냐 이제 그것을 너희 총독에게 드려 보라 그가 너를 기뻐하겠으며 너를 받아 주겠느냐"(말 1:8)

여섯째, 어찌 됨이니이까(말 2:14)?

하나님이 다시는 그들의 더러운 제물을 돌아보지도 받지도 않으신다고 말씀하십니다. 그러자 그들이 묻습니다. "어찌 됨이니이까?" 그들은 자기들이 뭘 잘못했는지 모릅니다.

일곱째, 우리가 어떻게 여호와를 괴롭혀 드렸나이까(말 2:17)?

자기들이 여호와를 괴롭혀 드린 것을 알지 못했습니다.

여덟째, 정의의 하나님이 어디 계신가(말 2:17)?

사회에 정의가 실현되지 않는 것 같아 보였습니다. 현실에서는 악인이 더 잘 되고 있었습니다.

아홉째, 우리가 어떻게 하여야 돌아가리이까(말 3:7)?

돌아갈 방법을 몰라서 묻습니까? 아니면 돌아가기 싫어서 묻습니까?

열번째, 우리가 어떻게 주의 것을 도둑질하였나이까(말 3:8)?

그들은 십일조를 내지 않았는데, 그것을 도둑질이라고 생각하지 않았습니다.

열한번째, 우리가 무슨 말로 주를 대적하였나이까(말 3:13)?

주를 대적하고서도 대적하였다고 생각하지 않았습니다.

열두번째, 그 명령을 지키며 슬프게 행하는 것이 무엇이 유익하리요(말 3:14,15)?

그들은 '악한 자들이 더 많은 이익을 얻는데, 하나님의 명령을 지키는 것이 무엇이 유익한가' 생각했습니다.

이런 물음들이 지금의 우리의 물음은 아닌지요? 이 모든 질문에 대한 바른 답은 무엇입니까? "내 이름을 경외하는 너희에게는 공의로운 해가 떠올라서 치료하는 광선을 비추리니"(말 4:2)

'나의 사자'라는 뜻의 말라기 선지자는 그 시대 문제에 대한 하나님의 말씀을 그대로 전합니다. 이스라엘은 예배에서는 멀고, 절고, 병든 짐승을 바쳤습니다. 어짜피 죽일 짐승이니 상관없다고 생각했니다. 모두다 그런 짐승이어서 어쩔 수 없다고 생각했습니다. 이에 대해 하나님은 그런 짐승을 총독에게 바쳐 보라고 반문합니다. 이것을 받은 총독은 선물이 왔다고 즐거워하기보다, 무시받았다고 벌을 내릴 것입니다. 또 하나님은 이스라엘이 하나님의 것을 도둑질했다고 합니다. 십일조와 헌물은 하나님의 것인데, 그것을 드리지 않고 가져갔다는 것입니다. 더 나아가 아내를 버리고 이방 여인을 다시 아내로 삼는 간음의 죄악까지 하나님은 지적하십니다. 말라기 선지자는 아픈 마음으로 하나님의 말씀을 이스라엘에게 전하였습니다. 하나님의 이러한 지적에 이스라엘은 진짜 속내를 나타냅니다. '주께서 어떻게 우리를 사랑하셨나이까?' 삐지고 상한 마음을 드러냅니다. 마음이 하나님에게서 이미 떠나 있습니다. 말라기 선지자도 충분히 공감이 가는 상황이었습니다. 현실이 너무 어려웠습니다. 아픈 마음으로 하나님께 기도했습니다. 하나님의 대답이 무엇입니까? 공의로운 해가 떠올라서 치료하는 광선을 비춘다고 하십니다.

하나님은 사랑한다는 표현으로 자신의 아들 예수님을 보내십니다. 눈 멀고 저는 짐승을 바치는 그들에게 하나님은 자기 아들을 주셨습니다. 삐지고 상한 마음에 성령 하나님이 내주하시므로 그 마음을 치료해 주십니다. 하나님이 얼마나 인류를 사랑하시는지 확증하셨습니다. 말라기 선지자는 이 약속을 믿고 전하였습니다. 하나님은 400년 후에 이 약속대로 예수님과 성령님을 보내셨습니다. 이로써 말라기 선지자는 구약과 신약을 연결하는 가교 역할을 충실히 감당하였습니다.

제6편

신약의 복음서, 무엇을 말할까?

제1권 마태복음, 무엇을 말할까?

임마누엘

"보라 처녀가 잉태하여 아들을 낳으리니 그의 이름을 임마누엘이라 하리라 하셨으니 이를 번역한즉 하나님이 우리와 함께 계시다 함이라"(마 1:23)

"보라 처녀가 잉태하여 아들을 낳으리니 그의 이름을 임마누엘이라 하리라 하셨으니 이를 번역한즉 하나님이 우리와 함께 계시다 함이라"(마 1:23) "볼지어다 내가 세상 끝날까지 너희와 항상 함께 있으리라"(마 28:20) 이 말씀의 처음과 끝을 보면, 마태복음은 '임마누엘' 곧 우리와 함께 계시는 하나님을 기록하고 있습니다. 그러면 '우리'는 어떤 사람이며, 어떤 상태에 있습니까?

왕을 찾는 박사(2:2), 아들을 잃고 슬퍼하며 통곡하는 어머니(2:18), 독사의 자식과 열매 없는 사람(3:7), 어두움에 앉은 사람(4:16), 그물 던지며 고기 잡는 사람(4:18), 병들고 약한 사람(4:23), 형제에게 욕하는 사람(5:22), 음욕을 품는 사람(5:28), 이혼하는 사람(5:32), 원수를 미워하는 사람(5:43), 사람의 상을 받고자 하는 사람(6:1-18), 먹을 것을 염려하는 사람(6:25-34), 남을 판단하는 사람(7:1-6), 깨끗하게 되기를 원하는 사람(8:1-4), 말씀의 권세를 믿는 사람(8:5-13), 병들고 약한 사람(8:14-17), 사나운 폭풍에 휘말린 사람(8:23-27), 귀신 들려 사나운 사람(8:28-34), 죄 때문에 마비된 사람(9:1-8), 세관에 앉아 있는 사람, 병든 사람(9:9-13), 낡은 가죽부대같은 사람(9:14-17), 비웃는 사람(9:18-26), 맹인들(9:27-34), 목자 없는 양같은 사람(9:35-38), 이스라엘 집의 잃어버린 양(10:6), 이리같은 사람(10:16), 무관심한 사람(11:16-18), 권능을 보고도 회개하지 않는 사람(11:20-24), 무거운 짐을 진 사람(11:28), 배고픈 사람(12:1-8), 예수님을 고발하려는 사람(12:9-14), 상한 갈대 꺼져가는 심지같은 사람(12:15-21), 예수님을 반대하는 사람(12:30-32), 악을 쌓는 사람(12:35), 표적을 구하는 사람(12:38), 길가 흙이 얕은 돌밭 가시떨기 같은 사람(13:1-23), 곡식과 가라지(13:24-30), 의인을 죽이는 사람(14:1-12), 먹을 것이 없어 배고픈 사람(14:13-21), 거스르는 물결 속에서 고생하는 사람(14:22-33), 전통을 지키는 사람, 하나님의 말씀을 어기는 사람(15:1-20), 귀신 들린 딸을 둔 어머니(15:21-28), 다리 저는 사람, 장애인, 맹인, 말 못하는 사람(15:30-31), 먹을 것이 없어 배고픈 사람(15:32-39), 표적 구하는 사람(16:1-4), 깨닫지 못하는 사람(16:5-12), 하나님의 일을 생각하지 않고 사람의 일을 생각하는 사람(16:23), 귀신 들린 아들의 아버지(17:14-18), 누가 큰가 하는 사람(18:1), 형제를 용서하지 않는 사람(18:21-35), 이혼하는 사람(19:1-12), 영생을 얻으려는 사람(19:16), 할 일이 없는 사람(20:1-16), 권세를 부리려는 사람(20:20-27), 믿는 사람, 믿지 않는 사람(21:28-32), 포도원을 차지하려는 사람(21:33-46), 자기 일에 바쁜 사람(22:1-13), 부활을 부정하는 사람(22:23-33), 위선자(23:1-39), 성전 건물을 보는 사람(24:1), 기름을 준비하지 않은 사람(25:1-13), 받은 달란트를 숨겨둔 사람(25:14-30), 지극히 작은 자 하나를 돌아보지 않는 사람(25:31-46), 예수님을 넘겨주는 사람(26:14-16), 예수님을 버리는 사람(26:31-35), 예수님을 죽이는 사람(27:23-26, 35), 예수님의 살아나심을 믿지 못하는 사람(28:1-17)이 마태복음에 나옵니다.

예수님에게 나아온 이 사람들은 각각 어떤 사람들입니까? 무슨 문제를 가지고 있습니까? 각 사람에게 예수님은 어떻게 하셨습니까? 예수님은 그들을 무엇으로부터 구원하셨습니까? 예수님은 함께 하심으로 그들을 구원하셨습니다. 예수님은 나와도 함께 하셔서 나를 구원하십니다. 예수님은 임마누엘이십니다.

예수님이 늘 함께 한 대표적인 사람이 바로 저자 마태입니다. 마태는 세리 출신이었습니다. 그는 돈을 많이 벌고 싶었습니다. “예수께서 그곳을 떠나 지나가시다가 마태라 하는 사람이 세관에 앉아 있는 것을 보시고 이르시되 나를 따르라 하시니 일어나 따르니라”(마 9:9) 돈을 많이 벌면 모든 것을 다 얻을 것 같았습니다. 그러나 그는 혼자 세관에 앉아 있었습니다. 조그만 박스에 갇혀 있었습니다. 같이 하는 사람이 한 사람도 없었습니다. 평생을 그렇게 앉아 있다가 끝날 인생이었습니다. 그도 그 속을 빠져 나올 수 없었습니다.

그런데 예수님이 ‘나를 따르라’ 하시므로 일어나 새로운 세계를 알게 되었습니다. 3년동안 예수님을 따라 다니며 새로운 세계를 알게 되었습니다. 예수님이 그리스도이심을 알고 믿게 되었습니다. 예수님과 함께 하며, 동족 이스라엘에 대한 사랑이 타올랐습니다. 자신을 세리라고 놀리고 왕따시킨 동족 유대인들을 위해 마태복음을 기록하여 전해 주었습니다. 임마누엘 하신 예수님과 함께 하며 그는 하나님을 기쁘시게 하는 인생을 살게 되었습니다.

세리와 함께 하는 예수님에게 비난이 쏟아졌습니다. 그러자 예수님이 말씀하십니다. "건강한 자에게는 의사가 쓸데 없고 병든 자에게라야 쓸 데 있느니라 너희는 가서 내가 긍휼을 원하고 제사를 원하지 아니하노라 하신 뜻이 무엇인지 배우라 나는 의인을 부르러 온 것이 아니요 죄인을 부르러 왔노라"(마 9:12,13) 예수님은 병든 자, 죄인인 세리와 함께 하셨습니다. 병든 자와 함께 하면 간호를 해 주어야 합니다. 병든 사람이 건강할 때까지 돌봐 주어야 합니다. 또한 예수님은 죄인과 함께 하셨습니다. 욕하고, 거짓말하고, 하나님을 대적하는 사람과 함께 하는 것만으로도 의인이신 예수님은 힘드셨을 것입니다. 그러나 예수님은 병든 자와 함께 하면서 성 마태로 불리는 의인으로 만드셨습니다. 예수님은 마태와 함께 하시므로 그를 구원해 주셨습니다.

"수고하고 무거운 짐진 자들아 다 내게로 오라 내가 너희를 쉬게 하리라 나는 마음이 온유하고 겸손하니 나의 멍에를 메고 내게 배우라 그리하면 너희 마음이 쉼을 얻으리니 이는 내 멍에는 쉽고 내 짐은 가벼움이라 하시니라"(마 11:28-30) 예수님은 나와 함께 하셔서 나를 구원하십니다. 예수님은 임마누엘이십니다.

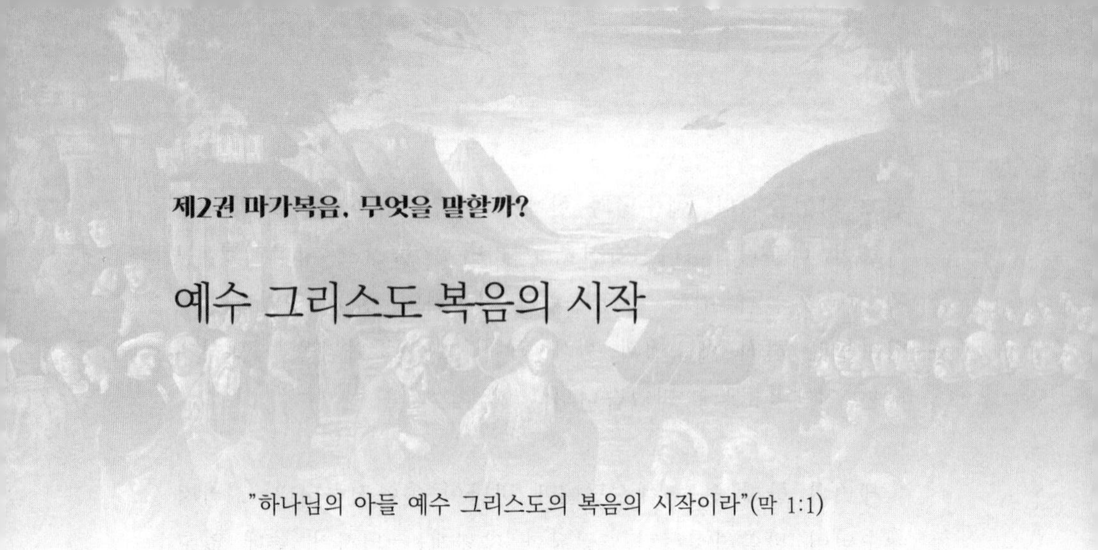

제2권 마가복음, 무엇을 말할까?

예수 그리스도 복음의 시작

"하나님의 아들 예수 그리스도의 복음의 시작이라"(막 1:1)

마가복음은 다른 세 복음서 마태, 누가, 요한복음에 비해서 일하시는 예수님, 그 예수님의 능력과 권세를 말하고 있습니다(막 1:22,27; 2:10; 3:15; 5:30; 6:2,5,14; 9:1,23; 10:27; 11:28,29,33; 12:24; 13:26; 14:62; 16:17,20). 그러면 예수님의 능력과 권세가 구체적으로 어떻게 나타나 있습니까?

① 가르치심의 권세(막 1:22,27). 서기관들은 율법과 행위를 가르치지만, 예수님은 사람 안에 있는 보이지 않는 더러운 세력을 향해 말씀하셨고 더러운 세력이 나왔습니다. 그런 점에서 예수님의 가르치심은 권세가 있습니다.

② 귀신을 내쫓으시고 병을 고치는 능력(막 1:34). 예수님께서 악한 세력을 쫓아내시고 사람의 병을 고치시는 것은 일반 의사들처럼 약을 쓰거나 기구를 쓰시지 않습니다. 다만 말씀하심으로 그렇게 하십니다. 예수님은 말씀의 권세를 가지신 분이십니다.

③ 죄 사함의 권세(막 2:10). 사람의 모든 죄는 하나님께 대

한 죄입니다. 왜냐하면 하나님의 계명과 율법을 어겼기 때문입니다. 그래서 오직 하나님만이 사람을 용서할 수 있습니다(2:7). 그런데 예수님은 하나님의 아들이시므로 사람의 죄를 용서할 권세를 가지셨습니다.

④ 말씀이 곧 하나님 나라(막 4:11,20,26-32). 예수님의 말씀이 전해지는 곳에 하나님 나라가 이루어집니다. 하나님 나라가 사람 나라를 지배합니다.

⑤ 바람과 바다도 순종하는가(막 4:41)? 과연 예수님이 누구시기에 바람과 바다도 그 말씀에 순종합니까?

⑥ 사람이 제어하지 못한 세력을 제어하십니다(막 5:1-20). "그리하여 아무도 그를 제어할 힘이 없는지라" 그런데 예수님이 귀신들린 사람까지 제어하십니다.

⑦ 흐르는 피를 멈추게 하시는 능력, 죽은 소녀를 살리시는 능력(막 5:25-42). "예수께서 그 능력이 자기에게서 나간 줄을 곧 스스로 아시고"

⑧ 떼어주심의 능력(막 6:41). 예수님께서 빵을 떼어서 주셨는데, 빵이 계속 나왔습니다. 떼어주심과 동시에 빵이 새롭게 만들어졌습니다. 이런 능력은 곧 하나님의 창조의 능력입니다.

⑨ 사람 마음에 있는 악을 씻으시는 능력(막 7:20-23). 예수님께서 이렇게 사람 마음에 있는 악이 사람을 더럽게 함을 말씀하시는 것은 사람이 손이 아니라 마음을 씻어야 한다는 것을 말씀하심과 동시에 예수님께서 마음의 악함을 씻으실 수 있음을 말씀하시는 것입니다.

⑩ 못 듣는 사람을 듣게 하고, 말 못하는 사람을 말하게 하십니다(막 7:37).

⑪ 예수님은 그리스도(막 8:27-30). 그리스도가 세상에 오셨는데, 그 분이 바로 예수님이십니다. 예수님은 그리스도의 신분을 가지고, 그리스도의 일을 하십니다. 동시에 하나님의 나라가 임하십니다(9:1).

⑫ 믿음과 기도의 능력(막 9:14-29) "믿는 자에게는 능치 못할 일이 없느니라" "기도 외에 다른 것으로는 이런 종류가 나갈 수 없느니라" 믿음과 기도로 더러운 귀신을 쫓내셨습니다.

⑬ 섬김의 능력(막 9:33-37, 10:43-45). 누가 큰 사람인가? 서로 다투는 사람들 속에서 예수님으로 말미암아 섬김이 시작되었습니다. 섬김이 사람을 살립니다.

⑭ 하나님을 믿으라(막 11:1-25). 하나님을 믿고 기도하면 무엇이든지 받을 수 있습니다. 하나님을 믿는 믿음이 능력입니다.

⑮ 죽은 자가 살아나는 역사(막 12:16-27). 죽은 사람이 살아납니다. 죽음으로 막을 내리는 인류역사에 새 역사가 시작되었습니다.

⑯ 인자가 구름을 타고 큰 권능과 영광으로 오는 능력(막 13:26, 14:62). 예수님이 큰 권능과 영광으로 재림하십니다. 그리고 세상을 심판하십니다.

⑰ 따르는 표적으로 말씀을 확실히 증언하시는 역사(막 16:20). 예수님이 살아나셨습니다. 예수님이 함께 일하심이 말씀과 표적으로 나타나게 되었습니다.

이런 능력과 권세는 예수님이 하나님의 아들이심을 증거합니다. 또한 예수님이 그리스도임을 증명합니다. 이 일이 마가

복음의 저자인 마가에게도 일어났습니다. 요한 마가는 마가의 다락방을 소유한 부자집 아들이었습니다. 바나바의 조카였습니다. 그러나 연약했습니다. 도망을 잘 갔습니다. 예수님이 군병들에 잡히자 잡힌 옷을 벗어버리고 도망갔습니다. 1차 선교여행 때는 너무 힘들다고 도망가 버렸습니다. 그러나 예수님을 배우면서 그는 하나님의 아들로서 능력과 권세를 가지신 예수님을 배웠습니다. 예수님을 배우며 힘든 상황에서도 포기하지 않고 뚫고 나가는 삶을 살았습니다. 후에 알렉산드리아와 이집트에서 복음을 전하는 사도로 쓰임받았습니다. 마가가 마가복음을 쓴 시기는 네로 박해 때입니다. 네로 박해로 사도 베드로, 바울이 순교하였습니다. 많은 사람들이 순교하는 상황이었습니다. 리더십의 부재로 많은 혼란과 어려움의 시기였습니다. 이 때 마가는 마가복음을 써서 예수님을 소개하였습니다. 최초의 복음서가 되었습니다. 특히 내용의 40%가 예수님의 십자가 고난을 다룹니다. 그리고 예수님이 하나님의 아들이심을 증명합니다. 1절부터 예수님을 하나님의 아들로 소개하고 있습니다. 로마 시대에 하나님의 아들, 신의 아들은 누구를 말할까요? 로마 황제입니다. 그러나 로마 황제가 아니라 예수님이 하나님의 아들임을 증명합니다. 그 증거로써 예수님의 능력과 권세를 선포합니다. 많은 사건들 속에서 예수님을 하나님의 아들, 그리스도로 소개합니다. 이 예수님께서 A.D. 68년에 네로 박해를 끝나게 하셨습니다. 더 나아가 로마 장군 디도에 의해서 포위된 예루살렘을 향하여, 속히 그 예루살렘에서 빠져 나오도록 명합니다. 예루살렘에서 빠져 나오지 못한 수백만 명은 예루살렘에서 죽임을 당했습니다. 화려했던 예루살렘 성전은 돌 하나도 돌 위에 남지 않고 완전히 파괴되었습니다. 이처럼 마가복음은 예수님의 권세와 능력을 역사속에서 분명히 나타내고 있습니다.

제3권 누가복음, 무엇을 말할까?

큰 기쁨의 좋은 소식

"천사가 이르되 무서워하지 말라 보라 내가 온 백성에게 미칠 큰 기쁨의 좋은 소식을 너희에게 전하노라"(눅 2:10)

누가복음은 기쁨으로 시작해서 기쁨으로 끝나는 책이라고 할 수 있습니다. 누가복음 1장, 2장은 세례 요한의 탄생, 예수 그리스도의 탄생 기록입니다. 이 일에 참여한 사람들은 모두 기쁨이 충만했습니다. 세례 요한의 탄생에 대해서 천사는 아버지 사가랴에게 이렇게 말했습니다. "너도 기뻐하고 즐거워할 것이요 많은 사람도 그의 남을 기뻐하리니"(눅 1:14) "이웃과 친족이 주께서 그를 크게 긍휼히 여기심을 듣고 함께 즐거워하더라"(눅 1:58) 천사가 마리아에게 예수 그리스도의 잉태 소식을 전했을 때 마리아는 이렇게 노래합니다. "내 영혼이 주를 찬양하며 내 마음이 하나님 내 구주를 기뻐하였음은 그의 여종의 비천함을 돌보셨음이라 보라 이제 후로는 만세에 나를 복이 있다 말하리로다"(눅 1:46,47) 천사가 밤에 들에서 양을 돌보고 있던 목자들에게 그리스도 탄생의 소식을 전할 때 이렇게 말했습니다. "무서워하지 말라 보라! 내가 온 백성에게 미칠 큰 기쁨의 좋은 소식을 전하노라"(눅 2:10)

그 소식을 확인했을 때 목자들은 어떻게 했습니까? “목자들은 자기들에게 이르던 바와 같이 듣고 본 그 모든 것으로 인하여 하나님께 영광을 돌리고 찬송하며 돌아가니라”(눅 2:20)

누가복음 24장은 예수님의 부활 기록입니다. 그 기록은 슬픔으로 시작하여 기쁨으로 끝납니다. “두 사람이 슬픈 빛을 띠고 머물러 서더라”(눅 24:17) “그들이 너무 기쁘므로 아직도 믿지 못하고 놀랍게 여길 때에”(눅 24:41) “그들이 그에게 경배하고 큰 기쁨으로 예루살렘에 돌아가 늘 성전에서 하나님을 찬송하니라”(눅 24:52,53) 이렇게 누가복음은 기쁨과 찬송으로 시작하여 기쁨과 찬송으로 끝납니다.

누가복음의 저자 누가는 사람의 문제를 슬픔으로 본 것 같습니다. 예수님이 나인 성으로 가실 때에 한 장례행렬을 만납니다(눅 7:11-17). 죽은 사람은 한 과부의 외아들이었습니다. 예수님께서 그 과부를 보시고 ‘울지 말라’ 하셨습니다. 그 과부의 슬픔이 어떠했을 지 누구나 짐작할 수 있을 것입니다. 8장에서 예수님과 제자들이 갈릴리 호수를 배타고 건너갈 때 광풍을 만나 배가 침몰할 위기에 처했습니다. 그 때 제자들이 예수님을 깨우며 말합니다. ‘주여, 주여, 우리가 죽겠나이다’ 그 때 제자들이 얼마나 심각했으며, 또 이렇게 도중에서 죽어야 하는 자기들 처지가 얼마나 슬펐겠습니까? 그 후에 예수님은 군대 귀신 들린 사람을 만나셨는데, 그는 집을 떠나 무덤에서 살고 있었습니다. 그에게 무슨 기쁨이 있었겠습니까? 열두 해를 혈루증으로 고통을 겪은 여자가 있습니다. 혈루증으로 피폐해버린 자기 인생을 생각할 때 여자는 얼마나 슬펐을까요? 회당장 야이로는 열두 살 된 외동딸이 죽었습니다. 예수님이 그의 집에 가시니 모든 사람이 아이를 위해 울며 통곡하고 있었습니다.

사람들은 각기 나름대로의 문제를 가지고 있습니다. 문제도 문제지만, 문제로 인해 사람이 슬프다는 것이 더 큰 문제입니다. 슬픔은 각 사람의 인생에 대해서, 하나님에 대해서 비관적이 되게 합니다. 예수님은 이런 사람들에게 구원자로 오셨고, 기쁨을 주는 그리스도로 오셨습니다!

5장에서 시몬 베드로는 밤새도록 수고를 하였지만 한 마리 고기도 잡지 못했습니다. 얼마나 슬프고 비참하겠습니까? 열심히 공부를 했는데, 아예 시험장소에 들어가지 못해서 0점을 맞을 때 마음일 것입니다. 그런 베드로에게 예수님이 찾아오셨습니다. 그리고 고기를 많이 잡게 해 주셨습니다. 게다가 예수님이 하나님이시라는 것을 알게 되었습니다. 죄사함을 받게 되었습니다. 사람을 낚는 어부로서 새로운 사명을 예수님으로부터 받았습니다. 그는 너무 기뻐서 모든 것을 버려두고 예수님을 따르게 되었습니다. 이처럼 예수님을 만날 때, 슬프고 힘든 일이 기쁨으로 변하게 됩니다. 누가복음 공부를 통해서 예수님을 알게 되고 기쁨을 얻게 됩니다.

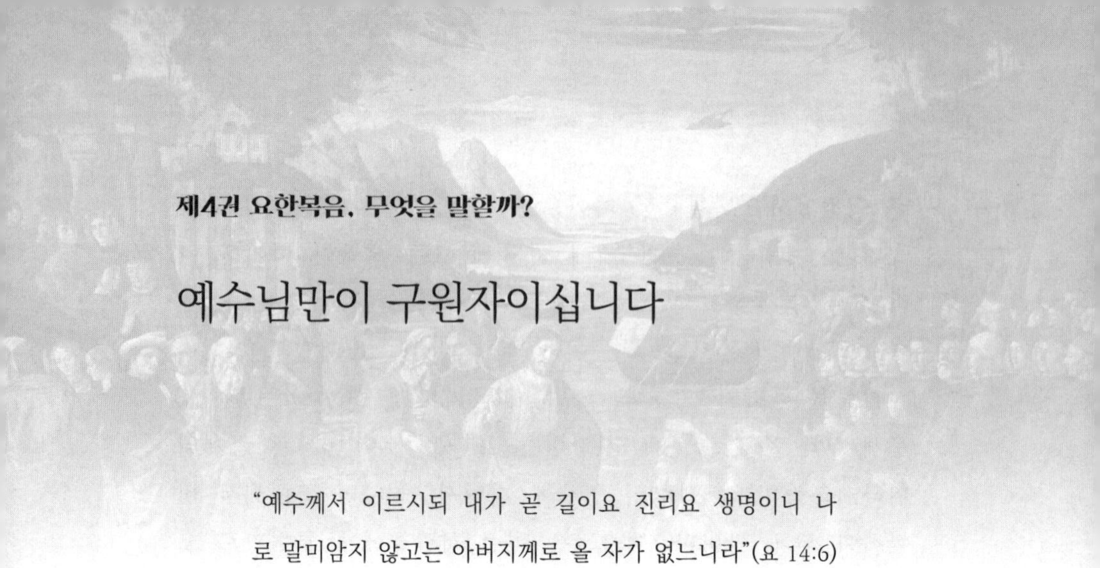

제4권 요한복음, 무엇을 말할까?

예수님만이 구원자이십니다

"예수께서 이르시되 내가 곧 길이요 진리요 생명이니 나로 말미암지 않고는 아버지께로 올 자가 없느니라"(요 14:6)

요한복음에는 예수님에 대해서 '…하지 않고는…할 수 없다' 하는 배타적 표현이 있습니다. "내가 곧 길이요 진리요 생명이니 나로 말미암지 않고는 아버지께로 올 자가 없느니라"(요 14:6) "내 안에 거하라 나도 너희 안에 거하리라 가지가 포도나무에 붙어 있지 아니하면 스스로 열매를 맺을 수 없음 같이 너희도 내 안에 있지 아니하면 그러하리라"(요 15:4) 예수님 당시, 혹은 요한복음의 저자 요한의 당시 사람들은 나름대로 생각하는 구원의 길, 하나님께로 가는 길, 살 길이 있다고 생각했습니다. 요한복음은 사람들이 생각하던 구원의 길과 예수님을 대조함으로써 오직 예수님만이 구원의 길, 살 길임을 말한다고 할 수 있습니다.

첫째, 모세와 예수님(요 1:17,18).

하나님은 모세를 통해서 말씀을 주셨고 자기 영광을 나타내셨습니다. 그러나 모세는 하나님을 온전히 나타내지 못했습니다. 독생하신 하나님이신 예수님이 하나님을 온전히 나타내셨습니다.

둘째, 성전과 예수님(요 2:19).

성전은 사람이 하나님께로 가까이 갈 수 있는 통로입니다. 그러나 건물로 된 성전은 형식적이 되어 더 이상 그 역할을 할 수 없습니다. 그 성전은 헐리고 그리스도이신 예수님이 새 성전이 되셔서 누구든 예수님을 통해서 하나님께로 가까이 갑니다.

셋째, 율법과 예수님(요 3:16).

니고데모는 바리새인으로서 율법을 지킴으로 하나님 나라를 보고자 했지만 할 수 없었습니다. 이제 하나님이 보내신 독생자 예수님을 믿음으로 하나님 나라에 들어갈 수 있습니다.

넷째, 야곱의 우물과 예수님이 주시는 물(요 4:13,14).

야곱이 주는 물은 위대한 사람이 주는 물입니다. 곧 사람이 주는 위로나 사랑, 사상 등은 사람을 금방 다시 목마르게 합니다. 그러나 예수님이 주시는 물을 마시는 사람은 영원히 목마르지 않습니다. 왜냐하면 그 물이 그 사람 안에서 영원한 생수가 되기 때문입니다.

다섯째, 베데스다 연못과 예수님(요 5:7,8).

38년된 병자가 베데스다 못에서는 나음을 받지 못했습니다. 거기서 나으려면 제일 먼저 들어가야 했습니다. 제일 먼저 들어가려면 도와주는 사람이 있어야 하는데, 그에게는 없었습니다. 그를 찾아오신 예수님께서 말씀으로 그를 완전히 고쳐주셨습니다.

여섯째, 빵과 예수님(요 6:49-51).

사람은 빵(밥)을 먹어야 삽니다. 먹을 것이 없으면 죽습니다. 그러나 빵(밥)을 먹어도 죽습니다. 그런 사람에게 예수님이 참된 양식으로써 사람이 예수님을 먹으면 죽지 않습니다.

일곱째, 돌로 침과 예수님(요 8:11).

사람들은 율법으로 사람의 죄 문제를 해결하고자 했지만 할 수 없었습니다. 다만 용서하시는 예수님, 세상의 빛이신 예수님이 죄 문제를 해결하십니다.

여덟째, 보지 못하는 사람과 보는 사람(요 9:39).

율법은 사람을 도리어 보지 못하게 하나, 빛이신 예수님이 사람을 보게 하십니다.

이 세대에 사람들은 무엇, 혹은 누구를 구원자라고 생각합니까? 예수님이 구원자이십니다.

예수님만이 구원자이신 것은 하나님께서 보내신 구원자요, 예수님이 하나님이시기 때문입니다. 예수님은 하나님과의 관계를 말씀하십니다. "본래 하나님을 본 사람이 없으되 아버지 품속에 있는 독생하신 하나님이 나타내셨느니라"(요 1:18) "내가 행하거든 나를 믿지 아니할지라도 그 일을 믿으라 그러면 너희가 아버지께서 내 안에 계시고 내가 아버지 안에 있음을 깨달아 알리라"(요 10:38) "곧 아버지께서 나를 보내신 것을 그들로 믿게 하려 함이니라"(요 11:42) "나를 믿는 자는 나를 믿는 것이 아니요 나를 보내신 이를 믿는 것이며"(요 12:44) "내가 보낸 자를 영접하는 자는 나를 영접하는 것이요 나를 영접하는 사람은 나를 보내신 이를 영접하는 것이니라"(요 13:20) "내가 곧 길이요 진리요 생명이니 나로 말미암지 않고는 아버지께로 올 자가 없느니라 너희가 나를 알았더라면 내 아버지도 알았으리라 이제부터는 너희가 그를 알았고 또 보았느니라"(요 14:6,7) "내가 아버지 안에 있고 아버지는 내 안에 계신 것을 네가 믿지 아니하느냐 아버지께서 내 안에 계셔서 그의 일을 하시는 것이라 내가 아버지 안에 거하고 아버지께서 내 안에 계심을 믿으라"(14:10,11) "무릇 아버지께 있는 것은 다 내 것이라 그러므로 내가 말하기를 그가 내 것을 가지고 너희에게 알리시리라"(요 16:15) "지금 그들은 아버지께서 내게 주신 것이 다 아버지로부터 온 것인 줄 알았나이다"(요 17:7) "내가 내 아버지 곧 너희 아버지 내 하나님 곧 너희 하나님께로 올라간다"(요 20:17) "오직 이것을 기록함은 너희로 예수께서 하나님의 아들 그리스도이심을 믿게 하려 함이요"(요 20:31)

그리스도로서 예수님께서 하신 가장 우선적인 일은 하나님 아버지를 사람들에게 나타내는 것입니다. 하나님 아버지의 모든 것을 나타내시고, 하나님 아버지의 모든 말씀을 사람들에게 전해주는 것입니다. 예수님은 세상 죄를 지고 가는 하나님의 어린 양으로서 세상 죄를 짊어지셨습니다. 그래서 우리는 예수님이 하신 가장 우선적인 일이 죄를 지신 것으로 여기기 쉽지만, 그 일은 시작일 뿐입니다. 우리는 그리스도 예수님을 통해서 하나님 아버지의 모든 것을 알 수 있습니다. 우리 자신도 예수님처럼 하나님 아버지께로 가게 됨을 알 수 있습니다. 예수 그리스도 안에서 우리의 목표는 다른 어떤 것보다 먼저 하나님 아버지이십니다.

요한복음의 저자 요한은 예수님을 참 빛, 세상의 빛이라고 합니다. 어두우면 어떤 느낌이 듭니까? 흑암 속을 걸어가려면 어떨까요? 어두우면 무섭습니다. 흑암 속을 걸어가려면 두렵고 답답합니다. 그러나 빛이 비추면 어둠이 사라집니다. 빛이신 예수님이 요한을 비췄습니다. 그는 우레의 아들이라고 불릴 정도로 성질이 괴팍했습니다. 그러나 예수님을 만나고는 사랑의 사도로 변화되게 되었습니다. 예수님은 그의 구원자가 되셨습니다.

제7편
신약의 역사서, 무엇을 말할까?

제5권 사도행전, 무엇을 말할까?

이 세상에서 과연 복음은 무엇인가?

"오직 성령이 너희에게 임하시면 너희가 권능을 받고 예루살렘과 온 유대와 사마리아와 땅 끝까지 이르러 내 증인이 되리라 하시니라"(행 1:8)

예수 그리스도의 복음은 이제 예루살렘과 유다에서 소아시아를 넘어 로마까지 나아갑니다. 좀 더 자세히 보면 1-7장은 예루살렘, 8-12장은 온 유대와 사마리아, 13-28장은 땅 끝까지 복음이 이른다고 볼 수 있습니다. 예수 그리스도 복음이 전파되는 과정에 대한 기록이 사도행전입니다. 이 과정에서 우리는 몇 가지 문제를 제기하고 그에 대한 답을 찾아낼 수 있습니다.

첫째, 사람들에게 예수 그리스도 복음이란 과연 무엇인가? 예수 그리스도 복음이 과연 무엇이기에 예루살렘으로부터 시작하여 땅 끝까지 전파되어야 하는 것입니까? 유대인들에게도 복음이 전해졌지만 여러 종류의 이방인들에게도 전해졌습니다. 헬라인, 소아시아인, 고린도인 등 여러 이방인들에게 전해졌습니다. 그리고 각 사람은 나름대로 사상, 종교, 철학,

가치관들을 가졌습니다. 그렇다면 복음은 도대체 무엇이기에 그들 모두에게 전해져야 했습니까? 예수님의 십자가 죽음과 부활이 온 세상에 미치는 큰 기쁨의 좋은 소식이기 때문입니다. 예수님은 사도들을 통해 이 복음을 예루살렘과 온 유대와 사마리아와 땅끝까지 이르게 하셨습니다(행 1:8).

둘째, 복음 전파 과정에서 복음에 반대하고 저항하는 사람들이 있었습니다. 복음을 반대하는 사람들은 스데반, 사도 야고보 등 복음을 전파하는 사람을 죽이기까지 했습니다. 유대인의 반대가 심했고, 이방인들도 반대하였습니다. 그만큼 복음 전파는 쉽지 않았습니다. 그러면 그들이 왜 복음을 반대하고 저항했습니까? 예수 그리스도 사상은 어디서든지 반대를 받았습니다(행 28:22). 그렇다면 사람들, 세상은 무슨 생각과 사상을 가지고 있기에 복음에 대해서 반대하고 저항했습니까? 그처럼 강한 반대에도 불구하고 전해져야 하는 예수 그리스도의 사상은 무엇입니까?

셋째, 복음과 복음 전파자들은 그런 반대와 저항을 어떻게 극복했습니까? 예수 그리스도 복음과 그 사상은 어디서든지 반대와 저항에 부딪쳤습니다. 하지만 전파자들은 굴하지 않고 줄기차게 끝까지 복음을 전파했습니다. 자기 목숨보다 복음 전파를 더 크게 생각했습니다. 1-12장까지 베드로와 예루살렘 교회가 복음을 전파하는 일을 기록하고 있습니다. 13-28장까지도 바울과 안디옥 교회가 복음을 전파하였습니다. 그 사람들은 어떻게 그렇게 할 수 있었습니까?

넷째, 증거자들은 어떤 사람들이었습니까? 그렇게 자기 목숨까지 아까워하지 않으면서 복음을 전파한 그 사람들, 베드로와 열두 사도들, 사도 바울, 그리고 빌립, 바나바 등 그 외의 여러 사람들은 도대체 어떤 사람들이었습니까? 베드로는 예수님이 잡히시던 날, 살기 위해 도망갔고 예수님을 저주하며 부인하였습니다. 자기 목숨을 아꼈기 때문입니다. 그런데 부활하신 예수님을 만난 후 완전히 변화되었습니다. 예수님을 죽인 종교지도자들을 책망하며 예수님을 증거하였습니다(행 4:15). 베드로는 더 이상 죽음을 두려워하지 않았습니다. 죽으면 부활하신 예수님께서 다시 살리신다는 믿음이 있었기 때문입니다.

다섯째, 증거자들에게 예수님의 이름은 무슨 의미가 있었습니까? 자기 목숨을 조금도 귀한 것으로 여기지 않았던 그런 이들에게 예수 그리스도의 이름은 무슨 의미가 있었습니까? 스데반은 유대인들에게 예수 그리스도를 전하다가 돌에 맞아 죽었습니다. 스데반에게 예수 그리스도는 무슨 의미였습니까?

여섯째, 예수 그리스도의 복음과 그 사상은 로마를 이길 수 있습니까?? 사도 바울은 에베소의 두란노 서원에서 제자들을 따로 세우고 날마다 성경을 강론했습니다. 제자들과 함께 성경을 공부하면서 토론했습니다. 그랬을 때 에베소에서 주의 말씀이 힘이 있어 흥왕하여 세력을 얻었습니다(행 19:20). 그 후에 바울은 "로마도 보아야 하리라"하며 로마로 가고자 하는 구체적인 결단과 계획을 세웠습니다. 바울은 그리스도 복음으로 로마에 도전하고자 했습니다. 로마사회는 물질, 여러 우상들(다원주의), 세속적 힘, 쾌락이 지배하고 있었습니다. 그런 로마 사회에 복음이 침투하고 정복할 수 있었을까요?

우리가 사는 이 세대도 여러 가지로 로마와 비슷합니다. 이 세대에 과연 예수 그리스도 복음이 침투하고 이길 수 있을까요? 이런 생각을 가지고 사도행전을 공부하면 좋겠습니다.

제8편

신약의 바울서신, 무엇을 말할까?

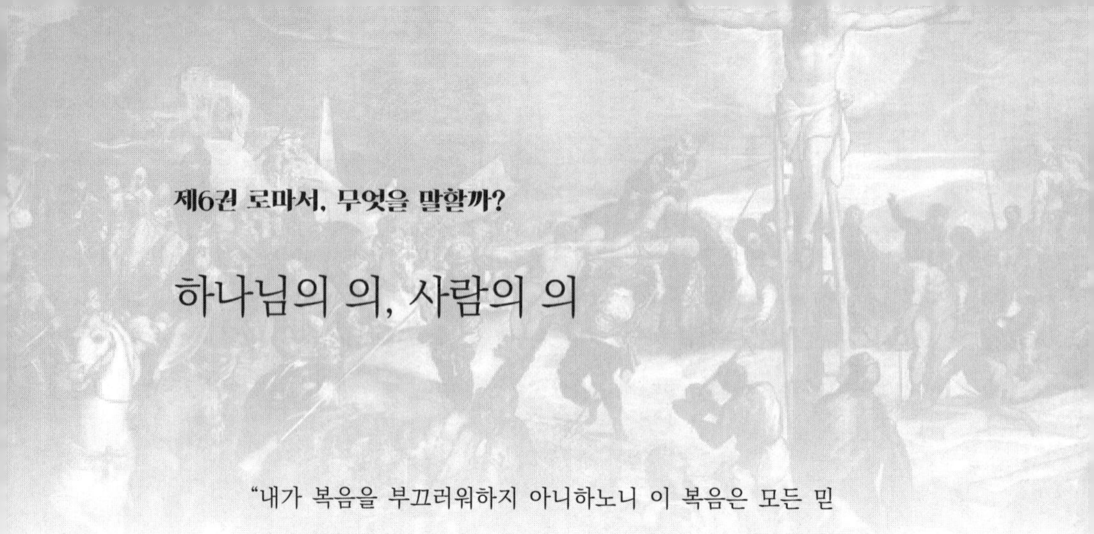

제6권 로마서, 무엇을 말할까?

하나님의 의, 사람의 의

> "내가 복음을 부끄러워하지 아니하노니 이 복음은 모든 믿는 자에게 구원을 주시는 하나님의 능력이 됨이라 먼저는 유대인에게요 그리고 헬라인에게로다 복음에는 하나님의 의가 나타나서 믿음으로 믿음에 이르게 하나니 기록된 바 오직 의인은 믿음으로 말미암아 살리라 함과 같으니라"(롬 1:16-17)

로마서는 사도 바울이 로마에 있는 기독교 성도들에게 쓴 편지입니다. 로마의 기독교 성도들이 어떤 상태에 있었습니까? 8장 33절에 이런 말씀이 있습니다. "누가 능히 하나님께서 택하신 자들을 고발하리요 의롭다 하신 이는 하나님이시니 누가 정죄하리요" 이 말을 볼 때, 성도들이 비록 예수님을 믿고 의롭다 여김을 받기는 했지만, 실제 생활에서는 여전히 죄인이었고 사람들이 정죄하고 판단할 수 있었습니다. 게다가 8장 35,36절을 보면 그들에게 환난, 박해, 기근, 위험이 있었음을 알 수 있습니다. 그래서 아마도 그들 중에는 믿음을 버리는 이들, 율법으로 돌아가고자 하는 이들도 있었습니다. 바울은 그런 그들에게 믿음으로 사는 것이 무엇인지, 왜 믿음을 버리고 율법으로 돌아갈 수 없는지, 믿음으로 사는 사람의 특징이 무엇인지 말해 줍니다.

첫째, 로마에 있는 너희에게도 복음 전하기를 원하노라(롬 1:15). 사도 바울은 로마 성도들이 그런 어려움에 있을수록 더욱더 복음 전하기를 원합니다. 복음은 모든 믿는 자에게 구원을 주시는 하나님의 능력이기 때문입니다(롬 1:16). 복음이 전해지면 복음이 로마 성도들을 죄에서, 사람들의 정죄로부터, 외적인 고난으로부터 구원할 것을 믿었습니다.

둘째, 율법으로는 하나님의 의에 이르지 못합니다(롬 3:19-20). 믿음으로 살기가 힘들어 율법으로 돌아간다 하더라도, 율법으로는 어떤 사람도 의롭다 함을 얻을 수 없습니다. 율법으로는 사람의 어떤 문제도 해결할 수 없습니다.

셋째, 아무 한 일 없이 의롭다 함을 얻었습니다. 율법과 상관없이 하나님의 의가 나타났는데, 곧 예수 그리스도이십니다. 사람은 아무 한 일이 없이 오직 믿음으로 의롭다 함을 얻습니다(롬 4:6). 그러므로 예수님을 믿은 후에도 행함에 있어서 내세울 것이나 자랑할 만한 일이 없어도 괜찮습니다. 의롭다 여김을 받아도 항상 죄인으로 살 수밖에 없습니다.

넷째, 하나님과 화평을 누립니다(롬 5:1). 믿음으로 산다는 것은 내가 의로운 사람이 된다는 것보다, 죄인이지만 하나님과 화평하고 하나님 안에서 사는 것을 말합니다.

다섯째, 예수님과 함께 죽었고 예수님과 함께 살았습니다(롬 6:1-5). 예수님을 믿고 사는 것은 예수님과 함께 죽고 함께 사는 것입니다. 내 힘으로 의를 이루기 위해서, 내가 의인이 되고자 애쓰는 것이 아닙니다.

다섯째, 너희 속에 하나님의 영이 계시면(롬 8:9-11). 하나님의 영, 그리스도의 영이 있어서 신자들을 살리십니다. 신자는 자기 힘으로 의를 이루려는 사람이 아니라, 하나님의 영으로 인도함을 받는 사람입니다(롬 8:14).

여섯째, 하나님의 사랑으로 이깁니다(롬 8:31-39). 신자가 이기는 것이 아니라, 우리를 사랑하시는 하나님의 사랑으로 이깁니다.

일곱째, 모든 사람에게 긍휼을 베풀려 함입니다(롬 11:32-36). 긍휼은 하나님의 일방적인 사랑입니다. 만물이 주에게서 나오고, 주로 말미암고, 주에게로 돌아갑니다. 성도는 오직 하나님의 긍휼하심과 하나님의 일하심으로 사는 사람이지, 자기 힘으로 사는 사람이 아닙니다.

사람의 의가 아닌 하나님의 의로 사는 사람이 성도입니다. 하나님의 의란 사람이 의롭게 되는 길을 하나님께서 열어 놓으셨다는 말입니다. 십자가에 죽으시는 순종을 통해서 예수님은 의를 가지십니다. 율법을 다 지키신 예수님이 의를 가지십니다. 이 의를 믿는 우리에게 주십니다. 그래서 우리를 하나님의 의라고 하십니다. "하나님이 죄를 알지도 못하신 이를 우리를 대신하여 죄로 삼으신 것은 우리로 하여금 그 안에서 하나님의 의가 되게 하려 하심이라"(고후 5:21) 이 의로 말미암아 성도는 하나님 나라에 들어가게 됩니다. 죄가 없어지는 것과 의롭게 되는 것은 다 십자가에서 주어지는 은혜입니다. 성경은 죄의 값을 일만 달란트(6조)라고 합니다. 죄인은 6조의 빚을 졌습니다. 이 빚을 탕감받았다고 부자는 아닙니다. 부자라고 불릴 정도의 돈을 가져야 합니다. 마찬가지로 예수님이 우리 죄의 빚을 탕감해 주셨습니다. 그리고 예수님의 의를 우리에게 주시므로 우리가 의롭게 됩니다. 반면에 카톨릭은 우리가 공로를 쌓아서 의롭게 되어야 한다고 주장합니다. 사람의 의를 강조합니다. 종교개혁 당시 카톨릭은 면죄부를 팔면서, 돈이 땡그랑 떨어지는 소리가 들릴 때, 의롭게 된다고 했습니다. 이것은 기독교를 무너뜨리는 말입니다. 왜 그렇죠? 예수님으로만이 의롭게 되는데, 돈으로 의롭게 된다면, 예수님은 더 이상 필요가 없습니다. 우리를 하나님 앞에 서게 할 수 있는 것은 오직 하나님의 의이신 예수님밖에 없습니다. 그래서 처음도 믿음이고, 마지막도 믿음입니다. 하나님의 일을 많이 한 칼빈도 죽으면서 예수님만 의지해서 하나님께 간다고 고백했습니다. 사도 바울도 "오직 의인은 믿음으로 말미암아 살리라" 고백합니다. 사람의 의가 아닌 하나님의 의를 믿고 의지하여 살기를 기도합니다.

제7권 고린도전서, 무엇을 말할까?

사람 중심, 그리스도 중심

> "유대인은 표적을 구하고 헬라인은 지혜를 찾으나 우리는 십자가에 못 박힌 그리스도를 전하니 유대인에게는 거리끼는 것이요 이방인에게는 미련한 것이로되 오직 부르심을 받은 자들에게는 유대인이나 헬라인이나 그리스도는 하나님의 능력이요 하나님의 지혜니라 하나님의 어리석음이 사람보다 지혜롭고 하나님의 약하심이 사람보다 강하니라"(고전 1:22-15)

고린도 교회에 여러 문제가 있었습니다.

① 다툼과 분쟁의 문제였습니다. "곧 너희 가운데 분쟁이 있다는 것이라"(고전 1:11) "나는 바울에게 나는 아볼로에게 나는 게바에게 나는 그리스도에게 속한 자라"(고전 1:12)

② 음행이 있었습니다. "너희 중에 심지어 음행이 있다 함을 들으니 그런 음행은 이방인 중에서도 없는 것이라 누가 그 아버지의 아내를 취하였다 하는도다"(고전 5:1)

③ 성도들이 서로를 고발하는 데 불신자에게 고발하는 일이 있었습니다. "너희 중에 누가 다른 이와 더불어 다툼이 있는데 구태여 불의한 자들 앞에서 고발하고 성도 앞에서 하지 않느냐"(고전 6:1)

④ 결혼해야 하는지, 안 해야 하는지 하는 문제가 있었습니다. "너희가 쓴 문제에 대하여 말하면 남자가 여자를 가까이 아니함이 좋으나, 음행을 피하기 위하여 남자마다 자기 아내를 두고 여자마다 자기 남편을 두라"(고전 7:1,2) "어떤 여자에게 믿지 아니하는 남편이 있어 아내와 함께 살기를 좋아하거든 그 남편을 버리지 말라"(고전 7:13)

⑤ 우상의 제물을 먹어야 하는지, 먹지 말아야 하는지 하는 문제가 있었습니다. "우상의 제물에 대하여는 우리가 다 지식이 있는 줄을 아나 지식은 교만하게 하며 사랑은 덕을 세우나니"(고전 8:1)

⑥ 기도할 때 머리에 수건을 쓸 것인가? 쓰지 않을 것인가? "무릇 남자로서 머리에 무엇을 쓰고 기도나 예언을 하는 자는…, 무릇 여자로서 머리에 쓴 것을 벗고…"(고전 11:4,5)

⑦ 주의 만찬을 제대로 먹지 않았습니다. "그런즉 너희가 함께 모여서 주의 만찬을 먹을 수 없으니 이는 먹을 때에 각각 자기의 만찬을 먼저 갖다 먹으므로 어떤 사람은 시장하고 어떤 사람은 취함이라"(고전 11:20,21)

⑧ 은사 문제가 있었습니다. "은사는 여러 가지나 성령은 같고 직분은 여러 가지나 주는 같으며"(고전 12:4,5)

사도 바울은 드러나는 문제들 이면에 있는 드러나지 않는 문제들을 보았습니다.

첫째, 그들은 그리스도 중심이 아니라 사람 중심이요, 사람을 자랑했습니다(고전 3:21). 사도 바울은 그들에게 그리스도를 전했는데, 그들은 사람 중심에서 벗어나지 못했습니다.

둘째, 서로 판단하고 정죄했습니다. 게바에게 혹은 아볼로에게 속했다 하는 사람들은 바울을 판단했습니다. 우상의 제물을 먹는 사람은 먹지 않는 사람을, 먹지 않는 사람은 먹는 사람을 판단했습니다.

셋째, 자기를 자랑했고 다른 사람을 무시했습니다. 교회는 아버지의 아내를 취한 사람을 받아들였고, 그것을 자랑했습니다(고전 5:6). 우상의 제물을 먹는 사람은 그런 자기를 자랑했고 먹지 않는 사람을 무시했습니다. 심지어 음행하는 사람들은 자기들은 자유인이라 하고 음행하지 않는 사람을 자유롭지 못한 사람이라고 무시했습니다.

이런 그들의 근본 문제는 사람 중심이라는 것이요, 자기 중심이라는 것입니다. 그들은 그리스도를 믿었지만 자기를 벗어나지 못했습니다. 바울은 그런 그들이 무엇보다도 먼저 그리스도 중심이 되기를 원합니다. 바울 자신이 그리스도를 전했습니다(고전 1:23). 그리스도 중심이 되면 이 모든 문제가 해결될 수 있습니다. 특히 사도 바울은 부활하신 그리스도를 중심에 두므로 '나는 날마다 죽노라' 자랑스럽게 말합니다(고전 15:31). 십자가 지신 그리스도를 고린도 교회의 문제 해결책으로 제시하고 있습니다. 고린도 성도들은 자기의 파를 자랑했습니다. 형제와의 소송에서 이긴 것을 자랑했습니다. 좋은 은사를 자랑했습니다. 마음껏 먹고 마시는 것을 자랑했습니다. 자기를 자랑했습니다. 그런데 사도 바울은 '죽는 것'을 자랑합니다. 여기서 죽는 것이란 앞에 나온 자기 자랑과는 반대입니다. 형제에게 속아주고, 불이익을 받습니다. 은사로 남을 섬기고 사랑합니다. 형제를 위해서라면 좋아하는 고기도 먹지 않겠다고 결단합니다. 이렇게 자기가 아닌 그리스도 중심이 될 때, 하나님의 능력이 나타나게 됩니다. 사람 중심이 아닌 그리스도 중심이 되는 것이 하나님의 지혜입니다. 십자가의 그리스도 중심이 되면 해결이 됩니다.

사람이 사람 중심, 특히 자기 중심이 되면 계속 문제가 생깁니다. 문제가 복잡해지고 커집니다. 해결책을 찾기 어렵습니다. 그러나 그리스도 중심, 특히 십자가의 그리스도 중심이 되면 해결이 됩니다. 고린도전서 공부를 통해서 그리스도 중심이 되기를 바랍니다.

제8권 고린도후서, 무엇을 말할까?

어떤 사람이 진정한 하나님의 일꾼입니까?

"우리가 하나님과 함께 일하는 자로서 너희를 권하노니 하나님의 은혜를 헛되이 받지 말라"(고후 6:1)

고린도 성도들 중에는 바울이 그리스도의 사도임을 인정하지 않으려는 사람들이 있었습니다. 바울에 대해서 이렇게 말하기도 했습니다. '그의 편지들은 무게가 있고 힘이 있으나 그가 몸으로 대할 때는 약하고 그 말도 시원하지 않다' 그런 사람들은 바울이 전하는 예수 그리스도를 받아들이지 않으려고 했습니다. 바울은 자신이 왜 그리스도의 사도인지, 왜 하나님의 일꾼이요, 그들의 목자인지를 말합니다.

첫째, 하나님의 말씀과 방향에 항상 "예"라고 합니다(고후 1:17-20). 사람에게는 '아니라' 할 때가 있었습니다. 약속을 어기기도 해서 사람들은 바울을 못 믿을 사람으로 여기기도 했습니다.

둘째, 너희들이 '나의 추천서'라고 했습니다(고후 3:1-3). 다른 사람들은 높은 사람들의 추천서가 있었는데, 바울에게는 없었습니다. 그러나 바울의 가르침을 받고 예수님을 믿게 된 그들이 바울의 추천서입니다.

셋째, 율법 조문이 아니라 영으로 직분을 받았습니다(고후 3:6-11). 다른 사람들은 정해진 법을 따라 가르칠 권세를 받았는데 바울에게는 그런 것이 없었습니다. 그러나 바울은 영으로 그런 권세를 받았고, 그 직분이 더 영광스럽습니다. 바울은 율법보다 성령을 더 강조하였습니다. 성령님께서 거듭남과 은사를 풍성히 주셨습니다.

넷째, 바울은 자기를 나타내지 않고, 오직 진리를 나타냅니다(고후 4:1-6). 자신은 감춥니다. 오직 그리스도 예수가 주 되심을 전파하고 양떼들이 그리스도 예수를 믿도록 합니다.

다섯째, 이 보배를 질그릇에 가졌습니다(고후 4:7-18). 보배가 질그릇에 담겨 있으면 보배가 더욱 빛납니다. 바울은 보배되신 예수를 드러내는 존재였습니다. 하나님은 보배되신 예수를 담고 있는 질그릇을 철저히 보호해주셨습니다.

여섯째, 너희는 하나님과 화목하라(고후 5:11-21). 바울은 사람들이 하나님과 화목하는 그것을 원합니다. 자기가 어떤 대접을 받는가에 매이지 않습니다. 하나님을 강조하는 하나님의 일꾼입니다.

일곱째, 하나님의 일꾼입니다(고후 6:1-10). 이 직분이 비방을 받지 않게 하려고 모든 것을 견딥니다. 당시 선생들의 권리를 요구하지도 않습니다. 양들에게 폐를 끼치지 않기 위해 자비량하며 섬겼습니다.

여덟째, 육신의 무기로 싸우지 않습니다(고후 10:1-18). 바울이 육신의 무기로 육신을 따라 싸우지 않고, 영의 무기로 싸운다는 것은 무슨 뜻입니까? 자기를 무시하는 사람과 싸우는 것이 아니라, 하나님을 대적하는 사람과 싸운다는 말입니다(고후 10:5). 그런 점에서 바울은 그리스도의 사도입니다.

아홉째, 그리스도께 드리려고 중매함이라(고후 11:1-15). "내가 너희를 정결한 처녀로 한 남편인 그리스도께 드리려고 중매함이로다" (고후 11:2) 이를 위해서 바울은 자신을 낮춥니다(고후 11:7). 그들의 주인이 되지 않고 중매자로서 위치를 지켰습니다. 양들의 목자로서 그리스도에게로 인도하였습니다.

열번째, 그리스도의 능력이 머물게 합니다(고후 11:16-12:10). 다른 사람들은 자기들의 훌륭한 점, 강함, 많은 지식을 자랑합니다. 하지만 바울은 도리어 약한 것을 자랑합니다. "이는 그리스도의 능력이 내게 머물게 하려 함이라"(고후 12:9) 약할 때 오히려 강하게 하시는 그리스도의 능력을 체험하고 있습니다.

이런 사도 바울은 진정한 그리스도의 사도요, 하나님의 일꾼이요, 양들의 목자입니다. 이 시대에도 하나님의 사람들이 이렇게 살아간다면 진정한 하나님의 일꾼이요 목자입니다.

제9권 갈라디아서, 무엇을 말할까?

흔들리지 말고 믿음에 굳게 서라

"오직 성령의 열매는 사랑과 희락과 화평과 오래 참음과 자비와 양선과 충성과 온유와 절제니 이같은 것을 금지할 법이 없느니라"(갈 5:22-23)

갈라디아서도 로마서처럼 사람이 오직 믿음으로 의롭게 되는 진리를 가르친다고 사람들은 말하고 있습니다. 물론 갈라디아서가 믿음으로 의롭게 되는 것을 말합니다. 그러나 로마서와는 좀 다른 입장인 것 같습니다. 로마서는 원론적으로 말한다고 할 수 있습니다. 그러나 갈라디아서는 복음을 믿었다가 복음을 떠나 다른 복음을 받아들인 사람들에게 말합니다.

갈라디아 교회에 다른 복음(다른 복음은 없지만)이 들어왔고, 갈라디아 성도들은 바울이 전한 복음을 그렇게 속히 떠나 다른 복음을 받아들였습니다. 다른 복음은 예수님을 믿는 믿음과 함께 율법도 말하는 복음입니다. 갈라디아 성도들이 왜 그렇게 속히 복음 진리를 떠나 다른 복음을 좇았습니까? 아마도 가장 큰 이유는 그들이 바울이 전한 복음을 믿었는데도 죄 문제가 해결되지 않았기 때문인 것 같습니다. "만일 우리가 그리스도 안에서 의롭게 되려 하다가 죄인으로 드러나면 그리스도께서 죄를 짓게 하는 자냐 결코 그럴 수 없느니라"(갈 2:17) 그들은 그리스도 안에서 의롭게 되려 했는데, 그렇게 되지 못했습니다. 여전히 죄인된 모습 그대로였습니다. 오히려 죄가 더 드러나는 것 같았습니다. 실제로 그러합니다. 예수님을 믿기 전에는 죄가 아니었던 것들이 예수님을 믿은 후에는 큰 죄로 다가옵니다. 비록 죄가 크게 다가오더라도 금방 없어진다면 문제가 없겠는데, 어떤 경우는 죄가 더 커지는 것 같습니다. 그런 상태가 오래 지속되면 예수님을 믿는 것에 대해서 회의가 생깁니다. 예수님을 믿으면 의롭게 된다고 하는데 도리어 더 죄인이 되니 예수님을 믿는다는 것이 무엇인가? 예수님을 믿어서 과연 의롭게 되는가? 예수님을 믿어도 아무 소용 없지 않은가? 아마도 갈라디아 성도들에게 이런 의문들이 들어왔던 것 같고 그런 의문이 해결되지 않았습니다.

그런 그들에게 믿음과 함께 율법을 지키도록 하는 교리가 들어왔습니다. 율법의 교리는 율법을 지키기만 하면 의롭게 된다고 하니 복잡하지 않았습니다. 율법을 지키기만 하면 되었고, 자기가 죄인이라는 죄의식에서 벗어날 수 있었습니다. 자신들도 뭔가 행동하는 것에 보람을 느꼈습니다. 그래서 갈라디아 교회 신자들은 복음을 속히 떠나 다른 복음을 믿게 되었습니다.

사도 바울은 그런 그들에게 다른 복음은 없다고 말합니다. 예수 그리스도를 믿음으로 의롭게 되는 그 복음만이 유일한 복음임을 강조하여 말합니다. 첫째, 다른 복음은 없다(1장). 둘째, 복음의 진리를 따라 행하라(2장). 셋째, 믿음의 축복(3장). 넷째, 누가 상속자인가(4장). 다섯째, 하나님의 자녀의 특성(5장). 여섯째, 자기 자랑(6장).

사도 바울은 이런 내용들을 통해서 예수 그리스도를 믿는 믿음 안에 있는 능력과 축복을 다시 한 번 말함으로써 갈라디아 성도들이 흔들리지 말고 믿음에 굳게 서도록 합니다. 혹시 예수 그리스도를 믿는 믿음으로 살다가 자신의 죄나 부족함 때문에 마음과 생각이 복잡해지거나 회의와 두려움에 잡혀 있는 이가 있습니까? 갈라디아 말씀을 통해서 믿음에 새롭게, 굳게 설 수 있습니다.

더 나아가 사도 바울은 성령님의 도우심을 말하고 있습니다. 갈라디아 성도들은 죄를 안 짓는 것만 생각했습니다. 죄를 하나도 짓지 않는 것을 의롭다고 생각했습니다. 반면에 사도 바울은 하나님 앞에 이르는 길을 생각했습니다. 죄인일지라도 하나님 앞에 이를 수 있는 길이 무엇입니까? 나의 죄를 위해 죽으신 예수님의 피를 믿는 믿음입니다. 이 믿음을 지키는 것은 성령 하나님의 도우심이 필요합니다. 더 나아가 성령님의 도우심을 통해 사랑, 희락, 화평, 오래 참음, 자비, 양선, 충성, 온유, 절제의 열매를 맺을 수 있습니다. 우리가 아무 생각없이 살다 보면 사랑 대신 미움, 희락 대신 슬픔, 화평 대신 싸움, 오래 참음 대신 성냄, 자비 대신 무자비, 양선 대신 나쁨, 충성 대신 게으름, 온유 대신 화냄, 절제 대신 무절제의 삶을 살게 됩니다. 반면에 성령 하나님을 의지할 때, 아름다운 성령의 열매를 풍성하게 맺게 됩니다.

제10권 에베소서, 무엇을 말할까?

담 밖의 사람, 담 안의 사람

> "곧 창세 전에 그리스도 안에서 우리를 택하사 우리로 사랑 안에서 그 앞에 거룩하고 흠이 없게 하시려고 그 기쁘신 뜻대로 우리를 예정하사 예수 그리스도로 말미암아 자기의 아들들이 되게 하셨으니"(엡 1:4,5)

에베소 성도들은 전에 허물과 죄로 죽었던 사람들이요, 이스라엘 나라 밖의 사람이었습니다. 하나님께로부터 멀리 있던 사람이요, 하나님의 영광이나 풍성함으로부터 멀리 있던 사람이었습니다. 그들과 이스라엘 사람들 사이에 담으로 막혀 있었습니다. 그들은 담 밖에 있었습니다. 담 안에는 무엇이 있었습니까? 담 안에는 약속의 언약들이 있었고 희망이 있었습니다. 빛, 기업의 영광, 그 풍성함, 그 사랑이 있었습니다. 그런데 에베소 사람들은 본래 담 밖에 있었습니다. 담 밖에 있었다는 것은 약속의 언약과 상관없었다는 것입니다. 희망이 없었고 기업도 없었으며, 풍성함은 없고, 빈곤이 있었다는 것입니다. 사랑은 없고 미움이 있었다는 말입니다.

담 밖에 있는 사람의 마음은 어떠했을까요? 담을 사이에 두고 두 사람은 서로에 대해서 어떤 마음을 가졌습니까? 적대감을 가졌습니다(엡 2:14). 담 안에 있는 사람은 담 밖에 있는 사람을 어떻게 생각했을까요? 담 밖에 있는 사람은 안에 있는 사람을 어떻게 생각했을까요? 그런데 그 담이 허물어졌습니다. 담 밖에 있던 사람들이 담 안으로 들어오게 되었습니다. 그로 인해 크게 세 가지 일이 있게 되었습니다.

첫째, 밖에 있던 그들이 안에 있던 것을 얻게 되었습니다. 그들이 얻게 된 것은 전에는 부러워만 하던 풍성함, 능력, 희망, 사랑, 선한 일 등입니다. 그런데 에베소 성도들이 담 안에서 얻게 된 것을 누리고 있습니까? 아니면 거꾸로 담 밖을 쳐다보면서 밖의 것들을 부러워하고 있습니까? 사도 바울은 그들이 그런 것들을 누리기를 바랍니다(엡 3:18,19). 그렇다면 그들이 왜 충만하지 못했을까요?

둘째, 밖에 있던 사람과 안에 있던 사람 사이에 담이 없어졌으며 적대감이 없어지고 하나가 되었습니다. 구체적으로 말하면 전에는 적대적이던 이방인과 유대인이 하나가 되었습니다. 성령님께서 하나되게 하시고 하나됨을 지키십니다.

셋째, 하늘과 땅이 그리스도 안에서 통일되었습니다. "하늘에 있는 것이나 땅에 있는 것이 다 그리스도 안에서 통일되게 하려 하심이라"(엡 1:10) 그리스도 안에서 하나님의 뜻이 하늘에서 이루어진 것처럼, 땅에서도 이루어지게 되었습니다. 하늘에서만 누리던 영생을 이 땅에서도 누리게 되었습니다. 베드로도 영생의 말씀이 예수님에게 있다고 고백하였습니다(요 6:68). "영생은 곧 유일하신 참 하나님과 그의 보내신 자 예수 그리스도를 아는 것이니이다"(요 17:3) 하늘과 땅에서 모두가 하나님의 영광을 추구하게 되었습니다. 허물과 죄로 하나님의 영광에 이르지 못하던 우리를 살리사, 하나님의 영광을 위해 사는 인생이 되게 하셨습니다. 그리스도 안에서 이방인도 하나님의 자녀가 되어서 한 가족이 되었습니다. 그리스도의 장성한 분량에 이르게 되었습니다. 그러면 그들이 어떻게 해야 합니까? 첫째, 성도들 간에 하나 되게 하신 것을 힘써 지켜야 합니다. 에베소 성도들은 옛사람을 벗고 새 사람이 되었습니다. 무엇보다도 유대인과 이방인 사이에 막힌 담이 헐리고 하나가 되었으니 그 하나된 것을 굳게 지켜야 합니다.

그런데 그들이 하나 된 것을 굳게 지키지 못하고 담 안에 있던 사람들과 담 밖에 있던 사람들 사이에 다툼이 있었습니다. 담 밖에 있던 사람들이 담 안으로 들어왔지만, 생각하는 것이나 사는 것이 담 안의 사람들처럼 되지 않았습니다. 담 밖에서 행하던 것들을 행했습니다. 담 안에 있던 사람들은 그런 그들을 판단했습니다. 담 밖에 있던 사람들은 자기들이 과연 담 안에 있는 것들을 누릴 수 있는지 회의가 들었고, 담 안에 있던 사람들과 자신들을 비교하면서 자의식을 가졌고, 스스로 담 안에 있던 사람들로부터 자신들을 분리했습니다. 사도 바울은 그런 그들에게 그들이 담 안에 있던 사람들과 함께 하나님의 모든 것을 누릴 수 있다고 말함으로써(엡 3:8), 담 안에 있는 사람이나 담 밖에 있었던 사람이나 하나임을 말하고 있습니다. 그 하나됨을 힘써 지켜야 한다고 말합니다.

둘째, 하나님과 소통해야 합니다. 성도들 간에 이런 하나됨을 지키려면 사람과의 관계에 앞서 먼저 하나님과의 관계가 세워져야 합니다. 예수님을 머리로 한 지체임을 인식해야 합니다. 머리이신 예수님과 소통할 때 한 몸인 공동체가 성장하게 됩니다(엡 4:15-16).

셋째, 영적 전투를 해야 합니다. 사람과의 문제는 사람 사이에서 풀어야 한다고 생각하기 쉽습니다. 그러나 그 문제도 마귀와의 문제입니다. 사람 사이의 하나됨을 위해서는 마귀와의 영적 싸움을 싸워야 합니다.

우리는 에베소서 공부를 통해 먼저, 예수님 밖에 있던 사람들이 예수님 안으로 들어옴으로써 얻고 누리게 된 것들이 무엇인지 알 수 있습니다. 그것을 누리기를 바랍니다. 그것을 알고 누릴 때 먼저 예수님 안에 있는 사람과 예수님 밖에 있다가 새로 들어온 사람이 하나가 될 수 있습니다. 예수님 안에(담 안에) 있는 사람들은 먼저 예수님을 믿은 사람들이요, 예수님 밖에(담 밖에) 있던 사람들은 나중에 예수님을 믿은 사람들이라고 할 수 있습니다.

창세전 하나님의 계획이 무엇입니까? 담 밖의 사람이나, 담 안의 사람에 대한 하나님의 계획이 무엇입니까? 이 세상이 창조되기도 전에 성부, 성자, 성령 하나님께서는 한가지 계획을 세우셨습니다. "곧 창세 전에 그리스도 안에서 우리를 택하사 우리로 사랑 안에서 그 앞에 거룩하고 흠이 없게 하시려고 그 기쁘신 뜻대로 우리를 예정하사 예수 그리스도로 말미암아 자기의 아들들이 되게 하셨으니"(엡 1:4,5) 그것은 성자 예수님을 통해서 피조물인 사람들을 자기의 아들들이 되게 하는 것입니다. 우리가 하나님의 백성을 넘어서 하나님의 자녀가 되는 것이 창조전의 계획이었습니다. 이것을 조직신학에서는 '구원협약'이라고 합니다. 하나님의 자녀들이 무한대로 확장됩니다. 계시록에서는 사람이 능히 셀 수 없는 수많은 사람들이 나옵니다(계 7:9). Big Family가 형성될 것입니다. 우리가 창세전에 택정되었다는 것에 감사하고, 하나님의 가족으로서 다른 사람도 품고 섬길 수 있기를 기도합니다.

제11권 빌립보서, 무엇을 말할까?

주 안에서 기뻐하라

"주 안에서 항상 기뻐하라 내가 다시 말하노니 기뻐하라"(빌 4:4)

빌립보서에서 사도 바울은 기뻐합니다. 그리고 빌립보 성도들에게도 기뻐하라고 합니다. 사도 바울, 성도들은 무엇을 기뻐하며 왜 기뻐합니까?

첫째, 빌립보 성도들이 복음에 참여하기 때문이요, 그들 안에 시작된 착한 일이 완성될 것이기 때문입니다. "너희가 첫날부터 이제까지 복음을 위한 일에 참여하고 있기 때문이라 너희 안에서 착한 일을 시작하신 이가 그리스도 예수의 날까지 이루실 줄을 우리는 확신하노라"(빌 1:5,6)

둘째, 그리스도가 전파되기 때문입니다. "그러면 무엇이냐 겉치레로 하나 참으로 하나 무슨 방도로 하든지 전파되는 것은 그리스도니 이로써 나는 기뻐하고 또한 기뻐하리라"(빌 1:18) 사도 바울은 자기가 살든지 죽든지 자기 몸에서 다만 그리스도가 존귀하게 되기를 원하는데, 그 이유는 이러합니다. "이는 내게 사는 것이 그리스도니 죽는 것도 유익함이라"(빌 1:21) 그래서 어떤 모양으로든지 그리스도가 전파되는 것을 기뻐합니다.

셋째, 빌립보 성도들이 그리스도의 마음을 품는 것을 기뻐합니다. "각각 자기 일을 돌아볼 뿐더러 또한 각각 다른 사람들의 일을 돌아보아 나의 기쁨을 충만하게 하라"(빌 2:4) 그렇게 하려면 어떻게 해야 합니까? "너희 안에 이 마음을 품으라 곧 그리스도 예수의 마음이니"(빌 2:5) 그리스도의 마음이란 무엇입니까? "사람의 모양으로 나타나사 자기를 낮추시고 죽기까지 복종하셨으니 곧 십자가에 죽으심이라"(빌 2:8) 빌립보 성도들이 이런 그리스도의 마음을 품고 그리스도 안에서 서로 하나가 된다면 바울의 기쁨은 충만할 것입니다. 그만큼 사도 바울은 빌립보 성도들이 그리스도의 마음으로 살기를 원했고 그들의 믿음을 위해 살았습니다. "만일 너희 믿음의 제물과 섬김 위에 내가 나를 전제로 드릴지라도 나는 기뻐하고 너희 무리와 함께 기뻐하리니 이와 같이 너희도 기뻐하고 나와 함께 기뻐하라"(빌 2:17,18)

넷째, 그리스도 예수를 위해 수고한 사람을 기뻐하라. 바울은 디모데를 빌립보 성도들에게 보냅니다. 디모데는 그리스도 예수를 위해 많이 수고한 사람이었습니다(빌 2:22). 바울은 그를 보내면서 말합니다. "이러므로 주 안에서 모든 기쁨으로 그를 영접하고 또 이와 같은 자들을 존귀하게 여기라"(빌 2:29)

다섯째, 주 안에서 기뻐하라. “끝으로 나의 형제들아 주 안에서 기뻐하라”(빌 3:1) 이는 무슨 말입니까? 사도 바울에게는 그리스도 예수를 아는 지식이 가장 고상한 지식입니다(빌 3:8). 그가 가진 의는 오직 그리스도를 믿음으로 말미암은 것이기 때문입니다(빌 3:9). 그는 그리스도 예수께 잡힌 바 된 그것을 잡으려고 달려갑니다(빌 3:12). 이렇게 보면 주 안에서 기뻐한다는 것은 주 안에서 의롭게 됨을 기뻐하고 또한 그리스도 안에서 항상 배우고 자라고 끊임없이 달려가는 것을 기뻐하는 것입니다. 그리스도 예수 안에서는 정체되지 않고 배우고 자라는 기쁨이 있습니다.

여섯째, 항상 기뻐하라. “주 안에서 항상 기뻐하라 내가 다시 말하노니 기뻐하라”(빌 4:4) 그 이유가 무엇입니까? 모든 일에 하나님께 기도할 수 있습니다. 하나님께서 평강을 주시기 때문입니다.

빌립보에서 현재 기뻐할 수 없는 두 사람이 나옵니다. 바로 유오디아와 순두게입니다. “내가 유오디아를 권하고 순두게를 권하노니 주 안에서 같은 마음을 품으라”(빌 4:2) 두 분에게 주 안에서 같은 마음을 품으라고 권합니다. 유오디아는 ‘순조로운 여행’이라는 뜻이요, 순두게는 ‘행운의 기회’라는 뜻입니다. 그런데 이 두 사람이 다른 마음으로 하나되지 못했습니다. 사도 바울의 평가에 의하면 유오디아와 순두게는 복음에 힘쓰는 사람들입니다(빌 4:3). 복음에 힘쓰는 사람들인데 왜 같은 마음을 품지 못할까요? 어떻게 하면 같은 마음을 품을 수 있을까요? 바울은 먼저 주 안에서 항상 기뻐하라고 권면합니다(빌 4:4). 각 자가 먼저 주님 안에서 기쁨을 회복하라고 권면합니다. 기뻐하면 어떤 사람이든 받아들일 수 있는 여유가 생깁니다. 서로에게 관용할 수 있습니다(빌4:5). 그런데 그 다음 해결책이 '아무것도 염려하지 말라'입니다(빌5:6). 왜 갑자기 염려하지 말라는 권면이 나올까요? 염려와 같은 마음을 품는 것과는 무슨 관계가 있을까요? 유오디아와 순두게는 복음에 힘쓰는 사람으로 염려가 있습니다. 복음을 위해 잘 해보고자 하는 마음이 있습니다. 잘 해보고자 하는 마음이 없다면 염려도 없습니다. '상대방의 생각대로 하다가는 일이 안 되면 어쩌지? 그렇게 하다가 망하면 어쩌지?' 서로가 자기 생각을 말하는데, 상대방의 생각대로 하면 망할 것이라는 염려가 있었던 것 같습니다. 이런 염려로 두 사람의 생각이 갈라졌습니다. 이렇게 염려하면 갈등과 다툼이 커질 수 있습니다. 갈등과 다툼이 커지다 보면 본래 가지고 있던 좋은 의도와 생각은 묻혀버립니다. 갈등과 다툼만이 지배합니다. 서로가 복음에 힘쓰고 있다는 사실조차 잊어버리게 됩니다. 서로 나쁜 감정만 남을 수 있습니다. 그렇게 되면 해결책이 안 보입니다. 그런데 해결책이 있습니다. "아무 것도 염려하지 말고 다만 모든 일에 기도와 간구로 너희 구할 것을 감사함으로 하나님께 아뢰라 그리하면 모든 지각에 뛰어난 하나님의 평강이 그리스도 예수 안에서 너희 마음과 생각을 지키시리라"(빌 4:6,7) 예수님안에 있는 사람들에게는 하나님이 계십니다. 그들이 염려하는 그 부분, 그 생각을 하나님이 아시고 지켜 주십니다. 하나님의 평강이 유오디아와 순두게의 좋은 의도와 생각을 지켜 주십니다. 갈등과 다툼 속에 묻혀 있던 본래의 좋은 의도가 살아나게 하십니다. 동시에 다투던 두 사람이 상대방이 가진 좋은 의도와 생각을 이해하고 인정하게 됩니다. 그래서 같은 마음을 품을 수 있게 됩니다. 주 안에서 항상 기뻐할 수 있습니다.

우리는 빌립보서 말씀을 읽고 묵상할 때 이런 기쁨을 얻을 것입니다.

제12권 골로새서, 무엇을 말할까?

인간 완성, 완전한 지식은 가능한가?

"우리가 그를 전파하여 각 사람을 권하고 모든 지혜로 각 사람을 가르침은 각 사람을 그리스도 안에서 완전한 자로 세우려 함이니"(골 1:28)

인간 완성은 가능한가? 사람이 완전에 이를 수 있는가? 또 사람이 완전한 지식을 가질 수 있는가? 이것이 골로새서를 공부하는 사람이 물을 수 있는 물음입니다.

골로새 성도들은 세상 철학에 관심이 많았습니다. 철학으로 사람의 문제를 해결하고자 했습니다. 세상사, 인간사에서 기본적이고 근본적인 원리 곧 철학적 원리를 찾고자 했습니다. '철학'이란 무엇입니까? 지식에 대한 사랑입니다. 철학은 지식을 사랑하여 탐구하는 것, 인간과 인생에 대한 원리를 탐구하는 학문이라고 할 수 있습니다. 그리고 철학은 위에서부터 온 것이 아니라 아래로 사람에게서 나온 것이라고 할 수 있습니다. 사람이 사물의 근원, 원리를 추구하는 것입니다. 골로새 성도들이 철학에 깊은 관심을 가졌다는 것은 철학을 통해서 사람과 삶의 여러 문제에 대한 답을 얻고자 함을 의미합니다.

골로새 성도들은 당시 영지주의자들이 추구하던 '비밀한 지식'에 관심을 가졌던 것 같습니다. 사람에 대해서, 하나님에 대해서 완전한 지식을 가지고자 했습니다. 비밀한 지식을 가짐으로써 삶이 더 풍성해진다고 생각했습니다. 그래서 그들은 비밀한 지식을 얻고자 비밀스러운 집회를 하고, 주문을 외우기도 하고, 자기 몸을 학대하기도 했습니다.

그런데 골로새서를 쓴 사도 바울은 철학이나 그런 비밀스럽다고 하는 지식으로는 사람이 완전하게 될 수도 없고 완전한 지식을 얻을 수 없다고 보았습니다. 그런 것을 헛된 속임수라고 보았습니다. "누가 철학과 헛된 속임수로 너희를 사로잡을까 주의하라 이것은 사람의 전통과 세상의 초등학문을 따름이요 그리스도를 따름이 아니니라"(골 2:8) 그러면서 예수 그리스도 안에서 사람이 완전하게 되며 또한 완전한 지식을 얻을 수 있다고 합니다.

첫째, 사람이 그리스도 안에서 완전하게 됩니다. 예수 그리스도 안에 있는 성도들은 자랍니다. 자라되 완전에 이르기까지 자랍니다. "주께 합당히 행하여 범사에 기쁘시게 하고 모든 선한 일에 열매를 맺게 하시며 하나님을 아는 것에 자라게 하시고"(골 1:10) "우리가 그를 전파하여 각 사람을 권하고 모든 지혜로 각 사람을 가르침은 각 사람을 그리스도 안에서 완전한 자로 세우려 함이니"(골 1:28) "머리를 붙들지 아니하는지라 온몸이 머리로 말미암아 마디와 힘줄로 공급함을 얻고 연합하여 하나님이 자라게 하심으로 자라느니라"(골 2:19) 하나님이 자라게 하시니 완전에 이르기까지 자랍니다.

둘째, 그리스도 안에 비밀이 있습니다. 비밀은 비밀스러운 집회나 의식, 주문, 신비주의에 있지 않습니다. 그리스도 안에 있다고 골로새서는 말합니다. 예수님 안에 모든 것이 있습니다. "그는 보이지 아니하시는 하나님의 형상이시요"(골 1:15) "이 비밀은 만세와 만대로부터 감추어졌던 것인데 이제는 그의 성도들에게 나타났고 하나님이 그들로 하여금 이 비밀의 영광이 이방인 가운데 얼마나 풍성한지를 알게 하려 하심이라 이 비밀은 너희 안에 계신 그리스도시니 곧 영광의 소망이니라"(골 1:26,27) "이는 그들로 마음에 위안을 받고 사랑 안에서 연합하여 확실한 이해의 모든 풍성함과 하나님의 비밀인 그리스도를 깨닫게 하려 함이니"(골 2:2) "오직 그리스도는 만유시요 만유 안에 계시니라"(골 3:11)

사도 바울은 율법을 지키므로 인간 완성을 추구했습니다. 가말리엘에게 구약과 전통을 배워 완전한 지식에 이르고자 했습니다. 자기 열심으로 하나님에게 이르고자 했습니다. 그러나 탐심의 죄 때문에 이를 수가 없었습니다. 그런데 위로부터 은혜가 그에게 임하였습니다(골 3:1,2). 예수 그리스도를 통해 하나님에게 이를 수 있게 되었습니다. 이 때 율법과 전통이 세상의 초등학문임을 깨달았습니다(골 2:8). 예수 그리스도를 알면 알수록, 예수 그리스도가 만유이심을 알게 되었습니다(골 3:11). 그리고 예수 그리스도 안에서 인간 완성과 완전한 지식이 가능하다고 고백하게 되었습니다.

이렇게 볼 때 골로새서 공부를 통해서 우리는 예수 그리스도를 알게 됩니다. 그래서 완전한 데 이르기까지 자랄 수 있으며, 동시에 완전한 지식을 가질 수 있습니다.

제13권 데살로니가전서, 무엇을 말할까?

복음이 능력으로 임했습니다

> "항상 기뻐하라 쉬지 말고 기도하라 범사에 감사하라 이것이 그리스도 예수 안에서 너희를 향하신 하나님의 뜻이니라"(살전 5:18)

데살로니가 성도들은 환난 중에 굳게 섰습니다. 환난 중에 시험하는 자가 그들 중에 들어왔지만 그들은 시험에 넘어가지 않았습니다. 그들은 믿음에 굳게 서서 흔들리지 않았습니다. 그래서 바울은 살았다고 말했습니다. "그러므로 너희가 주 안에 굳게 선즉 우리가 이제는 살리라"(살전 3:8) 또한 너무 기쁘다고 했습니다. "우리가 우리 하나님 앞에서 너희로 말미암아 모든 기쁨으로 기뻐하니 너희를 위하여 능히 어떠한 감사로 하나님께 보답할까"(살전 3:9) 그만큼 바울은 그들이 환난 중에서 넘어질까 염려했습니다. 실제로 환난 중에서 많은 신자들이 넘어졌습니다. 그런데 데살로니가 성도들은 환난과 시험 중에 넘어지지 않고 굳게 섰습니다. 어떻게 그렇게 할 수 있었습니까?

바울의 복음이 능력으로 임했기 때문이었습니다. 그들 가운데 복음의 역사가 있었습니다. "너희의 믿음의 역사와 사랑의 수고와 우리 주 예수 그리스도에 대한 소망의 인내를 우리 하나님 아버지 앞에서 끊임없이 기억함이니"(살전 1:3) 그 이유가 무엇입니까? "이는 우리 복음이 너희에게 말로만 이른 것이 아니라 또한 능력과 성령과 큰 확신으로 된 것임이라 우리가 너희 가운데서 너희를 위하여 어떤 사람이 된 것은 너희가 아는 바와 같으니라"(살전 1:5) 사도 바울이 전한 말과 함께 성령의 능력이 일하였습니다. 출애굽기를 보면, 모세가 바로에게 가서 '여호와의 말씀에 내 백성을 보내라'고 했을 때 바로는 '나는 여호와를 알지 못한다'하며 즉각 거절했습니다. 그 때 여호와 하나님께서 말씀하셨습니다. "이제 내가 바로에게 하는 일을 네가 보리라 강한 손으로 말미암아 바로가 그들을 보내리라"(출 6:1) 모세의 말과 함께 하나님의 강한 손이 일하셨을 때 바로는 이스라엘을 내보낼 수밖에 없었습니다. 구원의 역사, 믿음의 역사는 말만으로 되지 않습니다. 말과 함께 하나님의 능력이 일하실 때 됩니다.

데살로니가전서에는 말과 함께 하나님의 능력의 역사가 기록되어 있음을 알 수 있습니다. 바울이 데살로니가에서 복음을 전했을 때 경건한 헬라인의 큰 무리와 적지 않은 귀부인도 권함을 받고 바울을 따랐습니다. 그러나 유대인들은 시기하여 불량배를 동원하여 바울을 대적하게 했습니다. 바울은 더 이상 데살로니가에 있지 못하고 베뢰아로 가야만 했습니다. 그런 적대적인 상황 속에서 믿음의 사람들이 생겨난 것은 바울의 말과 함께 하나님의 능력이 일했기 때문이었습니다.

그들이 항상 기뻐하고, 쉬지 않고 기도하고, 범사에 감사할 수 있었던 것도 하나님의 능력이 함께 하기 때문입니다. “항상 기뻐하라 쉬지 말고 기도하라 범사에 감사하라 이것이 그리스도 예수 안에서 너희를 향하신 하나님의 뜻이니라”(살전 5:18) 어떻게 항상 기뻐할 수 있습니까? 데살로니가 성도들은 환난과 핍박 가운데 있습니다. 환난 때문에 항상 슬퍼할 수 밖에 없습니다. 이런 상황에서 기뻐하고, 그것도 항상 기뻐할 수 있는 것은 하나님의 능력이 함께하기 때문입니다. 보이는 현실에 매몰되다 보면, 하나님을 잊어 버리게 됩니다. 그런데 기도할 마음이 생기고, 쉬지 않고 기도할 수 있는 것도 하나님의 능력이 임한 증거입니다. 범사란 모든 일, 모든 상황을 말합니다. 어떻게 모든 일, 모든 상황에서 감사할 수 있겠습니까? 그 일과 상황 속에 있는 하나님의 뜻을 알 때 감사할 수 있습니다. 더 나아가 하나님께서 범사에 감사할 수 있는 능력을 주십니다. 그러면 하나님이 능력을 주신다고 말하는 근거는 무엇입니까? 그것은 하나님의 뜻이기 때문입니다. 하나님의 뜻은 반드시 이루어집니다. 하나님은 우리에게 능력을 주셔서 그 뜻을 이루십니다.

우리 시대에도 믿는 사람들과 함께 적대적인 사람들도 많습니다. 그래서 복음 사역에 대해서 부정적일 수 있습니다. 복음의 말씀을 전하는 것이 헛되지 않나 생각할 수 있습니다. 그러나 복음의 말씀과 함께 하나님의 능력이 일할 때 항상 기뻐하고 쉬지 않고 기도하고 범사에 감사하는 사람들이 많이 일어날 수 있습니다.

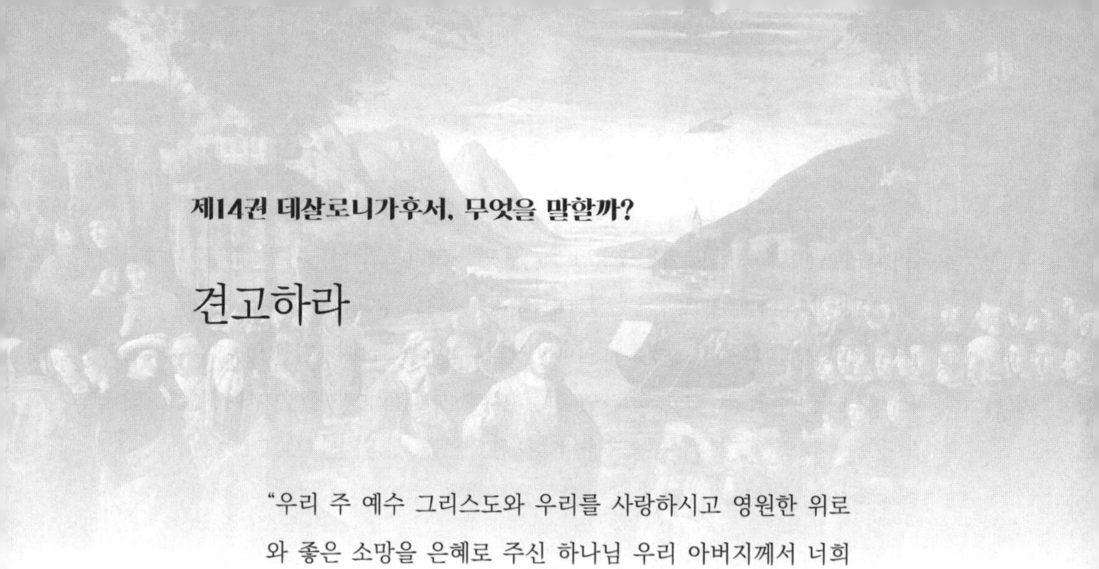

제14권 데살로니가후서, 무엇을 말할까?

견고하라

"우리 주 예수 그리스도와 우리를 사랑하시고 영원한 위로와 좋은 소망을 은혜로 주신 하나님 우리 아버지께서 너희 마음을 위로하시고 모든 선한 일과 말에 굳건하게 하시기를 원하노라"(살후 2:16-17)

사도 바울은 데살로니가 성도들로 인해 감사합니다. "형제들아 우리가 너희를 위하여 항상 하나님께 감사할지니 이것이 당연함은 너희의 믿음이 더욱 자라고 너희가 다 각기 사랑함이 풍성함이니 그러므로 너희가 견디고 있는 모든 박해와 환난 중에서 너희 인내와 믿음으로 말미암아 하나님의 여러 교회에서 우리가 친히 자랑하노라"(살후 1:3,4) 데살로니가 성도들은 박해와 환난 중에서도 믿음의 중심을 지켰습니다. 목자가 없는 상황인데도 그들의 믿음이 자랐습니다. 인내와 사랑이 풍성하였습니다. 그런데 사도 바울은 그들에게 다시 '견고하라'고 말합니다. "그러므로 형제들아 굳건하게 서서 말로나 우리의 편지로 가르침을 받은 전통을 지키라"(살후 2:15)

그러면 그들이 흔들린 것입니까? 데살로니가 교회가 바울의 처음 편지를 받은 후 새로운 문제에 부딪쳤고 그래서 그들이 흔들린 것입니까? 1,2장을 보면 그리스도의 재림에 대해서 말합니다. '주의 날은 재림의 날이다. 주의 날이 이르렀다. 금방 올 것이다. 몇 월 며칠이다.' 이런 말이 떠돌았습니다. 그런 때 쉽게 요동하거나 두려워하지 말라고 했습니다(살후 2:2). 그렇게 본다면 그들이 그런 말을 들었을 때 그들은 안정되지 못하고 불안해했다는 것을 알 수 있습니다.

성도들이라면 주의 날이 오는 것을 기대하고 기뻐해야 할 것 같은데, 왜 마음이 안정되지 못하고 두려워했을까요? 자기들은 아직 준비가 되지 않았다고 생각했을까요? 아니면 그들에게 이 땅에 대한 미련이 남아 있었을까요? 혹은 세상에서 할 일을 다 하지 못했다는 생각 때문이었을까요? 그 이유를 기록하지는 않았습니다. 여기서 잠깐 우리 자신을 생각해 봅니다. 지금 예수님이 오신다면 우리 마음은 어떨까요? 기대에 찰까요? 아니면 불안하고 두려울까요? 자신이 아직 부족하다고 생각하는 사람은 두려워할 것 같습니다. 그렇다면 데살로니가 성도들은 자기들이 아직 부족하다고 생각했을까요? 자신들은 아직 준비가 되지 않았다고 생각했을까요? 그럴 수 있습니다.

사도 바울은 그들을 위해 이렇게 기도했습니다. "우리 주 예수 그리스도와 우리를 사랑하시고 영원한 위로와 좋은 소망을 은혜로 주신 하나님 우리 아버지께서 너희 마음을 위로하시고 모든 선한 일과 말에 굳건하게 하시기를 원하노라"(살후 2:16,17) 자기들이 부족하다고 해서 불안하고 두려운 사람에게 '위로'는 그들이 잘하고 있다는 것, 앞으로도 잘할 것이라고 하는 말입니다. 하나님께서 모든 선한 일과 말에 굳건하게 하실 것이라는 말입니다. 그렇기 때문에 자기들은 비록 부족할지라도 믿음, 선함에서 채워질 것입니다. 그리고 예수 그리스도께서 지금 오신다 하더라도 그 앞에서 부족함이 없을 것입니다. 무엇보다도 하나님 앞에 설 수 있는 근거는 오직 예수님이십니다. 예수님 이 외의 그 어떤 준비도 필요없습니다. 예수님 한 분이면 충분합니다. 하나님이 준비하신 예수님을 굳게 믿으면 됩니다.

우리가 자신의 부족함을 생각하면 항상 불안하고 두렵습니다. 사람들 앞에 서기도 두렵고 예수 그리스도 앞에 서기는 더욱 두렵습니다. 그러나 하나님께서 우리의 믿음과 모든 선한 일을 굳건하게 하신다면 두려워할 것이 없습니다. 하나님께서 우리를 굳건하게 하시니 우리는 견고할 수 있습니다. 견고함으로써 풍성하게 열매 맺을 수 있습니다. 데살로니가후서 공부를 통해서 하나님의 위로하심을 받으며 더욱 견고할 수 있습니다.

제15권 디모데전서, 무엇을 말할까?

경건이 무엇입니까?

"망령되고 허탄한 신화를 버리고 경건에 이르도록 네 자신을 연단하라 육체의 연단은 약간의 유익이 있으나 경건은 범사에 유익하니 금생과 내생에 약속이 있느니라"(딤전 4:7,8)

디모데전서가 사도 바울이 그의 제자요 영적 아들인 디모데에게 보낸 편지인 것은 다 알고 있습니다. 그 때 디모데는 에베소 교회의 책임자로 교회를 돌보고 있었습니다. 그런데 에베소 교회 내에 사상적 대립과 갈등이 있었습니다. 사도 바울은 그 문제 해결을 위해서 디모데에게 편지합니다. 그 대립이 무엇입니까?

한 마디로 말하면 경건, 곧 하나님 앞에서 하나님을 염두에 두고 생각하고 행동하는 것과 비경건, 곧 하나님 없이 사람중심으로 생각하고 행동하는 것이라고 할 수 있습니다. 사도 바울은 경건의 반대로 '신화, 족보, 혼인, 음식문제'를 말합니다. '신화'란 그리스 신화같은 그런 신화이기도 하지만, 할머니들이 들려주는 옛날 이야기, 주로 옛날 영웅담같은 것이라고 할 수 있습니다. '족보'는 조상이 누군지를 따지는 것입니다. '혼인'은 사람이 경건하게 살려면 혼인하지 말아야 한다, 육체의 정욕을 억제해야 한다는 것입니다. '음식'은 어떤 것은 먹고 어떤 것은 먹지 말아야 한다는 것입니다. 그런데 이런 내용은 결국 모두 사람의 일들이 아닌가 생각합니다. 사람의 영웅담, 조상이 누구인가, 남자와 여자가 결혼해야 하는가 말아야 하는가, 사람이 어떤 음식은 먹고 어떤 음식은 안 먹을 것인가, 에베소 교회는 그런 문제로 인한 논쟁이 격렬했습니다. 아직 어리고 마음이 약한 디모데는 그런 논쟁 속에서 어찌할 바를 몰랐습니다. 디모데도 그런 논쟁에 말려들기도 했습니다.

바울은 그런 디모데에게 경건을 말합니다. "망령되고 허탄한 신화를 버리고 경건에 이르도록 네 자신을 연단하라 육체의 연단은 약간의 유익이 있으나 경건은 범사에 유익하니 금생과 내생에 약속이 있느니라"(딤전 4:7,8) '경건'은 한 마디로 모든 일에서 하나님을 생각하는 것입니다. 본문에서 사도 바울 자신이 하나님을 말합니다. " 하나님은 모든 사람이 구원을 받으며 진리를 아는 데에 이르기를 원하시느니라 하나님은 한 분이시요 또 하나님과 사람 사이에 중보자도 한 분이시니 곧 사람이신 그리스도 예수라"(딤전 2:4,5) "혼인을 금하고 어떤 음식물은 먹지 말라고 할 터이나 음식물은 하나님이 지으신 바니 믿는 자들과 진리를 아는 자들이 감사함으로 받을 것이니라 하나님께서 지으신 모든 것이 선하매 감사함으로 받으면 버릴 것이 없나니"(딤전 4:3,4) "그러나 자족하는 마음이 있으면 경건은 큰 이익이 되느니라"(딤전 6:6) "기약이 이르면 하나님이 그의 나타나심을 보이시리니 하나님은 복되시고 유일하신 주권자이시며 만왕의 왕이시며 만주의 주시오 오직 그에게만 죽지 아니함이 있고 가까이 가지 못할 빛에 거하시고 어떤 사람도 보지 못하였고 또 볼 수 없는 이시니 그에게 존귀와 영원한 권능을 돌릴지어다 아멘"(딤전 6:15,16) "네가 이 세대에서 부한 자들을 명하여 마음을 높이지 말고 정함이 없는 재물에 소망을 두지 말고 오직 우리에게 모든 것을 후히 주사 누리게 하시는 하나님께 두며"(딤전 6:17)

사도 바울은 '족보, 혼인, 음식' 문제 뿐만 아니라 재물도 하나님 편에서 생각하고 해답을 제시합니다. 모든 일에서 하나님을 생각하는 것이 '경건'이라는 정의를 지속하고 있습니다. 사회가 점점 다양하고 복잡해져가고 있습니다. 기존에 생각하지도 못한 많은 분야들이 나타나고 있습니다. 그것을 이해하고 따라가기도 버겁습니다. 그러다 보니 그 문제 속에서 하나님을 생각하는 경건을 실천하지 못할 때가 많습니다. 범사에 유익한 경건을 놓치게 됩니다. 손해가 큽니다. 하나님께서 나에게 허락하신 모든 것 속에서 하나님을 생각하고, 하나님을 발견하기를 기도합니다. 그리하여 금생과 내생에 있는 모든 유익을 얻어 누리기를 바랍니다.

사람들에 대한 말들은 논쟁과 다툼만 불러일으키기 쉽고, 우리의 믿음과 하나님을 아는 데 아무 도움이 되지 않습니다. 우리의 모든 일에서 하나님을 생각하고 하나님께 소망을 둘 때 하나님께서 후히 주셔서 누리게 하십니다.

제16권 디모데후서, 무엇을 말할까?

성경이 사람을 변화시킵니다

"내가 처음 변명할 때에 나와 함께 한 자가 하나도 없고 다 나를 버렸으나 그들에게 허물을 돌리지 않기를 원하노라 주께서 내 곁에 서서 나에게 힘을 주심은 나로 말미암아 선포된 말씀이 온전히 전파되어 모든 이방인이 듣게 하려 하심이니 내가 사자의 입에서 건짐을 받았느니라"(딤후 4:16,17)

우리는 디모데전서를 통해서 에베소 교회 내의 논쟁, 다툼, 갈등이 있었다는 것을 배웠습니다. 디모데는 아직 젊기 때문에 그런 논쟁과 다툼에 말려들 수 있었습니다. 교회의 책임자로서 디모데는 말로 모든 반대자들을 누르고 싶었을 수도 있습니다. 그러나 디모데 전서에서 사도 바울은 디모데에게 '경건하라'라고 가르쳤습니다. 곧 하나님을 인정하고 바라보도록 가르쳤습니다.

디모데서후서는 전서에 이어 그런 논쟁, 다툼, 갈등 속에서 디모데가 할 일이 무엇인지 말씀합니다. 그것은 한 마디로 말하면 성경공부입니다. "너는 그리스도 예수 안에 있는 믿음과 사랑으로써 내게 들은 바 바른 말을 본받아 지키고 우리 안에 거하시는 성령으로 말미암아 네게 부탁한 아름다운 것을 지키라"(딤후 1:13,14) 디모데가 스승이요, 영적 아버지인 사도 바울에게서 들은 것을 잘 지키면 사람들과의 다툼에 말려들지 않을 수 있습니다.

"내 아들아 그러므로 너는 그리스도 예수 안에 있는 은혜 가운데서 강하고 또 네가 많은 증인 앞에서 내게 들은 바를 충성된 사람들에게 부탁하라 그들이 또 다른 사람들을 가르칠 수 있으리라"(딤후 2:1,2) 이 사람, 저 사람 만나는 사람마다 논쟁하고 다툴 것이 아니라 신실하고 믿음직한 몇 사람들에게 배운 것들을 잘 가르칩니다. 그러면 그들이 또 다른 사람들을 가르칩니다. 그렇게 배운 바를 꾸준히 가르치다 보면 하나님의 말씀이 교회에 가득하게 되고 다툼만 일으키는 논쟁과 갈등들은 사라지지 않겠습니까?

"너는 그들로 이 일을 기억하게 하여 말다툼을 하지 말라고 하나님 앞에서 엄히 명하라 이는 유익이 하나도 없고 도리어 듣는 자들을 망하게 함이라 너는 진리의 말씀을 옳게 분별하며 부끄러울 것이 없는 일꾼으로 인정된 자로 자신을 하나님 앞에 드리기를 힘쓰라"(딤후 2:14,15) 사람들과 말다툼으로 시간과 힘을 낭비할 것이 아니라, 그 시간에 조용히 진리의 말씀을 깊이 묵상하여 그 뜻을 깨닫습니다. 진리의 말씀에서 진리를 발견합니다. 하나님을 발견하고 예수 그리스도를 발견합니다. 그리고 그 깨달은 모든 것을 사람들과 나눕니다. 그러면 모두가 살아납니다. 말다툼은 모두를 망하게 합니다.

"어리석고 무식한 변론을 버리라 이에서 다툼이 나는 줄 앎이라"(딤후 2:23) "그러나 너는 배우고 확신한 일에 거하라 너는 네가 누구에게서 배운 것을 알며 또 어려서부터 성경을 알았나니 성경은 능히 너로 하여금 그리스도 예수 안에 있는 믿음으로 말미암아 구원에 이르는 지혜가 있게 하느니라 모든 성경은 하나님의 감동으로 된 것으로 교훈과 책망과 바르게 함과 의로 교육하기에 유익하니 이는 하나님의 사람으로 온전하게 하며 모든 선한 일을 행할 능력을 갖추게 하려 함이라"(딤후 3:14-17)

모든 성경은 하나님의 감동으로 되었습니다. 성경은 어떤 사람이 하나님의 사람인지를 제시하고 있습니다. 더 나아가 하나님의 사람으로 온전하게 될 능력을 공급해 주고 있습니다. 디모데는 성경을 통해서 이런 감동과 능력을 덧입은 대표적인 사람입니다. 디모데는 바울 서신 중 고린도후서, 빌립보서, 골로새서, 빌레몬서, 데살로니전후서의 공동 저자입니다. 또한 2차 선교여행부터 바울과 동행하며 말씀전파에 온 힘을 쏟아 부었습니다. 디모데는 빌립보, 데살로니가, 고린도, 에베소에서 바울 이후 책임자로서 역사를 섬겼습니다. 사도 바울이 가장 신뢰하고 맡길 수 있는 일꾼이었습니다. 그러나 그가 본래 그런 사람은 아니었습니다. 그는 내성적이어서 부끄러움을 잘 타고, 소심하며 우유부단했습니다. 병약한 사람이었습니다. 그러나 그가 말씀을 통해 하나님의 감동을 받아 힘을 얻었습니다. 디모데는 하나님의 말씀으로 능력을 덧입게 되어서 맡겨진 모든 일을 온전하게 감당할 수 있었습니다. 성경이 디모데를 변화시켰습니다.

율법 논쟁, 신화 논쟁, 말다툼으로는 사람을 바꾸거나 온전하게 할 수 없습니다. 도리어 다툼을 더 크게 할 뿐입니다. 다만 성경을 제대로 알고 가르칠 때 사람이 바르게 되고 온전하게 됩니다. 그래서 이렇게 해야 합니다. "하나님 앞과 살아 있는 자와 죽은 자를 심판하실 그리스도 예수 앞에서 그가 나타나실 것과 그의 나라를 두고 엄히 명하노니 너는 말씀을 전파하라 때를 얻든지 못 얻든지 항상 힘쓰라 범사에 오래 참음과 가르침으로 경책하며 경계하며 권하라"(딤후 4:1,2) 왜냐하면 하나님의 말씀만이 사람을 구원하고 변화시키고 바르게 하기 때문입니다. 성경만이 사람을 모든 진리 가운데로 인도하기 때문입니다. "그러나 너는 모든 일에 신중하여 고난을 받으며 전도자의 일을 하며 네 직무를 다하라"(딤후 4:5) 성경을 가르치는 직무를 다하는 사람이 결국 사람을 변화시킵니다.

제17권 디도서, 무엇을 말할까?

교회와 성도는 사회의 등불입니다

"범사에 네 자신이 선한 일의 본을 보이며 교훈에 부패하지 아니함과 단정함과 책망할 것이 없는 바른 말을 하게 하라 이는 대적하는 자로 하여금 부끄러워 우리를 악하다 할 것이 없게 하려 함이라"(딛 2:7,8)

디도서는 사도 바울이 그레데 교회의 디도에게 쓴 편지입니다. 그레데 교회를 어떻게 이끌어 가야 할 지를 말해주는 편지입니다. 그레데 사람들은 그리 착한 사람들이 아니었습니다. 그레데 사람 중 어떤 선지자는 그레데 사람에 대해서 이렇게 말했습니다. "그레데인 중의 어떤 선지자가 말하되 그레데인들은 항상 거짓말쟁이며 악한 짐승이며 배만 위하는 게으름뱅이라"(딛 1:12) 사도 바울도 이 말이 맞다고 인정했습니다(딛 1:13). 교회 내의 성도들 중에서도 그런 사람이 있었습니다. 그런 환경 속에서 사람들에게 하나님의 말씀을 가르치고 교회를 이끌어가는 디도는 어떻게 행동해야 했습니까? 그런 사회 환경 속에서 디도는 어떻게 살아야 했습니까?

첫째, 교회 지도자들을 세울 때 좋은 사람을 세워야 합니다. "내가 너를 그레데에 남겨 둔 이유는 남은 일을 정리하고 내가 명한 대로 각 성에 장로들을 세우게 하려 함이니 책망할 것이 없고 한 아내의 남편이며 방탕하다는 비난을 받거나 불순종하는 일이 없는 믿는 자녀를 둔 자라야 할지라"(딛 1:5-6) "감독은 하나님의 청지기로서 책망할 것이 없고 제 고집대로 하지 아니하며 급히 분내지 아니하며 술을 즐기지 아니하며 구타하지 아니하며 더러운 이득을 탐하지 아니하며 오직 나그네를 대접하며 선행을 좋아하며 신중하며 의로우며 거룩하며 절제하며 미쁜 말씀의 가르침을 그대로 지켜야 하리니 이는 능히 바른 교훈으로 권면하고 거슬러 말하는 자들을 책망하게 하려 함이라"(딛 1:7-9) 서로 속이고, 욕심내고, 이기적이고, 목적을 위해서는 수단방법을 가리지 않는 그런 환경일수록, 더더욱 위에서 말한 이런 사람을 교회의 지도자로 세워서 사람들을 이끌게 해야 합니다. 그런 사람들이 그 사회의 그런 거짓, 게으름, 이기심과 싸울 수 있습니다.

둘째, 늙은이든, 젊은이든 바르게 가르쳐야 합니다. "불순종하고 헛된 말을 하며 속이는 자가 많은 중 할례파 가운데 특히 그러하니"(딛 1:10) "오직 너는 바른 교훈에 합당한 것을 말하여 늙은 남자로는 절제하며 경건하며 신중하며 믿음과 사랑과 인내함에 온전하게 하고 늙은 여자로는 이와 같이 행실이 거룩하며 모함하지 말며 많은 술의 종이 되지 아니하며 선한 것을 가르치는 자들이 되고"(딛 2:1-3) "너는 이와 같이 젊은 남자들을 신중하도록 권면하되"(딛 2:6) 젊은 남자들을 잘 가르쳐서 바르게 살게 하면 그들은 나이 들어서도 그렇게 살 것이요, 자녀들을 잘 가르칠 것입니다.

셋째, 디도 자신이 바르게 살아야 합니다. "범사에 네 자신이 선한 일의 본을 보이며 교훈에 부패하지 아니함과 단정함과 책망할 것이 없는 바른 말을 하게 하라 이는 대적하는 자로 하여금 부끄러워 우리를 악하다 할 것이 없게 하려 함이라"(딛 2:7,8) 그레데에서 디도와 교회가 이렇게 하는 것이 그레데 사회에 큰 도전이 됩니다. 당장에는 잘 모르지만, 결국 그 사회가 바른 사회가 됩니다. 디도와 교회는 그레데 사회의 등불입니다.

디도는 이방인이었지만, 바울을 통해서 개종하였습니다(딛 1:4). 디도는 예루살렘 사도회의에 바울과 함께 참석했습니다(갈 2:1). 헬라인 디도까지 할례를 행하라는 요구가 있었지만, 할례가 구원과는 무관하다는 것을 증명하기 위해 거절했습니다. 무절제한 이방인이라는 비난을 받았겠지만, 그는 믿음의 중심을 잘 지켰습니다. 디도의 진가가 잘 드러난 곳은 고린도 교회였습니다. 고린도 성도들은 바울을 쫓아내기까지 하였습니다. 디도는 소위 '근심케 하는 편지'를 들고 고린도에 갔습니다(고후 7:8). 바울에 대한 모든 오해를 풀고, 고린도 성도들과 바울간의 화해를 이루어내었습니다. 바울이 손댈 수 없는 힘든 문제를 해결해 주었습니다. 사도 바울은 자신과 같은 마음, 간절함이 디도에게 있다고 말했습니다(고후 8:1,17) 또한 디도는 사도 바울과 같은 태도로 예루살렘에 대한 구제헌금 모금에도 사심없이, 헌신적으로 섬겼습니다(고후 12:18). 디도는 사역 스타일이 바울과 닮았습니다. 디도 스스로가 바른 삶을 살았습니다. 이런 삶이 장차 사회의 등불이었습니다. 그의 섬김으로 거친 그레데 섬 사람의 90%가 믿게 되었습니다(딛 1:5). 그 후에 달마디아를 섬겼습니다(딤후 4:10).

제18권 빌레몬서, 무엇을 말할까?

바울, 오네시모, 빌레몬

"이 후로는 종과 같이 대하지 아니하고 종 이상으로 곧 사랑 받는 형제로 둘 자라 내게 특별히 그러하거든 하물며 육신과 주 안에서 상관된 네게랴"(몬 1:16)

빌레몬서에는 바울, 오네시모, 빌레몬 사이의 관계가 기록되어 있습니다.

첫째, 이전의 빌레몬과 오네시모의 관계

"그가 전에는 네게 무익하였으나 이제는 나와 네게 유익하므로"(몬 1:11) 전에 오네시모는 빌레몬의 종이었습니다. 그러나 오네시모는 빌레몬에게 무익했습니다. 오네시모가 빌레몬에게서 도망쳤습니다. 왜 도망쳤을까요? 빌레몬이 오네시모를 학대했는가요? 아니면 오네시모가 주인에게 반항했는가요? 어쨌든 오네시모는 빌레몬에게서 도망쳤습니다.

둘째, 오네시모와 바울의 관계

오네시모가 바울을 만나고서는 유익한 사람이 되었습니다. 바울은 오네시모를 감옥에서 만났습니다. 이는 오네시모가 감옥에 들어왔기 때문입니다. 아마도 오네시모가 무슨 나쁜 일을 했거나 아니면 도망친 노예로 잡혀 감옥에 들어왔다고 할 수 있습니다. 어쨌든 오네시모는 감옥에서 바울을 만났고 바울을 만나고서 변화되었습니다. 오네시모는 바울을 사랑했고 잘 섬겼습니다. 그리고 그는 감옥에서 고생하던 바울에게 큰 위로가 되었습니다. 바울은 그런 오네시모를 계속 자기 곁에 둘 수 있었고 그렇게 하고 싶기도 했습니다.

셋째, 이후의 빌레몬과 오네시모의 관계

그러나 바울은 오네시모를 여전히 빌레몬의 사람으로 봅니다. 그리고 오네시모가 빌레몬을 떠난 것에 선한 뜻이 있음을 말했습니다. 첫째로 영원히 함께 하기 위해서(몬 1:15), 둘째로 새로운 관계를 위해서(몬 1:16)입니다. 사도 바울은 오네시모가 빌레몬을 떠났고, 빌레몬은 오네시모를 버렸으나 그 관계를 다시 회복시켜 주고자 했습니다.

넷째, 바울과 빌레몬의 관계

바울은 왜 그렇게 했을까요? 얼마든지 빌레몬의 동의 없이 오네시모를 자기 곁에 둘 수도 있었습니다. "그를 내게 머물러 있게 하여 내 복음을 위하여 갇힌 중에서 네 대신 나를 섬기게 하고자 하나"(몬 1:13) 그렇게 한다고 해서 빌레몬이 바울을 비난할 수는 없었습니다. 어차피 오네시모는 빌레몬을 떠난 사람이었기 때문이었습니다.

그러나 사도 바울은 그 일을 하되 빌레몬의 동의를 얻어 하고자 했습니다(몬 1:14). 바울은 형식적으로 빌레몬의 동의를 구한 것이 아니었습니다. 형식적인 동의를 구하고자 했다면 오네시모를 그에게 보내지 않고 편지만 보냈을 것입니다. 그러나 바울은 오네시모를 빌레몬에게 보냈습니다. 만일 빌레몬이 동의하지 않는다면 오네시모를 포기하고자 했습니다. 바울은 왜 그렇게 했을까요? 바울 자신과 빌레몬의 관계가 바울과 오네시모와의 관계보다 우선했기 때문이었습니다.

사도 바울은 바울, 오네시모, 빌레몬의 관계가 성부, 성자, 성령의 관계처럼 되기를 바라고 있습니다. 오네시모는 빌레몬의 노예였고, 빌레몬은 오네시모의 주인이었습니다. 오네시모는 빌레몬을 도망친 노예로서, 사회적으로 용서할 수 없는 존재입니다. 그런데 바울은 빌레몬에게 그를 용서할 뿐만 아니라 사랑하는 형제로 받아들이도록 요청하고 있습니다. 바울도 골로새 성도인 빌레몬을 형제라고 고백합니다(몬 1:20). 이처럼 예수님 안에서는 모두가 한 가족으로 사랑의 관계를 맺을 수가 있습니다.

제19권 히브리서, 무엇을 말할까?

왜 예수님을 계속 붙잡아야 합니까?

"믿음의 주요 또 온전하게 하시는 이인 예수를 바라보자 그는 그 앞에 있는 기쁨을 위하여 십자가를 참으사 부끄러움을 개의치 아니하시더니 하나님 보좌 우편에 앉으셨느니라"(히 12:2)

히브리서는 예수 그리스도를 믿는 믿음으로 살다가 어려워진 사람들에게 쓴 편지입니다. 저자는 수신자들을 염려합니다. "그러므로 우리는 들은 것에 더욱 유념함으로 우리가 흘러 떠내려가지 않도록 함이 마땅하니라"(히 2:1) "우리가 이같이 큰 구원을 등한히 여기면 어찌 보응을 피하리요?"(히 2:3) "형제들아 너희는 삼가 혹 너희 중에 누가 믿지 아니하는 악한 마음을 품고 살아 계신 하나님에게서 떨어질까 조심할 것이요"(히 3:12) "전날에 너희가 빛을 받은 후에 고난의 큰 싸움을 견디어 낸 것을 생각하라 혹은 비방과 환난으로써 사람에게 구경거리가 되고 혹은 이런 형편에 있는 자들과 사귀는 자가 되었으니 너희가 갇힌 자를 동정하고 너희 소유를 빼앗기는 것도 기쁘게 당한 것은 더 낫고 영구한 소유가 있는 줄 앎이라"(히 10:32-34) 그들이 그렇게 어려워진 것은 믿음으로 살았는데, 박해가 그치지 않았기 때문입니다. 믿음의 열매가 현실 속에서 잘 보이지 않았기 때문이었습니다. 그들은 전에 유대 율법의 길을 가다가 믿음의 길로 돌이켰습니다. 그런데 믿음의 길이 계속 힘들자, 그들은 예전 율법의 길로 가고자 했습니다. 율법의 길로 가면 적어도 유대인들이 그들을 괴롭게 하지 않을 것이기 때문입니다. 그런 그들에게 저자는 그들이 왜 율법으로 돌아갈 수 없는지, 왜 예수님을 계속해서 굳게 붙잡아야 하는지를 말합니다.

첫째, 예수 그리스도가 실체요, 율법은 그림자이기 때문입니다

율법에는 제사장이 있습니다. 대제사장도 있습니다. 율법의 대제사장에 대해서 이렇게 말합니다. "대제사장마다 사람 가운데서 택한 자이므로 하나님께 속한 일에 사람을 위하여 예물과 속죄하는 제사를 드리게 하나니, 그러므로 백성을 위하여 속죄제를 드림과 같이 또한 자신을 위하여도 드리는 것이 마땅하니라"(히 5:1,3) 율법에는 성막이 있고 제도가 있는데, 그에 대해서 말합니다. "이 장막은 현재까지의 비유니 이에 따라 드리는 예물과 제사는 섬기는 자를 그 양심상 온전하게 할 수 없나니, 이런 것은 먹고 마시는 것과 여러 가지 씻는 것과 함께 육체의 예법일 뿐이며 개혁할 때까지 맡겨둔 것이니라"(히 9:9,10) "율법은 장차 올 좋은 일의 그림자일 뿐이요 참 형상이 아니므로"(히 10:1)

그러나 예수님은 어떠합니까? "하물며 영원하신 성령으로 말미암아 흠 없는 자기를 하나님께 드린 그리스도의 피가 어찌 너희 양심을 죽은 행실에서 깨끗하게 하고 살아 계신 하나님을 섬기게 하지 못하겠느냐?"(히 9:14) "이는 하나님의 영광의 광채시요 그 본체의 형상이시라 그의 능력의 말씀으로 만물을 붙드시며"(히 1:3) 그러므로 신자들은 형식적인 제사를 드리고 보이는 건물과 종교의식을 따를 것이 아닙니다. "우리가 믿는 도리의 사도이시며 대제사장이신 예수를 깊이 생각하라"(히 3:1).

둘째, 믿음은 보이지 않는 것을 보는 것 같이 믿는 것입니다

그들이 왜 믿음에서 떨어져 표류합니까? 눈에 보이는 당장의 열매를 기대하기 때문입니다. 그런데 믿음이란 무엇입니까? "믿음은 바라는 것들의 실상이요 보이지 않는 것들의 증거니"(히 11:1) 보지 못하는 것을 보며 살아가는 것이 믿음으로 사는 것입니다. 우리는 이 믿음을 배웁니다.

그들의 구원도 믿음으로 시작되었습니다. "우리가 이같이 큰 구원을 등한히 여기면 어찌 그 보응을 피하리요 이 구원은 처음에 주로 말씀하신 바요 들은 자들이 우리에게 확증한 바니(히 2:3) "한 번 빛을 받고 하늘의 은사를 맛보고 성령에 참여한 바 되고 하나님의 선한 말씀과 내세의 능력을 맛보고도"(히 6:4,5) 믿음으로 하늘의 은사를 맛보았고, 말씀의 능력을 맛보았습니다. 그러므로 계속해서 믿음을 가져야 합니다. 예수님이 다시 오시는 것, 오셔서 왕이 되시고, 왕이 되시므로 만물이 그에게 복종할 것을 믿어야 합니다. "만물을 그 발 아래에 복종하게 하셨느니라 하였으니 만물로 그에게 복종하게 하셨은즉 복종하지 않은 것이 하나도 없어야 하겠으나 지금 우리가 만물이 아직 그에게 복종하고 있는 것을 보지 못하고"(히 2:8) 더 나아가 예수님께서 백성을 심판하실 것을 믿어야 합니다. "하물며 하나님의 아들을 짓밟고 자기를 거룩하게 한 언약의 피를 부정한 것으로 여기고 은혜의 성령을 욕되게 하는 자가 당연히 받을 형벌은 얼마나 더 무겁겠느냐 너희는 생각하라 원수 갚는 것이 내게 있으니 내가 갚으리라 하시고 또 다시 주께서 그의 백성을 심판하리라 말씀하신 것을 우리가 아노니"(히 10:29,30)

셋째, 예수님을 바라 보아야 합니다

어떤 예수님을 바라보아야 합니까? 죽음의 고난을 맛보신 예수님을 바라보아야 합니다(히 2:9,10). 예수님은 죽기를 무서워하므로 한평생 죽음에 종노릇하는 사람들을 아십니다. 이 예수님은 시험받는 자를 능히 도우실 수 있습니다. 더 나아가 때를 따라 우리를 돕는 예수님을 바라보아야 합니다(히 4:14-16). 은혜의 보좌 앞에 담대히 나아갈 때 예수님은 도우십니다. 무엇보다도 믿음의 주요 또 온전하게 하시는 예수님을 바라보아야 합니다. "믿음의 주요 또 온전하게 하시는 이인 예수를 바라보자 그는 그 앞에 있는 기쁨을 위하여 십자가를 참으사 부끄러움을 개의치 아니하시더니 하나님 보좌 우편에 앉으셨느니라"(히 12:2) 예수님은 십자가를 참으셨습니다. 부끄러움 당하는 것을 무시하셨습니다. 왜냐하면 기쁨을 바라보셨기 때문입니다. 하나님 보좌 우편에 앉으실 것을 기대하셨습니다. 우리가 이 예수님을 바라보고 따르면, 하나님께서 예수님께 하셨던 것처럼 우리에게 그대로 하실 것입니다.

현대에 히브리서 저자로 알려지고 있는 아볼로는 유대인으로 구약에 능통한 구약 학자였습니다(행 18:24). 그러나 요한의 세례만 알 뿐, 예수님을 잘 알지 못했습니다. 이때 브리스길라와 아굴라가 예수님을 정확히 가르쳤습니다(행 18:26). 그러자 그는 예수님의 증인이 되었습니다. "이는 성경으로서 예수는 그리스도라고 증언하여 공중 앞에서 힘있게 유대인의 말을 이김이러라"(행 18:28) 구약성경을 인용하여 예수님을 그리스도로 증거하여 유대인들의 반박을 이길 정도로 탁월한 성경선생이었습니다. 헬라 사상과 뛰어난 언변으로 아볼로파까지 생겨날 정도였습니다(고전 1:12). 사도 바울도 아볼로가 율법교사로, 고린도 성도들에게 물을 주었다고 말할 정도로 위대한 성경 선생이었습니다(고전 3:6, 딛 3:13, 고전 4:6). 그는 탁월한 구약 박사로서 유대 회당을 돌아다니며 명예와 인기, 돈을 벌 수 있었습니다. 그러나 그는 그리스도이신 예수님을 만나고, 예수님의 증거자가 되었습니다. 이로 인하여 유대인에게 명예 대신 모욕을, 인기 대신 미움을 받게 되었습니다. 그러나 아볼로는 구약의 실체이신 예수님을 바라보았습니다. 예수님의 십자가와 부활, 그리고 하신 모든 약속의 말씀을 믿고 예수님을 따랐습니다. 어려움 속에 예수님을 떠나 다시 유대교로 돌아가려는 성도들에게 예수님의 탁월함을 증거하며, 예수님을 바라보도록 권면하고 있습니다. 우리도 어려움속에서 예수님을 바라볼 수 있기를 기도합니다.

제9편

신약의 공동서신, 무엇을 말할까?

제20권 야고보서, 무엇을 말할까?

현실적으로 어려울 때에 어떻게 해야 합니까?

"영혼 없는 몸이 죽은 것 같이 행함이 없는 믿음은 죽은 것 이니라"(약 2:26)

야고보서는 '믿음은 행함으로 표현되어야 한다'는 내용으로 우리는 알고 있습니다. 이 말 자체는 틀린 말이 아닙니다. 그러나 이 말은 모든 상황에 다 적용되는 일반적인 말이라기보다는 현실적으로 어려움을 당했을 때, 특히 그렇게 해야 한다는 말이라고 할 수 있습니다. 야고보서는 신자들이 현실적으로 어려움을 당했을 때, 자기도 모르게 하게 될 일들을 말하면서 구체적으로 어떻게 해야 할 지를 말한다고 할 수 있습니다. 믿음으로 행한다는 것은 무엇을 말합니까?

첫째, 어려운 일이 닥치면 당황하고 어찌할 바를 모르기 쉽습니다. 당황하다가 스스로 더 큰 어려움 속으로 빠져들 수 있습니다. 그 때 어떻게 해야 합니까? "너희 중에 누구든지 지혜가 부족하거든 모든 사람에게 후히 주시고 꾸짖지 아니하시는 하나님께 구하라 그리하면 주시리라"(약 1:5) 그렇게 하면 어려운 일 앞에서 지혜를 얻을 수 있습니다.

둘째, 어려움을 당하면 하나님이 나를 시험하신다고 생각할 수 있지만, 내 욕심 때문에 어려움을 자초하기도 합니다. "오직 각 사람이 시험을 받는 것은 자기 욕심에 끌려 미혹됨이니"(약 1:14) 그러니 어떻게 해야 합니까? "내 사랑하는 형제들아 속지 말라 온갖 좋은 은사와 온전한 선물이 다 위로부터 빛들의 아버지께로부터 내려오나니 그는 변함도 없으시고 회전하는 그림자도 없으시니라"(약 1:16,17) 이 하나님을 믿으면 욕심을 내지 않게 되고, 욕심을 내지 않으면 어려움이 훨씬 줄어듭니다.

셋째, 현실적으로 어려우면 말이 많아지고, 화를 내기 쉽고, 화를 내면 새로운 문제를 만듭니다. 그래서 본문은 말합니다. "내 사랑하는 형제들아 너희가 알지니 사람마다 듣기는 속히 하고 말하기는 더디 하며 성내기도 더디 하라"(약 1:19) "누구든지 스스로 경건하다 생각하며 자기 혀를 재갈 물리지 아니하고 자기 마음을 속이면 이 사람의 경건은 헛것이라"(약 1:26) 어려울수록 말을 함부로 하지 않도록 해야 합니다. 어려울 때 사나운 말이 나오고 나도 모르게 말로 다른 사람을 해칩니다. 그래서 본문은 말합니다. "혀는 곧 불이요 불의의 세계라 혀는 우리 지체 중에서 온 몸을 더럽히고 삶의 수레바퀴를 불사르나니 그 사르는 것이 지옥 불에서 나느니라"(약 3:6) 온유함이 필요합니다. "너희 중에 지혜와 총명이 있는 자가 누구냐 그는 선행으로 말미암아 지혜의 온유함으로 그 행함을 보일지니라"(약 3:13)

넷째, 마음이 사나워져서 다른 사람을 돌아보지 않게 됩니다. 이기적이 됩니다. 그래서 야고보는 말합니다. "만일 형제나 자매가 헐벗고 일용할 양식이 없는데 너희 중에 누구든지 그에게 이르되 평안히 가라 덥게 하라 배부르게 하라 하며 그 몸에 쓸 것을 주지 아니하면 무슨 유익이 있으리요"(히 2:15,16)

다섯째, 신앙생활이 어려우면 세상으로 돌아갈까 생각합니다. 되는 대로 살아볼까 생각합니다. 본문은 무엇이라 말합니까? "간음한 여인들아 세상과 벗된 것이 하나님과 원수 됨을 알지 못하느냐 그런즉 누구든지 세상과 벗이 되고자 하는 자는 스스로 하나님과 원수 되는 것이니라"(약 4:4) "너희 재물은 썩었고 너희 옷은 좀 먹었으며 너희 금과 은은 녹이 슬었으니"(약 5:2,3) 세상과 그 재물은 결국 없어집니다. 그러므로 길이 참아야 합니다(약 5:8). 모든 좋은 것을 주시는 하나님께 모든 것을 구합니다.

야고보서를 쓴 사람은 예수님의 동생 야고보입니다. 예수님에게는 야고보 외에도 요셉, 시몬, 유다 등의 남동생들이 있었는데, 야고보는 예수님의 바로 아랫 동생이었습니다(막 6:3). 야고보는 처음에 예수님을 그리스도로 믿지 않았습니다(요 7:5). 오히려 미쳤다고 생각하며 예수님을 잡으러 오기도 했습니다. 그러나 야고보는 예수님의 부활을 믿게 되었습니다(고전 15:7). 오순절 때에는 사도들과 합심하여 일하게 되었습니다(행 1:14, 고전 9:5). 사도행전 15장을 보면, 그는 예루살렘 교회의 최고 지도자 위치에 있었습니다. 믿음에 더하여 할례를 행하라는 요구에 대해서 오직 믿음으로 구원받는다는 교리를 확정지었습니다. 바울이 3차 선교 여행을 마치고 구제헌금을 가지고 왔을 때에도, 야고보는 예루살렘 교회의 최고 지도자였습니다. 야고보가 예루살렘 교회 지도자로 있을 때, 스데반의 순교 이후 예루살렘 교회는 종교적 핍박을 받았습니다(행 7,8장). 헤롯 왕이 야고보를 죽였고, 베드로가 감옥에 갇히기도 했습니다(행 12장). 예루살렘의 기근으로 교회가 굶주리는 상황이었습니다. 이런 어려운 현실에서 야고보는 예루살렘 교회와 함께 기도하는 믿음을 드렸습니다. 그러자 핍박자 바울이 전도자 바울로 변화되었습니다(행 8장). 천사가 베드로를 감옥에서 구출하는 놀라운 역사가 일어났습니다(행 12장). 예상치 않게 사도 바울이 구제헌금을 가지고 와서, 기근에서 벗어나는 기적을 체험하였습니다. 야고보는 '낙타의 무릎을 가진 사나이'라고 불릴 정도로 기도의 사람으로 유명합니다. 이런 그가 현실적 어려움에 있는 성도들에게 참된 믿음은 행함으로 증거를 나타내야 한다고 격려하고 있습니다. 그래서 108절로 이루어진 야고보서에서 절반인 54절이 명령형으로 되어 있습니다. 실천으로 믿음을 나타낼 수 있기를 기도합니다.

제21권 베드로전서, 무엇을 말할까?

왜 예전처럼 살 수 없는가?

"그러나 너희는 택하신 족속이요 왕 같은 제사장들이요 거룩한 나라요 그의 소유가 된 백성이니 이는 너희를 어두운 데서 불러 내어 그의 기이한 빛에 들어가게 하신 이의 아름다운 덕을 선포하게 하려 하심이라"(벧전 2:9)

이 편지를 받는 이들은 박해를 피하여 사방으로 흩어져 있었습니다. 그들은 여러 가지 시험으로 인하여 잠깐 근심하지 않을 수 없었습니다. 그러나 그들은 믿지 않는 사람들, 자기들을 박해하는 사람들에 대해서 감정으로 맞서지 않고 악으로 갚지 않고 도리어 적극적으로 선을 행합니다. 피차 뜨겁게 사랑합니다. 겸손합니다. 그리스도인으로 받는 고난을 피하지 않고 받아들입니다. 선을 행하면서 참습니다. 그들이 예수 믿기 전에 행했던 것처럼 그렇게 감정대로 행하거나 폭력적으로 행동하거나 하지 않습니다. 왜 그래야 합니까? 그들의 현 존재는 어떤 존재입니까?

"너희가 알거니와 너희 조상이 물려 준 헛된 행실에서 대속함을 받은 것은 은이나 금같이 없어질 것으로 된 것이 아니요. 오직 흠 없고 점 없는 어린 양같은 그리스도의 보배로운 피로 된 것이니라"(벧전 1:18,19) 그들이 조상의 헛된 행실에서 벗어난 것이 얼마나 소중합니까? 더 나아가 은금과 비교될 수 없는 그리스도의 보배로운 피로 구속된 값진 존재가 되었습니다. 하나님은 그리스도와 우리를 맞바꿀 정도로 우리를 귀하게 여기십니다.

"너희가 거듭난 것은 썩어질 씨로 된 것이 아니요 썩지 아니할 씨로 된 것이니 살아 있고 항상 있는 하나님의 말씀으로 되었느니라"(벧전 1:23) 거듭난 것을 말하면서 왜 '씨'를 말했을까요? 거듭난 존재를 새로운 씨에서 나온 것으로 봅니다. 만일 어떤 존재가 썩어질 씨에서 나왔다면 그 존재 또한 결국 썩고 말 것입니다. 여기서 썩는다는 말은 변질된다는 것입니다. 어떤 존재가 처음에는 선하게 태어났는데, 시간이 지나면서 변질되어 악하게 될 수 있습니다. 질이 나빠지면서 역한 냄새를 풍길 수 있습니다. 그리고 그것이 자연스럽습니다. 만일 그리스도인이 거듭난 것이 썩을 씨로 된 것이라면, 거듭난 존재가 다시 썩는다는 것이 자연스럽지 이상하지 않습니다. 그런데 그리스도인의 거듭난 것이 썩지 아니할 씨로 된 것이라고 한다면, 거듭난 존재 역시 썩지 않는다고 할 수 있습니다. 곧 변질되지 않는다고 할 수 있습니다. 그만큼 귀한 존재입니다.

"그러므로 모든 육체는 풀과 같고 그 모든 영광은 풀의 꽃과 같으니 풀은 마르고 꽃은 떨어지되 오직 주의 말씀은 세세토록 있도다 하였으니 너희에게 전한 복음이 곧 이 말씀이니라"(벧전 1:24) 주의 말씀은 변하지 않습니다. 주의 말씀으로 거듭난 우리 존재 또한 변하지 않습니다. 변질될 수 없습니다. 과거로 돌아갈 수 없습니다.

사도 베드로는 자신을 왕같은 제사장이라고 규정하고 있습니다. "그러나 너희는 택하신 족속이요 왕 같은 제사장들이요 거룩한 나라요 그의 소유가 된 백성이니 이는 너희를 어두운 데서 불러 내어 그의 기이한 빛에 들어가게 하신 이의 아름다운 덕을 선포하게 하려 하심이라"(벧전 2:9) 어떤 어둠에서 빛으로 들어가게 되었는가? 인생의 기초가 없는 데서, 산돌 되신 예수님을 인생의 모퉁잇돌로 삼게 되었습니다. 자기를 기준삼던 인생에서 예수님을 기준삼는 인생으로 바뀌게 되었습니다. 산돌이신 예수님이 날아와 부서지는 인생에서, 우리가 산돌이 되어 생명을 살리는 신령한 집이 되었습니다. 고난속에서도 감사하고, 미움속에서도 사랑할 수 있는 신령한 제사를 하나님께 드리는 존재가 되었습니다. 사탄의 종된 어두운 인생이었는데, 하나님의 백성이 되었습니다. 긍휼을 얻지 못한 인생이 하나님의 긍휼은 얻은 자가 되었습니다. 세상에서 주목받지 못한 인생이 하나님의 선택을 받아 택하신 족속이 되었습니다. 죄로 더러워지고 어두운 인생에서 거룩한 나라로 변화되었습니다. 하나님을 대적하던 존재에서 하나님을 대리하는 왕같은 제사장이 되었습니다.

제22권 베드로후서, 무엇을 말할까?

왜 거룩하게 살아야 하는가?

"이로써 그 보배롭고 지극히 큰 약속을 우리에게 주사 이 약속으로 말미암아 너희가 정욕 때문에 세상에서 썩어질 것을 피하여 신성한 성품에 참여하는 자가 되게 하려 하셨느니라"(벧후 1:4)

사도 베드로가 볼 때 땅에서 나그네 된 그리스도인들은 거룩하게, 의롭게 살아야 했습니다. 하나님이 거룩하니 그들도 거룩하게 살아야 했습니다. 또한 그들은 과거의 죄악된 데서 구원받았으니 거룩하게 살아야 했습니다.

베드로는 그리스도인들이 왜 거룩하게 살아야 하는가, 세속적으로 살지 말아야 하는가 하는 근거를 말하고 있습니다. 베드로전서에서는 그리스도인들이 새 삶을 살게 된 것이 그리스도의 보배로운 피로 된 것이요, 영원히 없어지지 않을 하나님의 말씀으로 되었기 때문이라고 했습니다. 그리스도인의 현 존재가 너무나 소중하고 가치 있기 때문에 현재를 함부로 살 수 없는 것입니다. 베드로후서에서도 베드로는 그리스도인들이 어떻게 살아야 하는지에 대해서 계속 말하면서,

그 근거로 주의 강림하심을 말합니다.

첫째, 신의 성품에 참여하도록(1장)

그리스도인의 정체성은 세상에서 나와서 신의 성품에 참여하는 자가 되도록 부르심을 받았다는 것입니다. "이로써 그 보배롭고 지극히 큰 약속을 우리에게 주사 이 약속으로 말미암아 너희가 정욕 때문에 세상에서 썩어질 것을 피하여 신성한 성품에 참여하는 자가 되게 하려 하셨느니라"(벧후 1:4) 신의 성품은 구체적으로 무엇입니까? "그러므로 너희가 더욱 힘써 너희 믿음에 덕을 덕에 지식을 지식에 절제를 절제에 인내를 인내에 경건을 경건에 형제 우애를 형제 우애에 사랑을 더하라 이런 것이 너희에게 있어 흡족한즉 너희로 우리 주 예수 그리스도를 알기에 게으르지 않고 열매 없는 자가 되지 않게 하려니와 이런 것이 없는 자는 맹인이라 멀리 보지 못하고 그의 옛 죄가 깨끗하게 된 것을 잊었느니라"(벧후 1:5-9)

둘째, 거짓 선생들의 정체(2장)

그런데 사람들 중에 거짓 선지자들이 일어나 성도들을 미혹했습니다. 거짓 선지자들의 특징은 어떠했습니까? 첫째로 그들은 이단을 가르치고 예수님을 부인했습니다. "그러나 백성 가운데 또한 거짓 선지자들이 일어났었나니 이와 같이 너희 중에도 거짓 선생들이 있으리라 그들은 멸망하게 할 이단을 가만히 끌어들여 자기들을 사신 주를 부인하고 임박한 멸망을 스스로 취하는 자들이라"(벧후 2:1) 둘째로 육체를 따라 더러운 정욕 가운데서 행합니다. 그리고 성도들을 그런 행함 가운데로 끌어들였습니다. 육체의 정욕 가운데 재미가 있다고 했고, 그것이 인간의 자유라고 말합니다. 그러나 그들의 실상은 어떠했습니까? 그들은 돈을 좋아하고 물 없는 샘과도 같습니다. 샘의 모양은 있는데 물은 없습니다. 누가 우물인 줄 알고 갔는데, 막상 물이 없어서 그 사람은 더 목마릅니다. 그들은 겉으로 보면 뭔가 줄 것이 있는 것 같은데, 막상 가보면 아무 것도 없습니다. 그들은 광풍에 밀려가는 안개 같아서 세상의 바람에 휩쓸려 갑니다. 안개와 같은 존재로서 잡을 수 없고 진정한 실체가 없습니다. 만일 성도들이 그런 것에 미혹되어 세상의 더러움에 얽매이면 그 나중 형편이 처음보다 더 심하게 됩니다. 마치 개가 그 토하였던 것에 돌아가고 돼지가 씻었다가 더러운 구덩이에 도로 눕는 것과 같습니다.

셋째, 주의 날은 반드시 옵니다(3장)

말세에 기롱하는 자들이 와서 자기의 정욕을 좇아 행하며 조롱합니다. '주의 강림하신다는 약속이 어디 있는가? 조상들이 잔 후로부터 만물이 처음 창조될 때와 같이 그냥 있다' 그러나 주의 날은 반드시 온다고 합니다. "그러나 주의 날이 도둑같이 오리니 그 날에는 하늘이 큰 소리로 떠나가고 물질이 뜨거운 불에 풀어지고 땅과 그 중에 있는 모든 일이 드러나리로다"(벧후 3:10) 그러니 성도들은 어떻게 해야 합니까? "너희가 어떠한 사람이 되어야 마땅하냐 거룩한 행실과 경건함으로 하나님의 날이 임하기를 바라보고 간절히 사모하라"(벧후 3:11,12) "그러므로 사랑하는 자들아 너희가 이것을 바라보나니 주 앞에서 점도 없고 흠도 없이 평강 가운데서 나타나기를 힘쓰라"(벧후 3:14) "오직 우리 주 곧 구주 예수 그리스도의 은혜와 그를 아는 지식에서 자라 가라 영광이 이제와 영원한 날까지 그에게 있을지어다"(벧후 3:18) 그리스도의 다시 오심을 바라고 사는 사람과 그렇지 않은 사람 사이에는 이런 확연한 차이가 납니다. 우리는 그리스도의 오심을 믿고, 그리스도를 기다리고 있습니까?

그리스도의 다시 오심을 베드로는 굳게 믿고 있습니다. 베드로는 어떻게 그런 믿음을 가지게 되었을까요? 베드로는 3년간 예수님의 수제자로 예수님을 배우고 따랐습니다. 예수님이 누구신가? 하는 질문에 '그리스도'라고 고백한 분이 바로 베드로입니다. 하나님께서 구약에 예언하신 그 그리스도를 처음으로 믿고 고백한 분이 베드로입니다. 이후에 베드로는 예수님의 십자가 죽으심과 부활, 그리고 승천을 목격하였습니다. 그리스도 예수님께서 하신 말씀이 그대로 이루어지는 것을 경험하였습니다. 그렇기 때문에 그리스도께서 다시 오신다는 말도 믿었습니다. 그리고 다시 오심에 대한 준비로 신성한 성품을 준비했고, 다른 성도들에게도 그런 삶을 권면한 것입니다.

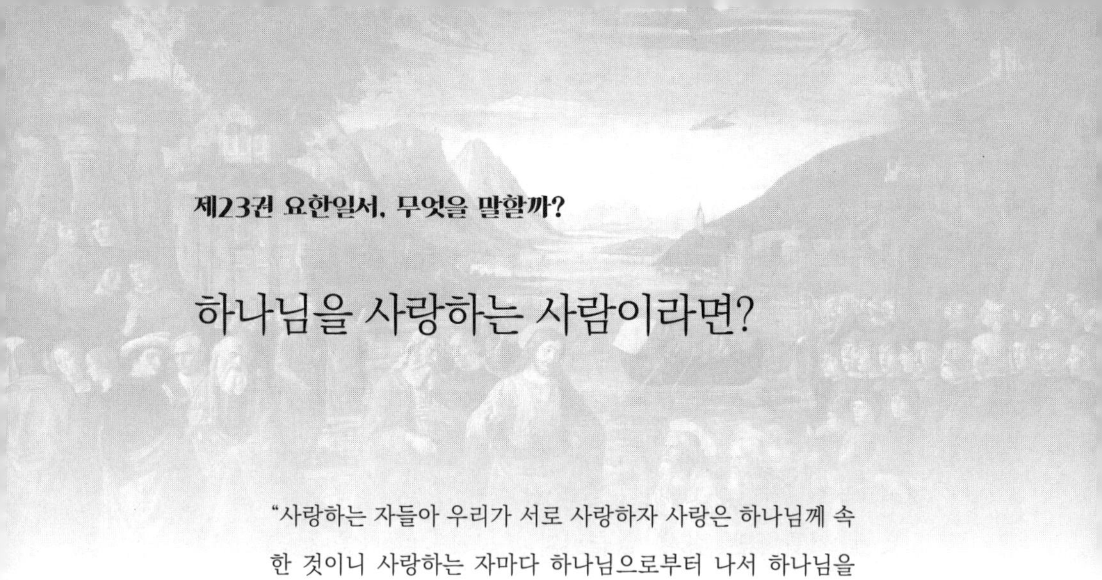

제23권 요한일서, 무엇을 말할까?

하나님을 사랑하는 사람이라면?

> "사랑하는 자들아 우리가 서로 사랑하자 사랑은 하나님께 속한 것이니 사랑하는 자마다 하나님으로부터 나서 하나님을 알고 사랑하지 아니하는 자는 하나님을 알지 못하나니 이는 하나님은 사랑이심이라"(요일 4:7,8)

사도 요한의 편지를 받는 사람들은 하나님을 믿는 사람들, 하나님을 사랑한다고 하는 사람들이었습니다. 또한 자기들은 빛 가운데 있다고 하는 사람들이었습니다(요일 2:9). 예수님을 믿는다고 하는 사람들이었습니다. 그런데 그들은 자기들이 하나님을 사랑한다고 빛 가운데 있다고 하면서 형제들을 미워하고, 자기는 죄가 없다고 하고 세상을 사랑하였습니다. 그런 사람들은 다 나름대로 이유가 있었습니다. 형제를 미워하는 사람은 형제가 미운 짓을 해서, 형제가 나에게 해를 끼치고 상처를 주어서, 혹은 형제가 너무 성도답지 않아서, 혹은 게을러서 미워할 수 있습니다. 자기는 죄가 없다고 하는 사람은 너무 오랜 동안 다른 사람의 죄 문제만 생각하다 보니 자기는 마치 아무 죄도, 문제도 없는 사람처럼 여겨질 수 있습니다. 세상을 사랑하는 사람은 예수님에 대해서 적대적인 세상에서 살아남으려 보니 자기도 모르게 세상을 사랑하게 되었습니다. 혹은 믿음만으로 살아서는 실리적인 세상을 제대로 살아갈 수 없다고 생각할 수 있습니다. 요한은 그런 사람들에게 빛에 거한다면, 하나님을 사랑한다면, 예수님을 믿는다면, 어떻게 하는 것이 마땅한지, 왜 그렇게 해야 하는지를 분명하게 말합니다.

첫째, 빛에 거한다고 한다면(1,2장)

빛에 거한다면 죄가 없습니다. "그가 빛 가운데 계신 것 같이 우리도 빛 가운데 행하면 우리가 서로 사귐이 있고 그 아들 예수의 피가 우리를 모든 죄에서 깨끗하게 하실 것이요 만일 우리가 죄가 없다고 말하면 스스로 속이고 또 진리가 우리 속에 있지 아니할 것이요 만일 우리가 우리 죄를 자백하면 그는 미쁘시고 의로우사 우리 죄를 사하시며 우리를 모든 불의에서 깨끗하게 하실 것이요"(요일 1:7-9) 빛에 거하지 않으면 죄와 미움 속에 거하게 됩니다. 반면에 빛 가운데 있으면 형제를 미워하지 않습니다. "빛 가운데 있다 하면서 그 형제를 미워하는 자는 지금까지 어둠에 있는 자요 그의 형제를 사랑하는 자는 빛 가운데 거하여 자기 속에 거리낌이 없으나"(요일 2:9,10)

둘째, 하나님을 사랑한다고 하면(2-4장).

"이 세상이나 세상에 있는 것들을 사랑하지 말라 누구든지 세상을 사랑하면 아버지의 사랑이 그 안에 있지 아니하니 이는 세상에 있는 모든 것이 육신의 정욕과 안목의 정욕과 이생의 자랑이니 다 아버지께로부터 온 것이 아니요 세상으로부터 온 것이라 이 세상도 그 정욕도 지나가되 오직 하나님의 뜻을 행하는 자는 영원히 거하느니라"(요일 2:15-17) "형제들아 세상이 너희를 미워하여도 이상히 여기지 말라 우리는 형제를 사랑함으로 사망에서 옮겨 생명으로 들어간 줄을 알거니와 사랑하지 아니하는 자는 사망에 머물러 있느니라"(요일 3:13,14) "사랑하는 자들아 우리가 서로 사랑하자 사랑은 하나님께 속한 것이니 사랑하는 자마다 하나님으로부터 나서 하나님을 알고"(요일 4:7) 그리고 서로 사랑하면 사망에서 생명으로 옮겨 생명으로 들어갑니다(요일 3:14). 사랑하는 사람은 하나님을 알고 사랑하지 아니하는 사람은 하나님을 알지 못합니다(요일 4:7,8).

셋째, 믿음이 있다고 한다면(5장).

"예수께서 그리스도이심을 믿는 자마다 하나님께로부터 난 자니 또한 낳으신 이를 사랑하는 자마다 그에게서 난 자를 사랑하느니라"(요일 5:1) "무릇 하나님께로부터 난 자마다 세상을 이기느니라 세상을 이기는 승리는 이것이니 우리의 믿음이니라"(요일 5:4) 나는 빛에 거하는 사람, 예수님을 믿는 사람, 하나님을 사랑하는 사람입니까? 그러면 본문에서 말하는 빛, 사랑, 믿음의 일들이 나 가운데서 힘있게 일어나기를 기도합니다.

사도 요한은 원래 빛, 사랑, 믿음을 말하는 사람이 아니었습니다. 그의 별명은 우레의 아들, 보아너게였습니다(막 3:17). 요즘 영화에 나오는 천둥의 신 토르였습니다. 예수님이 지어주셨으니, 그의 성격이 잘 드러났습니다. 사마리아 지역 사람들이 예수님과 자신을 거부하자 하늘로부터 불을 내려 저들을 불태워달라고 요청한 것을 보면, 그의 성격은 정말 불같음을 알 수 있습니다. 사랑과는 거리가 멀었습니다. 우레는 예측할 수 없듯이, 언제 화를 낼지 예상할 수 없었습니다. 또한 번 화를 내면 우레처럼 내기 때문에 함께 하기가 너무 부담스러운 사람이었습니다. 게다가 그는 경쟁심도 심했습니다. 베드로와의 경쟁에서 이기지 못하자, 어머니를 동원하여 이기고자 했습니다. 그런데 이런 요한이 변화되었습니다. 베드로의 좋은 동역자가 되어서, 늘 베드로와 함께 했습니다. 베드로가 기도하러 갈 때도 늘 함께 하는 그의 그림자가 되었습니다. 뿐만 아니라 우레의 아들답지 않게 그는 사랑의 사도가 되었습니다. 예수님께서 요한에게 어머니 마리아를 부탁했습니다. 그 후로 요한은 마리아를 잘 보살폈습니다. 요한이 우레의 아들로서 불같이 화를 내고 예측할 수 없는 사람이었다면, 마리아가 함께 할 수 없었을 것입니다. 많은 이들이 요한의 사랑 안에 깃들이며 사랑을 받고 살아났습니다. 어떻게 이런 변화가 일어났을까요? 요한복음을 보면 사도 요한은 자신을 '예수께서 사랑하는 그 제자'(요 13:23, 19:26, 21:7, 21:20)라는 표현을 자주 사용합니다. 예수님에게 사랑을 충만히 받았다는 것입니다. 예수님의 빛과 사랑과 믿음을 받았을 때 빛, 사랑, 믿음의 사람이 되었습니다.

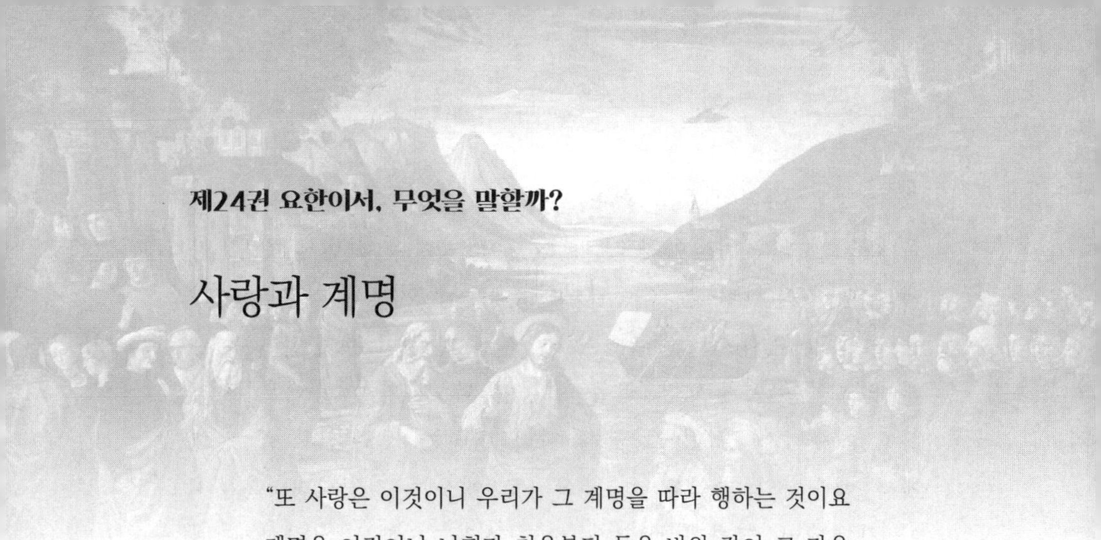

제24권 요한이서, 무엇을 말할까?

사랑과 계명

> "또 사랑은 이것이니 우리가 그 계명을 따라 행하는 것이요 계명은 이것이니 너희가 처음부터 들은 바와 같이 그 가운데서 행하라 하심이라"(요이 1:6)

요한이서는 사도 요한이 한 자매와 그 자녀들에게 쓴 편지입니다. 요한은 그 자매에게 이렇게 말합니다. "부녀여 내가 이제 네게 구하노니 서로 사랑하자 이는 새 계명 같이 네게 쓰는 것이 아니요 처음부터 우리가 가진 것이라"(요이 1:5) 이 말에서 '서로 사랑하자'고 말했는데, 그 뜻이 무엇입니까? 서로 사랑하라고 말한 것이 아니라, 서로 사랑하자고 말했습니다. 이 말대로 하면 사도 요한과 그 자매가 서로 사랑하자는 말이 됩니다. 그렇다면 요한과 그 자매가 서로 사랑하지 않은 것입니까? 물론 이 사랑은 소위 말하는 인간적인 사랑이 아니라, 그리스도 안에서의 사랑입니다. 사도 요한은 그 자매를 사랑하는데 아마도 그 자매가 요한을 별로 사랑하지 않은 것 같습니다. 그 이유가 무엇입니까?

"또 사랑은 이것이니 우리가 그 계명을 따라 행하는 것이요 계명은 이것이니 너희가 처음부터 들은 바와 같이 그 가운데서 행하라 하심이라"(요이 1:6) 이 말대로 하면 예수님 안에서 행하는 것이 곧 사랑입니다. 예수님 안에서 행한다는 것은 예수님 안에서 걷는다, 인생 전체 방향이 예수님께로 향해 있고, 무슨 중요한 일을 결정할 때 자기 마음대로 하지 않고 예수님의 말씀, 그 뜻을 따라 정하는 것입니다. 삶 전체에서 예수님의 말씀을 따라 살기로 애쓰는 것입니다. 본문의 이 자매님이 그렇게 살고자 하면 사도 요한을 사랑하게 됩니다. 왜냐하면 사도 요한 역시 평생을 예수님의 말씀을 따라 살았기 때문입니다. 함께 예수님을 바라볼 때 서로 간에도 사랑하고 섬기게 됩니다.

그런데 미혹하는 자가 와서 그 자매에게 그리스도께서 육체로 오신 것을 부인하는 말을 하는데, 그 자매가 그 말을 듣는다면 사도 요한을 사랑하지 않을 것입니다. 이렇게 본다면 그리스도 안에서 행하는 이들은 서로 사랑하게 됨을 알 수 있습니다. 그렇다면 그리스도의 사람들이 서로 사랑하기 위해서는 서로 사랑하려고 애쓰기 전에, 그리스도 안에서 행하기를 애쓰면 된다는 것을 알 수 있습니다.

그리스도 안에 행하는 것을 사도 요한은 그리스도의 교훈 안에 거하는 것이라고 했습니다. "지나쳐 그리스도의 교훈 안에 거하지 아니하는 자는 다 하나님을 모시지 못하되 교훈 안에 거하는 그 사람은 아버지와 아들을 모시느니라"(요이 1:9) 예수님의 계명을 따라 행하는 것이 사랑이라고 했습니다(요이 1:6) 예수님께서도 하나님의 뜻대로 행하는 사람을 형제요 자매요 어머니라고 하셨습니다(막 3:25). 영원한 가족으로 생각하고 사랑할 것을 말씀하셨습니다.

그리스도의 계명을 따르고 그리스도 안에서 행하기보다 사람을 보고 사람의 행동을 서로 판단한다면 서로 사랑할 수 없습니다. 잘못된 가르침에 귀를 기울이면 서로 사랑할 수 없습니다. 우리가 서로 사랑하려면 어떻게 해야 하겠습니까?

제목이 '사랑과 계명'인데, 사랑하면 당연히 계명도 사랑하게 되어 계명을 지키게 됩니다. 반대로 계명을 먼저 들으면 어떻게 사랑할 수 있을까요? 계명을 사랑으로 지키려면 어떻게 해야 할까요? 먼저 내가 예수님 안에 있는가? 내가 예수님 가운데서 행하고 있는가? 살펴보아야 합니다. 예수님은 사랑이십니다. 그러므로 예수님 안에 있다면 당연히 사랑이 표출됩니다. 서로 사랑하는 것이 마땅한 일이 됩니다. 다음으로 왜 계명을 주시는가? 의도를 파악하는 것이 중요합니다. 계명을 주신 의도를 파악하고자 할 때, 계명을 주신 하나님을 알게 됩니다. 그래서 계명을 사랑으로 지킬 수가 있게 됩니다. 최후의 만찬에서 예수님은 '서로 사랑하라'는 계명을 12제자들에게 주었습니다. 요한도 들었습니다. 그러나 그는 그 계명을 무시했습니다. 경쟁자인 베드로를 사랑할 수 없었습니다. 성격이 천둥의 신 토르와 같아서, 먼저 사랑할 것 같지 않았습니다. 그러나 요한은 자신이 예수님 안에 있는지, 예수님 가운데 행하고 있는지 먼저 살펴보았습니다. 예수님이 베드로에게 대하시는 모습을 영접할 수 있었습니다. 예수님께서 베드로를 통해 일하시는 역사를 볼 수 있었고, 감동하였습니다. 더 나아가 '서로 사랑하라' 는 계명을 주신 예수님을 생각했습니다. 예수님이 사랑 자체이심을 깊이 깨닫게 되었습니다. 예수님의 제자라면 당연히 사랑이 흘러 나와야 한다는 결론에 도달하였습니다. 그래서 베드로를 사랑하고자 방향을 잡았습니다. 예수님의 사랑이 자기에게 부어지는 것을 경험하였습니다. 그 사랑으로 '서로 사랑하라'는 계명을 기쁘게 지킬 수 있었습니다. 서로 사랑하면서 예수님이 사랑이심을 더 깊이 깨달았습니다.

제25권 요한삼서, 무엇을 말할까?

영접하는 사람, 배척하는 사람

> "이는 그들이 주의 이름을 위하여 나가서 이방인에게 아무 것도 받지 아니함이라 그러므로 우리가 이같은 자들을 영접하는 것이 마땅하니 이는 우리로 진리를 위하여 함께 일하는 자가 되게 하려 함이라"(요삼 1:7,8)

요한삼서는 사도 요한이 가이오에게 쓴 편지입니다. 이 편지에는 그리스도를 위해 일하는 사람을 잘 영접하는 사람이 있고, 영접하지 않고 도리어 배척하는 사람이 있습니다. 그 이유가 무엇입니까?

첫째, 영접하는 사람

"형제들이 와서 네게 있는 진리를 증언하되 네가 진리 안에서 행한다 하니 내가 심히 기뻐하노라 내가 내 자녀들이 진리 안에서 행한다 함을 듣는 것보다 더 기쁜 일이 없도다"(요삼 1:3,4) "그들이 교회 앞에서 너의 사랑을 증언하였느니라 네가 하나님께 합당하게 그들을 전송하면 좋으리로다 이는 그들이 주의 이름을 위하여 나가서 이방인에게 아무 것도 받지 아니함이라 그러므로 우리가 이같은 자들을 영접하는 것이 마땅하니 이는 우리로 진리를 위하여 함께 일하는 자가 되게 하려 함이라"(요삼 1:6-8) 가이오는 그리스도의 진리 안에서 행하는 사람이었습니다. 진리 안에서 행하기 때문에 이방인에게 그리스도의 진리를 전하는 이들을 귀하게 여기고 잘 영접하였습니다. 진리 안에서 행하는 사람은 진리 안에서 행하는 다른 사람을 소중하게 여기고 잘 대접합니다. 본문에서 이방인에게 그리스도의 진리를 전하는 사람들은 아무 대가도 받지 않습니다. 자기들의 것을 드리면서 그 일을 합니다. 그러므로 그런 사람을 더욱 잘 대접해야 합니다.

둘째, 배척하는 사람

"내가 두어 자를 교회에 썼으나 그들 중에 으뜸되기를 좋아하는 디오드레베가 우리를 맞아들이지 아니하니 그러므로 내가 가면 그 행한 일을 잊지 아니하리라 그가 악한 말로 우리를 비방하고도 오히려 부족하여 형제들을 맞아들이지도 아니하고 맞아들이고자 하는 자를 금하여 교회에서 내쫓는도다"(요삼 1:9,10) 디오드레베는 스스로 첫째가 되기를 좋아했습니다. 으뜸되기는 좋아했습니다. 그런 그가 왜 유명한 사도 요한을 맞아들이지 않았을까요? 사도 요한을 맞아들이면 첫째 자리를 내주어야 한다고 생각했습니까? 아마도 그는 자기보다 믿음이 좋은 사람, 자기보다 예수님을 더 많이 아는 사람, 자기보다 인품이 더 훌륭한 사람을 인정하지 못하는 것 같습니다. 자기가 최고가 되어야 하기 때문입니다. 그런 그는 마음이 선한 사람을 교회에서 내쫓기까지 했습니다. 그런 그의 주위에는 훌륭한 사람이 있을 수 없었습니다. 자기보다 못한 사람, 자기처럼 다른 사람을 잘 받아들이지 못하는 사람들이 있었습니다. 그러면 그는 점점 더 좁아졌습니다. 또한 진리로부터 점점 더 멀어져갔습니다.

서신의 저자 사도 요한은 예수님과 함께 사마리아 지역을 방문했는데, 거절을 당했습니다. 하늘로부터 불을 내려 멸해 버리자고 제안할 정도로 상처를 받았습니다. 그래서인지 사도 요한은 전도자를 잘 영접한 가이오를 칭찬합니다. 그런데 사랑이 많다고 칭찬한 것이 아니라 진리 안에서 행했다고 칭찬합니다. 배척한 디오드레베에게는 사랑이 없다고 책망하는 것이 아니라 으뜸되기를 좋아한다고 진단합니다. 영접하고 배척한 것이 사랑의 문제가 아니라 진리의 문제라고 진단했습니다.

가이오는 진리를 사모하므로, 하나님의 말씀을 듣고자 했습니다. 하나님을 더 많이 알고자 했습니다. 그래서 하나님의 말씀을 맡은 사람을 소중히 여겼습니다. 결국 하나님을 소중히 여긴 것입니다. 반면에 디오드레베는 다 안다고 생각하니, 더 이상 들을 것이 없다고 생각했습니다. 자기가 최고라고 생각했습니다. 결국 그는 자기 사랑이 충만한 사람인 것이 드러났습니다. 사도 요한도 그런 경험이 있었습니다. 예수님의 제자로서 베드로와 일인자의 자리를 놓고 경쟁했습니다. 어머니를 통해 청탁까지 하는 편법을 동원했습니다. 그랬던 요한이 후에는 베드로의 좋은 동역자가 되었습니다. 그림자처럼 베드로를 따라 다니면서 환경을 준비했습니다. 경쟁자에서 동역자가 되기 쉽지 않은데, 어떻게 이렇게 변했을까요? 하나님께서 베드로를 통해 일하시는 것을 보았기 때문입니다. 베드로를 통해 말씀하시는 하나님을 영접하자, 베드로를 하나님의 사람, 진리를 가진 사람으로 여기고 동역하였습니다. 자기가 드러나지 않았지만, 자기가 일인자가 되지 않았지만, 진리를 위하여 함께 일하는 자인 것을 기뻐하였습니다.

나는 어떤 사람입니까? 진리에 속한 사람입니까? 아니면 첫째가 되기를 원하는 사람입니까?

제26권 유다서, 무엇을 말할까?

자기를 건축하며 자기를 세우는 자인가? 허무는 자인가?

"사랑하는 자들아 너희는 너희의 지극히 거룩한 믿음 위에 자신을 세우며 성령으로 기도하며 하나님의 사랑 안에서 자신을 지키며 영생에 이르도록 우리 주 예수 그리스도의 긍휼을 기다리라"(유 1:20,21)

첫째, 믿음의 도를 위하여 힘써 싸우라(유 1:1-4)

믿음을 지키기 위해서 싸워야 합니다. 그 이유가 무엇입니까? "이는 가만히 들어온 사람 몇이 있음이라"(유 1:4a) 그들의 특징은 어떠합니까? "경건치 아니하여 우리 하나님의 은혜를 도리어 색욕거리로 바꾸고 홀로 하나이신 주재 곧 우리 주 예수 그리스도를 부인하는 자니라"(유 1:4b) 그러면서 예수 그리스도를 부인했습니다. 예수님이 그리스도요, 유일한 주재이심을 인정하지 않았습니다. 그런데 하나님의 은혜를 말하려면 예수 그리스도를 말해야 하지 않습니까? 그런데 그들이 어떻게 예수 그리스도를 부인하였습니까?

둘째, 그들은 영광을 훼방했습니다(유 1:5-16)

그들이 살아가는 모습은 어떠합니까? 육체를 더럽히며 권위를 업신여기며 영광을 훼방합니다(유 1:8). 그들은 자기들이 알지 못하는 것에 대해서는 함부로 말했습니다. 그들은 자기들이 모르는 것에 대해서는 함부로 말하고 욕하고 심하게 말했습니다. 그런 그들은 육감적으로만 알고자 합니다. 깊이 생각하는 것이 아니라, 찰나적 육감으로 알았습니다.

셋째, 자기를 건축하라(유 1:17-25)

"사랑하는 자들아 너희는 너희의 지극히 거룩한 믿음 위에 자신을 세우며 성령으로 기도하며 하나님의 사랑 안에서 자신을 지키며 영생에 이르도록 우리 주 예수 그리스도의 긍휼을 기다리라"(유 1:20,21) '자기를 세운다'는 것은 자기를 건축하는 것입니다. 자기를 건축하는 것은 자기를 위해 하나하나 쌓아가는 것입니다. 형태를 만들어가는 것입니다. 자기에 대해서 그림(설계도)이 있어야 합니다. 내가 어떤 사람이 되겠다, 어떤 사람이 되었으면 좋겠다 하는 것이 있어야 합니다. 그리고 그 그림을 위해서 하나 하나 벽돌을 쌓아야 합니다. 한 가지씩 거룩한 성품을 쌓아가야 합니다.

이상을 보면 두 종류의 삶이 있음을 알 수 있습니다. 하나는 믿음을 위해 힘써 싸우고 자기를 지키며 건축해 가는 삶입니다. 다른 하나는 방탕하게 살아가는 삶입니다. 전자는 구체적인 자기 인생에 대해서 구체적인 설계도를 가지고 그 설계도를 따라 하나하나 쌓아가는 삶입니다. 후자는 구체적인 설계도 없이 그냥 되는 대로 살아가는 그런 삶입니다.

두 삶의 결국은 어떻게 됩니까? 한 사람은 왜 자기를 건축합니까? 다른 한 사람은 왜 방탕합니까? 전자는 하나님을 두려워합니다. 예수 그리스도를 믿습니다. 예수 그리스도 위에 자기를 세우고자 합니다. 반면에 후자는 예수 그리스도를 부인합니다(유 1:4). 하나님을 두려워하지 않습니다. 세상 살아가는 데 있어서 겁나는 것이 없습니다. 하나님을 조롱하고 경건을 조롱합니다. 두 사람은 결국 어떻게 되겠습니까?

나는 내 인생을 건축하는 사람입니까? 아니면 스스로 허무는 자입니까?

'지극히 거룩한 믿음 위에 자신을 세우라'고 권면하는 유다는 어떤 사람입니까? 그는 어떻게 자신을 지극히 거룩한 믿음 위에 자신을 세웠을까요? 여기서 지극히 거룩한 믿음이란 예수님을 그리스도로 믿는 믿음입니다. 유다는 예수님의 동생입니다(막 6:3). 그가 예수님을 하나님의 아들, 그리스도로 영접하고 예배할 수 있을까요? 예수님이 제자들과 고향을 방문했을 때, 동네 사람들이 예수님을 배척했습니다. 예수님의 지혜와 권능을 인정했지만, 예수님을 그리스도로 영접할 수는 없었습니다. 동네 사람들은 말합니다. "이 사람이 마리아의 아들 목수가 아니냐 야고보와 요셉과 유다와 시몬의 형제가 아니냐 그 누이들이 우리와 함께 여기 있지 아니하냐 하고 예수를 배척한지라"(막 6:3) 하물며 유다는 30년간 형과 함께 산 동생입니다. 유다는 예수님이 하나님의 아들, 그리스도라고 생각할 수가 없었습니다. 오히려 '예수님이 미쳤고 귀신들렸다'는 종교지도자들의 말을 더 신뢰했습니다. 큰 형으로서 집안은 돌보지 않고, 돌아다니는 것이 마음에 들지 않았습니다. 그래서 예수를 잡아 오려고 예수님을 찾아간 적도 있었습니다(막 3:21). 예수님을 그리스도로 믿지 못했습니다(요 7:5). 그러나 예수님이 부활 승천하신 후에는 예수님을 그리스도로 영접하고, 초대 교회의 지도자 중 하나가 되었습니다(행 1:14). 유다는 4절에서 '홀로 하나이신 주재 곧 우리 주 예수 그리스도'라고 고백하였습니다. 그리고 자신을 '예수님의 동생'이라고 소개하지 않고 '예수 그리스도의 종'(유 1:1)이라고 소개하였습니다. 유다가 예수님을 주 그리스도라고 믿게 된 것은 하나님의 일방적인 은혜입니다. 유다는 이제 예수 그리스도의 소유로서, 예수님께 속한 자요, 예수 그리스도를 위해 살아가는 예수 그리스도의 종이 되었습니다. 이 지극히 거룩한 믿음 위에 자신을 세웠습니다. 예수 그리스도를 인생의 기초로 두고, 예수 그리스도의 말씀을 그대로 순종하는 삶을 살게 되었습니다. 형이라는 인간적인 생각으로 자기를 허물지 않고, 예수님 위에 자기 인생을 세우는 지혜로운 삶을 살았습니다. 그리고 일반 성도들에게도 예수 그리스도를 믿는 믿음 위에 자신을 세우도록 격려하고 있습니다.

제10편
신약의 예언서, 무엇을 말할까?

이기리라

"그들이 어린 양과 더불어 싸우려니와 어린 양은 만주의 주시요 만왕의 왕이시므로 그들을 이기실 터이요 또 그와 함께 있는 자들 곧 부르심을 받고 택하심을 받은 진실한 자들도 이기리로다"(계 17:14)

계시록은 예수 그리스도의 이김을 기록한 책이라고 할 수 있습니다. 요한이 본 예수 그리스도는 어떠합니까? "이제도 계시고 전에도 계시고 장차 오실 이"(계 1:4) "충성된 증인으로 죽은 자들 가운데서 먼저 나시고 땅의 임금들의 머리가 되신 예수 그리스도"(계 1:5) "볼지어다. 구름을 타고 오시리라"(계 1:7) '구름'을 무엇으로 볼까요? "나는 알파요 오메가라 이제도 있고 전에도 있었고 장차 올 자요 전능한 자라"(계 1:8) "나는 처음이요 나중이니 곧 산 자라 내가 전에 죽었었노라 볼지어다 이제 세세토록 살아 있어 사망과 음부의 열쇠를 가졌노니"(계 1:17,18). 이 예수님은 이기시는 분입니다.

첫째, 아시아의 일곱 교회, 이기는 자는 복이 있다(1-3

장)

소아시아 일곱 교회를 말하면서 공통적으로 말합니다. "귀 있는 자는 성령이 교회들에게 하시는 말씀을 들을지어다 이기는 그에게는…"(계 2:7, 2:11, 2:17, 2:26, 3:5, 3:12, 3:21) 그리스도의 교회는 이겨야 합니다. 무엇을 이겨야 합니까? 영적, 사상적 혼합, 곧 예수님도 믿고 다른 것도 믿는 것, 예수님도 사랑하고 다른 것도 사랑하는 것을 이겨야 합니다. 예수님과 함께 세속에 속한 재물, 권력, 성적 쾌락을 사랑하는 것을 이겨야 합니다. 그리하여 그리스도에 대한 처음 사랑, 처음 마음을 지켜야 합니다. 그러나 세속 세력, 돈과 권력, 성적 쾌락의 세력은 강합니다. 어떻게 이길 수 있습니까?

둘째, 짐승과 하나님의 싸움 (세속 사회의 세력과 하나님의 싸움)(4-20장)

① 4-6장은 세상을 해롭게 할 자가 나타납니다.
② 7장은 환난 중에서 믿음을 지킨 자들, 어린 양의 피로 희게 된 사람들이 있습니다. 하나님이 그들을 지키십니다.
③ 8장은 '화, 화, 화'(첫째 천사-넷째 천사)입니다.
④ 9장은 아직도 남은 화, 사람 삼분의 일이 죽임 당합니다.
⑤ 10-11장에서는 일곱째 천사가 나타납니다.
⑥ 12장은 여자와 용이 나옵니다.
⑦ 13장은 바다에서 나온 짐승이 나옵니다.
⑧ 14장은 복이 있는 자가 나옵니다.
⑨ 15-16장은 진노의 일곱 대접이 나옵니다.
⑩ 17장은 큰 음녀가 심판을 받습니다.
⑪ 18장에서는 바벨론의 패망, 부와 사치의 멸망이 나옵니다.

⑫ 19장에서 주 하나님이 통치하시고 심판하십니다.

⑬ 20장에서는 용이 잡히고 그리스도인들이 다스립니다.

땅에 짐승이 내려옵니다. 짐승은 마귀요 사탄입니다. 그 짐승은 세속 권력으로 비유됩니다. 짐승이 땅을 지배하고자 합니다. 짐승은 유혹자로서 사람들로 하여금 우상을 숭배하도록, 영적 음란을 행하도록 유혹합니다. 그런데 그 세력이 무너집니다. “무너졌도다 무너졌도다 큰 성 바벨론이여 귀신의 처소와 각종 더러운 것이 모이는 곳과 각종 더럽고 가증한 새들이 모이는 곳이 되었도다”(계 18:2) 권세자들이 어린 양과 더불어 싸웁니다. 그러나 어린 양이 이깁니다(계 17:14).

셋째, 새 하늘, 새 땅이 임합니다(21-22장)

세속 권력, 짐승, 음란, 쾌락, 물질이 지배하던 옛 하늘, 옛 땅은 없어지고 하나님과 어린 양이, 빛이신 새 하늘과 새 땅이 나타납니다. 죽음이 지배하던 옛 땅은 없어지고 생명이 지배하는 새 땅이 나타납니다. 결국 하나님의 어린 양, 예수 그리스도께서 이기십니다. 그리스도 안에 있는 사람들도 이깁니다. 우리 모두 그리스도 안에서 이기는 사람들이 됩니다.

예수님이 세상에 져서 십자가에 죽은 것처럼 생각할 수 있습니다. 그러나 예수님은 부활 승천하시고 재림하시므로 세상과 사탄을 이기셨습니다. 예수 그리스도께서 보이는 세계인 세상 권력을 이기셨고, 보이지 않는 세계, 영적 세계의 지배자인 사탄을 이기셨습니다. 현재 사도 요한은 로마 정부에 의해 밧모섬에 유배당했습니다. 세상 권력이 이긴 것 같습니다. 그러나 사도 요한은 예수님의 부활, 승천을 보았고 장차 재림하여 세상을 심판하사 이기실 것을 믿었습니다. 비록 현재 몸은 감옥에 있지만, 마음은 이긴 자처럼 당당하였습니다. 세상 권력, 돈, 성적 쾌락의 유혹을 당당히 이기며 예수님을 따르고 있습니다. 더 나아가 보이지 않는 세계, 영적 세계의 지배자인 사탄도 예수님의 심판으로 철저히 무너질 것을 믿었습니다. 하나님께서 환상으로 그 모든 것을 보여 주셨기 때문입니다. 사탄이 죽음으로 위협하고, 미움으로 유혹합니다. 하지만 사도 요한은 사랑으로 세상을 이깁니다. 사도 요한은 죽음의 위협에도 부활의 산 소망과 새 하늘 새 땅의 비전 가운데 이기는 자가 되었습니다. 그리고 성도들에게도 '이기리라'는 믿음과 소망을 심고 있습니다.

부록

현대 해석학을 성경해석에 활용하기

제1권

현대 해석학을 활용할 필요성

현대 해석학은 성경해석에서 출발했습니다. 현대 해석학의 창시자 슐라이어마허는 '해석학과 비평'이라는 책에서 성경을 정확히 이해하기 위한 '문법적 해석' '심리적 해석' '기술적 해석'이라는 방법을 제시했습니다. 그래서 그는 해석학을 '이해의 기술'로 정의하였습니다.[1] 이후로 해석학은 계속 발전하여 오늘날 철학을 대처하는 위치에까지 이르렀습니다. 현대 해석학은 책을 읽고 해석하는 방법으로 우리 일상 생활속 깊숙이 들어와 있습니다. 어느덧 우리는 해석학의 많은 해석방법들에 익숙해졌습니다. 그러므로 우리에게 익숙한 이러한 해석방법으로 성경을 읽을 때, 성경 말씀을 더 잘 들을 수 있습니다. 더 나아가 현대 해석학의 도움을 받아 성경을 더 풍성하게 이해할 수 있습니다. 현대 해석학의 여러 해석 기술을 가지므로, 말씀을 좀 더 깊이 볼 수 있게 됩니다. 현재 말씀하시는 하나님께서도 이런 해석학적 도구를 통해 우리에게 말씀하실 것입니다.

---

1) 슐라이어마허, 최신한 옮김, 『해석학과 비평』(서울 : 철학과 현실사, 2000), p. 17.

성경해석의 권한은 종교개혁 이전까지는 사제만이 가지고 있었습니다. 사제들의 대표적 해석방법은 알레고리(allegory) 해석입니다.[2] 예를 들어 성경에 '나무' 하면 모두 '십자가'로 해석합니다. 그런데 종교개혁 이후 성경이 각국 언어로 번역되면서 일반 사람들도 성경을 읽고 해석할 수 있게 되었습니다. 그리고 과학이 시대를 주도하게 되자, 이번에는 그 연구방법인 '귀납적 연구방법'을 사용하여 성경을 보았습니다.[3] 사라 베리 선교사님은 '귀납적 성경연구방법'을 UBF에 도입하였습니다.[4] 그래서 UBF는 주제식 설교, 3대지 설교를 하던 시대에 강해설교를 하였습니다. 이런 성경해석방법에 더하여, 쓰여진 문학형식을 존중하는 문예적 방법이 도입되었습니다. 헬라, 히브리어 등 원어를 보는 문법적 해석이 도입되었습니다. 야구에서 파울선이 그어지듯이, 신학에 기초한 신학적 해석도 하고 있습니다. 어느덧 문법적 해석, 문예적 해석, 신학적 해석이 성경해석의 기본 틀로 제시되고 있습니다.[5] 더 나아가 성경의 뜻을 더 풍성하게 드러내기 위해 현대 해석학의 방법들이 도입되었습니다. 총신대 출판사에서 가다머의 해석학을 성경해석에 활용하는 '두지평'이라는 책을 1990년에 번역 출간하였습니다.[6] IVP에서 '포스트모던 시대의 성경 해석

---

2) 윌리엄 클라인, 크레그 블롬버그, 로버트 하버드, 류호영 역자, 『성경 해석학 총론』(서울 : 생명의 말씀사, 2001), p. 88, 99.

3) 하퍼 교수와 화이트 교수가 처음 시작했습니다(데이비드 R. 바우러, 로버트 A. 트레이나, 윤철호 옮김, 『귀납법적 성경연구』(서울 : CLC, 2014), p. 36.)

4) 마크 부셰코비치, 이본느 팀린, 김현경 역, 『내 은혜가 네게 족하도다(배사라선교사 전기)』(서울 : UBF출판부, 2006), p. 30.

5) 성경해석을 신학에서는 석의(釋義), 주석(註釋), 주해(註解)라고 부릅니다(신현우, 『신약주석학방법론』(서울 : 킹덤북스, 2017), p. 16.). 주로 석의(exegesis)로 사용하는데, 이끌어내다는 희랍어 엑세게이스타이(exegeisthai)에서 유래한 것입니다(마이클 J. 고먼, 강연준 옮김, 『성서석의입문』(서울 : 크리스찬다이제스트, 2005), p. 18.)

6) Anthony C. 씨슬튼, 권성수 역, 『두지평』(서울 : 총신대학교출판부, 1990)

학, 이 텍스트에 의미가 있는가?'라는 책을 2003년에 출판했습니다.[7] 데리다의 해체주의를 성경해석에 가져왔습니다. 이렇게 요즘 성경해석에서 쓰이는 여러 해석 방법들은 현대 해석학에서 나왔습니다. 왜 현대 해석학을 성경해석에 가져올까요? 말씀을 듣는 사람들이 어느덧 자기들에게 익숙해진 그런 해석학적 사고와 방법으로 생각하고 판단하기 때문입니다. 이것은 그들에게 좀 더 복음을 잘 전하기 위한 것입니다. 여기에 현대 해석학을 성경해석에 활용할 필요가 생깁니다.

요즘 성경해석에서 강조되는 부분이 무엇입니까? 단어를 정확히 보는 원어공부입니다. 문장과 문단, 문맥을 정확히 읽으라고 합니다. 원 저자와 원 독자를 파악하고, 그의 생각을 읽으라고 합니다. 독자의 공동체를 생각하라고 합니다. 성경의 인물을 있는 모습 그대로 보라고 합니다. 성경에 나온 인물을 설명하거나 판단하지 말고, 이해하고 공감하라고 합니다. 성경과 해석자의 지평 융합을 이야기합니다. 성경에 나타난 모순과 아이러니를 찾아서 풀어가라고 합니다. 성경의 인물을 대표 인간으로 보고 창조적이고 생동감 있게 살려내도록 요청하고 있습니다. 이런 방법들은 현대 해석학에서 나온 방법들입니다. 원어공부와 저자의 의도를 강조한 사람이 슐라이어마허입니다. 설명이 아닌 이해를 강조한 사람이 딜타이입니다. 있는 모습 그대로 보자는 사람은 하이데거이고, 두지평을 말한 사람은 가다머입니다. 공동체적 해석은 하버마스와 아펠, 아이러니(모순)를 말한 사람은 로티입니다. 창조성과 생동감을 살려내는 상징해석학을 리쾨르가 도입하였습

7) 케빈 밴후저, 김재영 옮김, 『이 텍스트에 의미가 있는가?』(서울 : IVP, 2003)

니다. '박물관이 살아있다'의 영화처럼 성경의 활자들이 살아서 생동감 있게 우리에게 다가오기를 기대합니다. 이를 위해 현대 해석학의 해석방법들을 알고, 성경해석에 활용할 수 있기를 기도합니다.

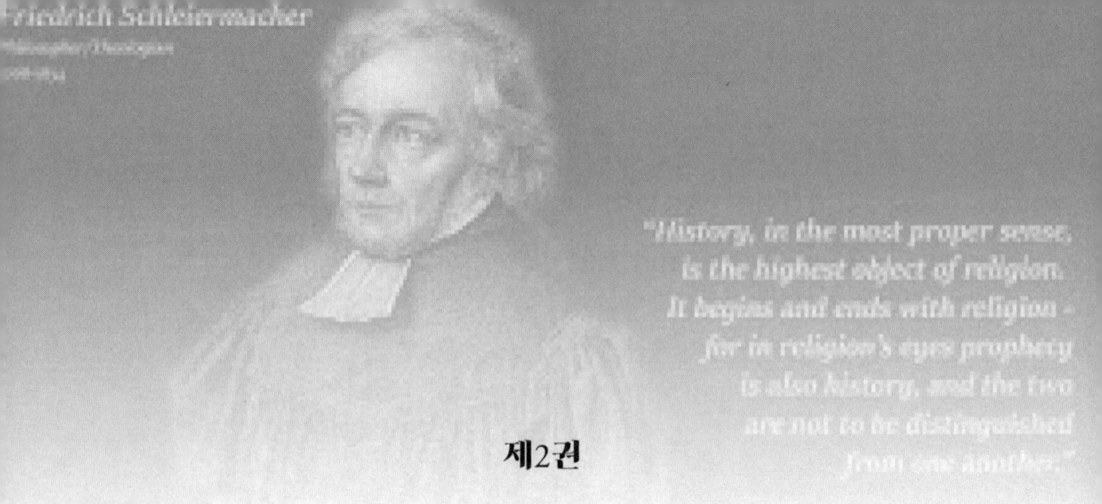

제2권

슐라이어마허의 문법적 해석을 성경해석에 활용하기 : 단어, 문장 하나하나를 정확히 봅니다.

1) 문제의식

신자들의 60%가 예배시간 외에는 성경을 전혀 읽지 않는다는 통계가 있었습니다. 신자들은 성경을 인류 최고의 베스트셀러라고 자랑합니다. 그러면서도 본인들은 읽지 않습니다. 성경 말씀에 대해서 '뻔하다. 따분하다. 대충 안다. 지키기 어렵다. 말씀대로 어떻게 사나?' 등 나름대로의 편견과 선입견을 가지고 읽지 않습니다. 그러면서도 성경을 하나님의 연애편지라고 합니다. 그렇다면 하나님의 마음을 알기 위해서 한 단어, 한 단어를 꼼꼼하게 읽게 됩니다. 하나님의 숨은 뜻을 찾아내기 위해 애씁니다. 그런데 현실은 성경을 대충 볼 때가 많습니다. 기존에 아는 것을 반복할 경우가 많습니다. 귀납적 성경연구방법의 첫 번째 순서인 '관찰'이 잘 되지 않습니다. 너무 익숙해져서 낯설게 보고, 새롭게 보고, 정확하게 관찰하기가 쉽지 않습니다. 자기 생각이나 교리를 성경보다 더 중요하게 생각할 경우에 성경의 단어와 문장에 집중하기가 쉽지 않습니다. 슐라이어마허가 이런 문제의식 가운데 문법적 해석을 주장했습니다. 성경의 단어와 문장을 대충, 대강, 느슨하게, 두리뭉실하게, 엉성하게 해석하는 것이 아니라 엄격하고 정확하게 해석할 것을 주장했습니다.

2) 슐라이어마허의 문법적 해석

프리드리히 슐라이어마허(Friedrich D. E. Schleiermacher, 1768-1834)는 현대 해석학의 창시자로 불립니다.[8] 왜냐하면 슐라이어마허가 보편적 해석학을 시작했기 때문입니다. 그가 제시한 해석의 방법인 '문법적 해석' '심리적 해석' '기술적 해석'은 모든 해석의 기본이 되었습니다. 특정한 곳에만 적용되던 특수 해석에서 모든 곳에도 적용되는 해석의 기술(Art)을 제시한 것입니다. 소쉬르가 파롤과 랑거로 일반언어학을 제시한 것과 같은 혁명적인 일을 했습니다. 슐라이어마허가 해석학을 만든 이유는 성경해석 때문입니다. 그의 책 '해석학과 비평'의 부제는 '신약성서와의 특별한 관계를 중심으로'입니다. 여기에는 '성경을 어떻게 해석할 것인가?' 하는 문제의식이 깊이 깔려 있습니다. 당시 성경해석 방법은 알레고리(비유적, 영해) 해석과 교리적 해석이 주를 이루었습니다. 성경에 '나무는 십자가'로, '포도주는 피'로 해석하는 것이 알레고리 해석입니다. 일반 사람들이 납득하기 힘든 해석입니다. 또한

---

8) David E. Klemm, Hermenutical Inquiry, vol. 1. The Interpretation of Texts(Atlanta : Scholars Press, 1986), p. 55. and Kurt Mueller-Vollmer, ed., The Hermeneutics Reader(Oxford : Blackwell, 1985), p. 72.(앤서니 티슬턴, 김동규 옮김, 『앤서니 티슬턴의 성경해석학 개론』(서울 : 새물결플러스, 2015), p. 236에서 재인용)

교회가 정한 교리로 성경을 해석했습니다. 그래서 교리를 아는 사제만이 성경을 해석할 수 있었습니다. 교리가 성경보다 더 중요했습니다. 이에 대해 슐라이어마허는 교리보다 성경을 더 중요시했습니다. 교리를 설명하는데 성경 본문을 꿰어 맞추는 것을 거부했습니다. 오히려 성경의 단어, 문장, 저자의 의도를 파악하는 방법을 제시했습니다. 그것이 문법적 해석, 심리적 해석, 기술적 해석입니다.

문법적 해석에는 두 가지 기준이 있습니다. 첫째, 느슨한 해석이 아니라 엄격하고 정확한 해석입니다.[9] 예수님은 자신을 '인자'라고 불렀습니다. 우리는 이것을 '스스로를 낮추는 겸손한 표현' 정도로만 생각합니다. 하지만 당시 예수님과 제자들, 그 시대 사람들은 인자를 어떻게 인식했을까요? 성경은 '인자'를 어떻게 사용하고 있습니까? 다니엘서에서 '인자'라는 표현이 나옵니다. 그곳에서 인자는 짐승과 대조됩니다. 짐승 이야기 속에 인자가 나옵니다. 여기서 짐승은 세상의 통치자입니다. 세상의 왕들을 짐승으로 표현한 이유는 그들이 짐승같은 마음을 가졌기 때문입니다. 사자는 배고프면 잡아먹고, 평상시에는 다른 동물에 대해 무관심합니다. 당시 왕들이 그러했습니다. 반면에 인자는 짐승과 대조되는 면으로 남을 배려하고, 남을 섬깁니다. 예수님께서도 이렇게 선포하셨습니다. "인자가 온 것은 섬김을 받으려 함이 아니라 도리어 섬기려 하고 자기 목숨을 많은 사람의 대속물로 주려 함이니라"(막 10:45)

---

9) 슐라이어마허, 최신한 옮김, 앞의 책, p. 47.

둘째, 특정 문장은 둘러싸인 문장 속에서 뜻이 엄격하게 규정되어야 합니다.[10] 앞뒤 문맥과 흐름이 같아야 합니다. 문장에 쓰이는 단어 역시 문맥의 흐름에 따라서 그 뜻이 규정되어야 합니다. 마태복음 5장 13,14절에서 '너희는 세상의 소금이요 빛이다' 했습니다. 먼저 '너희는 세상의 소금이 되어라'로 읽으면 안되겠죠? 그런데 우리는 습관적으로 '너희는 세상의 소금이 되어라'로 읽고, 그렇게 하려고 합니다. 그렇게 살려는 의도는 좋지만, 먼저 성경 본문의 '이다'라는 술어를 존중해야 합니다. 더 나아가 여기서 '너희'는 누구를 가리킵니까? 말씀을 듣는 제자와 사람들이라고 일반적으로 생각할 수 있습니다. 그러면 우리에게 적용되기가 쉽지 않습니다. 하지만 문맥에서 보면 '너희'란 앞의 팔복을 행하는 사람을 말합니다. '거친 세상에서 온유한 너희는 세상의 소금이다. 사나운 세계에서 긍휼이 여기는 너희는 세상의 빛이다.' 마태복음 7장 13,14절에서 '좁은 문과 넓은 문'이 나옵니다. 여기서 좁은 문은 무엇입니까? 예수님을 따르는 십자가의 길, 사명의 길이라고 일반적으로 생각합니다. 하지만 문맥의 흐름 속에서 보면 팔복의 삶이 좁은 문입니다. 싸우고 다투는 시대, 화평하게 하는 것이 좁은 문으로 들어가는 것입니다. 원수를 미워할 수밖에 없는 세상이지만, 원수를 사랑하는 것이 좁은 문으로 들어가는 것입니다.

3) 성경해석에 활용하기

단어와 문장을 어떻게 하나하나 꼼꼼하게 살펴볼 수 있을

10) 앞의 책, p. 71.

까요? 익숙하지 않은 단어로 읽으면 단어 하나하나를 살펴볼 수밖에 없습니다. 한글보다 영어로 보면 좀 더 주위를 기울이게 됩니다. 성경의 본래 언어인 헬라어와 히브리어로 정말 단어 하나하나를 꼼꼼하게 살펴보게 됩니다. 히브리서 5장 14절에서의 '장성한 자'와 6장 2절의 '완전한 데'의 헬라어가 같은 단어인 '텔레이오스'입니다. 헬라어로 보지 않으면 그 연관성을 찾을 수 없습니다. 헬라어로 보면 '장성한 자가 되는 것과 완전한 데에 나아가는 것'이 같음을 알 수 있습니다. 그러면 이제 어떤 연관성을 가지는지를 해석해야 합니다. 히브리서 5장 14절에서 장성한 자란 '지각을 사용함으로 연단을 받아 선악을 분별하는 자'라고 했습니다. 장성한 자는 먼저 지각을 연단받은 자입니다. 지각을 연단받는다는 말이 무엇일까요? 지각은 sense입니다. 두려운 일이 생기면 두려워하는 것이 1차 지각입니다. 이 지각이 연단을 받으면 두려운 일이 생겨도 두려워하지 않게 됩니다. 더 나아가 그 두려움을 해석하게 됩니다. 예수님도 죽음의 고난앞에서 처음에는 거부했습니다. 이것이 1차 지각입니다. 그러나 예수님은 연단된 지각을 사용하셨습니다. 예수님은 두 번, 세 번 기도하셨습니다. 연단된 지각을 통해 선악을 분별하였습니다. 하나님의 뜻을 깨달았습니다. 마침내 십자가에서 죽기까지 순종하므로 온전하게 되셨습니다. 예수님은 장성한 자의 본이요, 완전한 데 나아가는 본이 되셨습니다. 결국 완전한 데로 나아간다는 것은 연단된 지각을 가지고 현재의 문제를 해석하는 것입니다. 그러므로 장성한 자란 성경을 제대로 해석하고, 시대와 상황을 제대로 해석하는 자라고 볼 수 있습니다. 히브리서에서는 예수님이 왕으로서 오지 못한 이유, 고난이 오는 이유를 해석해 내는 것이 장성한 자가 되는 것입니다. 히브리서 저자는 예수님처럼 죽음의 의미를 알고 죽자! 이것이 장성한 자요, 완전한 데 나아가는 것이라고 말하고 있습니다. 이처럼 단어, 문장 하나 하나를 정확히 보는 것이 중요합니다.

시편 119편을 '말씀의 장'이라고 합니다. 시편에서는 말씀을 나타내는 단어가 8개가 나옵니다. 각각의 단어를 자세히 살펴보고 묵상하면, 그 자체로 말씀의 힘을 느낄 수가 있습니다. 가장 많이 나오는 단어는 '율법'입니다. 원어로는 '토라', 영어로는 'instruction' 'direction' 'law'입니다. 어떤 방향을 모를 때 방향을 제시하는 것이 율법입니다. 주어진 상황에서 구체적인 지시를 하는 것이 토라입니다. 모세의 율법을 보면, 구체적인 상황이 나오고, 이에 대한 지시사항들이 나옵니다. 어찌할 바를 모를 때, 어떻게 해야 한다는 하나님의 방향이 있다면 행복합니다. 둘째, '율례'는 원어로 '호크', 영어로 'portion' 'limit'입니다. 그들이 누릴 영역이 있고, 침범하지 말아야 할 한계를 말하고 있습니다. 율법을 지켜야한다는 거부감 대신에 내가 누릴 영역을 알고, 그것을 마음껏 누린다면 율례는 아주 좋은 의미로 다가올 수 있습니다. 셋째, '증거'는 원어로 '에도스', 영어로 'testimmony' 'statute'입니다. 이 단어는 하나님의 신실하심을 증명합니다. 또한 하나님을 저버린 사람에게 과거 하나님이 하신 일을 증언하는 개념을 담고 있습니다. 넷째, '약속'은 원어로 '이므라', 영어로는 'promise'입니다. 약속의 내용을 의미합니다. 더 나아가 마음을 후벼파는 감동을 주는 말씀을 말합니다. 인생에서 받은 감동적인 말씀, 감격적인 그 말씀입니다. 다섯째, '판단'은 원어로 '미쉬파트', 영어로 'judgment' 'rule'입니다. 이 단어는 재판관이신 하나님의 결정과 판결을 가리킵니다. 하나님의 판결을 따라 사는 것이 가장 지혜롭습니다. 그러나 사람들은 기본적으로 자기가 옳다고 생각합니다. 모든 판단을 자기가 합니다. 아담이 그랬고, 가인이 그랬습니다. 그러나 하나님의 판단을 따라 사는 것이 진정한 삶입니다. 요셉은 총리이지만 하나님의 판단을 따라서 형들을 용서하고, 악을 선으로 바꾸시는 하나님을 만났습니다. 여섯째, '계명'은 원어로 '미츠바트', 영어로 'command' 'commandment'입니다. 계명은 명령을 내리고 복종을 요구하는 하나님의 직접적인 권위를 가리킬 때 사용됩니다. 일곱째, '법도'는 원어로 '피쿠딤', 영어로 'precept'입니다. 법도란 권위를 가진 인물이 지시한 말입니다. 여덟째, '말씀'은 원어로 '다바르', 영어로는 'word'입니다. 이 단어는 사막에서 목자들이 양들을 인도할 때 사용하는 일체의 말과 행동을 가리킵니다. 사막에서 양들이 목자의 지시를 떠나서는 살 수 없습니다. 사막 속에서 살 수 있는 유일한 방법은 목자의 말에 순종하는 것입니다. 출애굽한 이스라엘 민족이 40년간 이 경험을 하였습니다. 그들은 사막에서 농사하지도, 목축하지도 않았습니다. 다만 하나님의 말씀에 순종했을 때, 살아남고 거룩한 백성으로 빚어질 수 있었습니다.

제3권

슐라이어마허의 심리적 해석을 성경해석에 활용하기 : 저자의 의도와 심리를 파악해야 합니다.

1) 문제의식

해석학(Hermeneutics)의 어원은 그리스 신화의 헤르메스(hermes)에서 유래합니다.[11] 헤르메스는 신의 말을 인간이 이해할 수 있는 언어로 설명하는 신의 사자였습니다. 하나님의 말씀인 성경을 현재 우리에게 전달하는 것이 성경해석입니다. 그러려면 먼저 누가, 왜, 성경을 썼는지를 알아야 합니다. 저자의 의도와 저자의 심리까지 파악한다면 정확하게 성경을 읽을 수 있습니다. 문맥을 읽을 수 있습니다. 더 나아가 저자의 생각은 해석자의 생각보다 더 객관적입니다. 저자의 의도를 찾는 것이 해석의 보편성을 확보하는데 중요한 요소가 됩니다. 요즘은 모세 오경을 하나의 책으로 보고, 모세 오경 전체에 흐르는 저자의 의도를 찾고 있습니다. 150편의 시편은 각각을 별개로 묵상하는 것이 일반적입니다. 그런데 요즘은 150

11) 김영한, 『쉴라이에르마허에서 리꾀르까지』(서울 : 숭실대학교출판부, 2011), p. 15.

개의 시편에 Story Line이 있고, 전달하려는 메시지를 있다고 보고 편집자의 의도를 찾고 있습니다. 구약의 소선지서 12권도 하나의 책으로 보고, 전체에 흐르는 저자의 의도를 찾고 있습니다. 성경 전체도 창조, 타락, 구속, 완성이라는 세계관을 이야기합니다. 요즘은 성경 전체를 성전신학의 관점에서 성경 저자인 하나님의 의도를 찾고자 하는 시도까지 왔습니다.[12] 이런 저자의 의도 찾기를 처음 체계적으로 시도한 분이 슐라이어마허입니다. 슐라이어마허가 '심리적 해석'이라는 이름으로 저자의 의도를 파악하고자 했습니다.

2) 슐라어이마허의 심리적 해석, 기술적 해석

슐라이어마허 시대, 교회는 교리중심이었습니다. 교리에서는 개념이 중요하고, 이것을 지키는 것이 중요합니다. 이때 각 개인은 무시됩니다. 만남, 관계가 깨지고 경직됩니다. 이런 괴리감을 없애기 위해서 슐라이어마허는 성경을 각 개인이 해석할 수 있게 했습니다. 한 개인으로서 하나님을 만나고, 성경속에 사람을 만나고 경험하도록 그 방법을 제시했습니다. 저자의 의도를 찾는 심리적 해석을 통해서 사람과 하나님을 만나게 되는 것입니다. 더 나아가 저자가 표현한 방식에 집중하는 기술적 해석을 통해서 객관적이고 깊은 만남을 할 수 있다고 말합니다. 슐라이어마허는 처음에는 심리적 해석의 한 분야로써 기술적 해석을 이야기했습니다. 그래서 일부 책에서는 슐라이어마허의 해석방법은 문법적 해석과 심리적 해석 두 가지만을 제시하기도 합니다. 그러나 후

12) 그레고리 K. 비일, 강성열 옮김, 『성전신학』(서울 : 새물결플러스, 2018)

에 문법적 해석, 심리적 해석, 기술적 해석을 제시하고 있습니다. 심리적 해석이란 저자의 의도와 심리를 찾는 것입니다. 그 심리를 기술적으로 잘 표현했는가를 평가하는 것이 기술적 해석입니다.

먼저 심리적 해석을 살펴보면, 슐라이어마허는 글을 쓰는 과정으로 '맹아(자극), 명상, 구성'을 말합니다. 맹아는 처음 꽂힌 생각입니다. 저자의 생각이죠. 이것을 풀어나가는 것이 명상입니다. 이것을 구성해서 표현한 것이 하나의 작품이 된다고 봤습니다. 여기서 해석이란 '구성, 명상, 맹아'를 역추적하여 최초의 맹아를 찾아내는 것으로 정의했습니다.[13] 최초의 맹아를 알면 글 전체를 다 이해하게 됩니다. 어떻게 표현했는지 기술적 해석도 알게 됩니다. 하지만 독자들이 볼 수 있는 것은 구성 밖에 없습니다. 보여지는 구성을 통해 명상과 맹아를 찾아가는 과정이 해석입니다. 단지 단어와 문장을 해석하는 것은 해석이 아닙니다. 저자가 무슨 의도를 가지고 썼는지, 처음 맹아를 찾는 것까지를 해석의 과정으로 봅니다. 이것이 이해의 기술중 하나인 심리적 해석입니다.

기술적 해석이란 저자가 자신의 생각을 표현하는 형식입니다.[14] 제한된 문법적 해석과 자유로운 심리적 해석의 대립을 조종하는 것이 기술적 해석이라고 합니다. 슐라이어마허는 해석을 '이해의 기술'이라고 했습니다. 여기서 기술이란 Art입니다. Art란 아름다워야 하고, 무엇보다도 작가의 사상이 잘 표

13) 슐라이어마허, 최신한 옮김, 앞의 책, p. 195.
14) 앞의 책, p. 145.

현되어야 합니다. 주관적이면서도 객관적으로 표현되어야 합니다. 그래야 보고 듣는 사람이 공감하고, 감동받게 됩니다. 요즘에는 이것을 문예적 해석이라고 합니다. 바울은 논리를 중시하여 글을 전개했습니다. 마가는 '곧, 즉시' 등의 단어를 사용해서 긴박성을 표현했습니다. 구약의 선지서는 80%가 시로 표현되어 있습니다. 왜냐하면 시는 노래로써 외워서 후대에 전승하기가 편했기 때문입니다. 이야기보다 노래가 더 외우기 쉽습니다. 더 나아가 시는 이야기보다 단어 수가 적지만 함축된 단어를 사용하므로 전달력이 탁월했습니다. 그래서 표현방법으로 시를 사용했습니다.

3) 성경해석에 활용하기

유다왕 히스기야가 기도로 앗수르 군대를 물리친 사건이 열왕기서, 역대기서, 이사야서에 기록되어 있습니다. 똑같은 사건이므로 종합적으로 볼 수 있습니다. 하지만 열왕기 저자의 관점, 역대기 저자의 관점, 이사야 저자의 의도가 다 다릅니다. 저자의 의도를 제대로 파악할 때 히스기야 사건을 제대로 이해할 수 있습니다. 이사야서에서는 36-39장에 기록되어 있습니다. 1-35장은 심판에 관한 내용입니다. 40-66장은 이스라엘이 돌아오는 사건이 기록되어 있습니다. 여기서 히스기야 사건이 가지는 위치적 의미는 무엇일까요? 히스기야 사건과 이스라엘이 돌아오는 사건과는 무슨 관계가 있습니까? 관계가 없어 보이는데 연결시켜 놨습니다. 어떻게 연결되는 것입니까? 한 민족이 포로로 끌려 갔다가 돌아오는 일이 가능합니까? 객관적으로 불가능하지만, 하나님이 하시면 된다는 것을 히스기야 사건으로 설명합니다. 있을 수 없는 그 일이 일어납니다. 자기가 말한 것과 역사적 사건을 연결시켜 놨습니다. 이것이 저자의 의도입니다. 이런 저자의 의도를 읽어내는 것이 중요합니다.

마가복음 4장 30,31절입니다. "또 이르시되 우리가 하나님의 나라를 어떻게 비교하며 또 무슨 비유로 나타낼까 겨자씨 한 알과 같으니 땅에 심길 때에는 땅 위의 모든 씨보다 작은 것으로되" 예수님은 겨자씨 한 알을 '땅위에 모든 씨보다'라고 하신 데에는 분명한 의도가 있다고 봐야 합니다. 그런데 대부분은 '땅위의 모든 씨보다'는 빼버리고 그냥 '가장 작다' 혹은 '볼펜심보다 작다'라고 읽습니다. 겨자씨의 크기에만 집중합니다. 예수님은 겨자씨와 땅위의 모든 씨를 대비하고 있습니다. 겨자씨를 예수님이 가르치시는 하나님의 말씀이라고 한다면, 땅위의 모든 씨는 땅 위에 이미 존재하면서 자리잡고 있는 사람의 사상과 가르침, 이미 사람 안에 있는 전통적 생각이라고 할 수 있습니다. 땅은 사람들입니다. 예수님께서 사람들에게 하나님의 말씀을 가르치실 때 사람들에게는 이미 각자의 생각이 있습니다. 이미 있는 이런 생각보다 예수님의 말씀은 작습니다. 그냥 사라질 것 같습니다. 하나님의 나라는 이루어지지 않을 것 같습니다. 그러나 예수님은 분명히 약속하십니다. "심긴 후에는 자라서 모든 풀보다 커지며 큰 가지를 내나니 공중의 새들이 그 그늘에 깃들일 만큼 되느니라"(막 4:32) 겨자씨는 사람 키를 훌쩍 넘어 3미터까지 자랍니다. 또 커다란 가지를 내어 하늘을 뒤덮습니다. 예상을 완전히 뒤엎어 버립니다. 시작을 보면 끝을 아는데, 겨자씨는 그 끝이 시작과는 전혀 다릅니다. 하나님 나라가 이와 같습니다. 예수님이 몸담고 있는 사회는 힘이 지배하는 로마 사회였습니다. 빌라도는 예수님을 십자가에 못 박아 죽였습니다. 힘을 자랑하던 로마는 300년후에 예수님의 가르침을 국가의 기조로 받아들이게 되었습니다. 하나님의 나라는 폭발적인 생명력을 가지고 있습니다. 하나님의 나라는 쉼없이 전진해 나갑니다. 예수님은 일상적인 소재를 가지고, 비유와 대조를 통해서 보이지 않는 하나님 나라를 잘 설명해 주셨습니다.

기술적 해석의 방법중 하나가 대조입니다. 요한복음을 예로 들어보겠습니다. 요한복음 1-12장에서 예수님을 세상의 어떤 구원자와 비교할 수 없으신 하나님의 아들 그리스도이심을 대조법을 통해 나타냅니다. 첫째, 1,2장에서는 역사적인 위인들과 대조하면서 예수님을 하나님의 아들로 나타냅니다. 저자 요한은 예수님을 말하는데 있어서, 예수님이 당시의 어떤 위인들과도 비교할 수 없는 분이라고 합니다. 예수님은 세상의 여러 빛들, 모세, 세례 요한과도 비교할 수 없습니다. 저자 요한 당시 사람들 사이에는 모세 숭배, 세례 요한 숭배가 행해지고 있었습니다. 특히 저자 요한은 세례 요한이 빛이 아님을 강조하여 기록합니다. 세례 요한을 아무리 따라도 하나님의 자녀가 될 수 없습니다. 세례 요한은 세상 죄를 지고 갈 수 없었습니다. 반면에 예수님은 만물을 만드셨습니다. 하나님의 자녀가 되게 하십니다. 세상 죄를 지고 가서 없애 버리십니다. 하나님의 아들로서 그 영광을 나타내셨습니다.

둘째, 3-6장에서는 세상에서 말하는 구원의 길과 대조하면서 예수님을 그리스도로 나타냅니다. 저자 요한은 예수님과 세상에서의 구원의 길을 대조함으로써 예수님만이 참 구원이심을 말합니다. 사람들이 구원의 길이라고 생각하는 것들이 실은 구원이 아님을 말합니다. 3장에서는 예수님과 니고데모가 대조됩니다. 니고데모는 바리새인이요 유대인의 지도자였습니다. 바리새인은 율법의 대표자요, 유대인의 지도자는 정치가의 대표입니다. 니고데모는 율법과 정치라는 두 길을 통해서 하나님의 나라를 이루어보고자 했습니다. 율법은 완전한 인간을 추구하고, 정치는 완전한 나라를 추구합니다. 그러나 예수님은 성령의 역사하심으로만 하나님의 나라에 들어갈 수 있다고 하십니다. 예수님을 믿음으로 영생을 얻습니다. 4장에서는 야곱의 우물과 예수님, 남편과 예수님이 대조됩니다. 야곱은 역사적 인물, 위인입니다. 야곱이 판 우물은 오랜 세월이 지난 그때까지도 물을 내고 있었습니다. 역사적 인물이 현재의 우리에게 끼친 영향력은 큽니다. 그러나 이 물은 생명을 주지 못합니다. 그 물은 마셔도 다시 목마릅니다. 그러나 예수님이 주시는 물은 영원히 목마르지 않습니다. 여자는 알고 싶은 것이 많았지만, 남편은 다 알려줄 수가 없었습니다. 그러나 예수님은 모든 것을 말해 줄 수 있는 그리스도이십니다. 5장에서는 베데스다 연못과 예수님이 대조됩니다. 베데스다 연못은 병을 낫게 하지만 제한이 있었습니다. 천사가 물을 움직일 때 제일 먼저 들어가는 한 사람만이 나음을 받았습니다. 그러나 예수님안에서는 제한도 경쟁도 없습니다. 예수님은 진정한 베데스다가 되십니다. 6장은 육신의 양식과 예수님이 대조됩니다. 무리들은 양식을 얻고자 했는데, 그 양식은 썩을 양식이었습니다. 그런데 예수님은 영생하도록 있는 양식을 위해서 일하라 하셨습니다. 예수님을 믿으라 하셨고, 예수님 자체를 먹으라 하셨습니다. 육의 양식이 죽음의 문제, 인간의 행복 문제를 해결하지 못합니다. 세상의 어떤 방법으로도 죽음의 문제를 해결할 수가 없습니다. 다만 예수님이 죽음의 문제를 해결하실 수 있습니다. 그래서 예수님이 진정한 구원자, 그리스도가 되십니다.

셋째, 7-12장에서는 율법과 대조하여 예수님을 하나님의 아들 그리스도로 나타냅니다. 예수님과 유대인들, 특히 바리새인들과의 심각한 갈등이 있습니다. 그 갈등은 5장부터 시작되었고, 7장부터는 본격화되고 있습니다. 바리새인들은 예수님을 하나님의 아들 그리스도로 믿을 수가 없었습니다. 왜냐하면 그들이 보기에 예수님은 율법을 지키지 않기 때문이었습니다. 특히 안식일 율법을 어겼습니다. 38년된 병자를 고친 날이 안식일이었고, 9장 시각장애인의 눈을 뜨게 한 날도 안식일이었습니다. 안식일 율법을 어겼기 때문에 바리새인들은 예수님을 죄인으로 몰아붙였습니다. 결국 죽이려고 했습니다. 그 과정에서 그들은 자기도 모르게 율법의 한계를 드러냈습니다. 저자 요한은 그 모든 과정을 통해서 율법과 비교할 수 없으신 예수님, 율법이 할 수 없는 일을 하신 예수님을 드러냈습니다. 예수님은 율법 위에 계시는 하나님의 아들 그리스도이십니다. 7장에서 예수님은 성령을 주십니다. 8장에서는 정죄하지 않으십니다. 9장에서는 시각장애인의 눈을 뜨게 하십니다. 10장에서는 양들을 위해 목숨을 버리신 선한 목자 되신 예수님이십니다. 11장에서는 죽은 나사로를 살리십니다. 12장에서는 한 알의 밀알이 되어 죽으시므로 많은 열매를 맺으십니다. 이렇게 대조라는 기술을 통해서 해석하면, 저자의 의도를 보다 선명하게 파악할 수 있습니다.

제4권

딜타이의 이해를 성경해석에 활용하기 : 설명이 아닌 이해를 합시다.

1) 문제의식

성경을 설명하려고 하는가? 이해하려고 하는가? 사람을 객관적으로 설명할 수 있습니까? 성경의 인물을 객관적으로 설명하여 규칙을 찾아낼 수 있습니까? 귀납적 성경연구방법은 자연과학적 방법으로 설명하고자 합니다. 그러나 인문, 사회, 역사 등 사람과 관련된 정신과학은 설명이 아닌 이해의 방법을 일반적으로 사용합니다. 실제로 설명하는 메시지와 자기가 이해한 메시지는 그 느낌이 완전히 다릅니다. 요즘은 설명하고 판단하기보다 이해하고 공감하여 전하는 메시지를 더 잘 듣습니다. 과거 마태를 세리로서 설명하고, 38병자는 의존심과 패배감으로 설명했습니다. 사마리아 여자는 정욕적인 여자로 설명합니다. 이것이 자연과학적 설명방법입니다. 반면에 '세관에 앉아있는' 마태를 생각해 보는 것이 이해입니다. '사람이 없다'고 말한 38병자의 말을 이해해 봅니다. '모든 것을 알려줄' 남편을 찾는 사마리아 여자를 이해해 봅니다. 쾌락을 추구하는 여자가 아니라 예수님과 밀당할 정도로 알고 싶어하는 여자를 그의 말로써 이해해 보는 것입니다. '다섯 남편'이라는 말로 다섯 번 결혼 과정을 재미있는 소설로 쓰는 것보다, 그녀의 알고자 하는 모습을 좀 더 잘 이해하려고 노력해야 하는 것입니다. 이해라는 방법을 도입하므로 인문학, 사회학, 역사학 등이 과학으로 인정되게 한 사람이 바로 딜타이입니다. 성경은 자연과학의 대상이 아니라 정신과학의 대상이므로, 이해라는 방법을 통해서 봐야 합니다. 사람을 설명의 방법보다는 이해의 방법으로 나타내야 제대로 나타낼 수 있습니다.

2) 딜타이의 체험, 표현, 이해

빌헬름 딜타이(Wilhelm Dilthey, 1833-1911)는 자연과학에서 정신과학을 구별합니다.[15] '자연을 설명하고, 정신의 삶을 이해한다'는 유명한 방법론적 이원론을 말했습니다.[16] 그래서 그를 정신과학론의 정초자, 해석학의 정립자라고 합니다.[17] 딜타이는 자연과학방법론과 대비되는 정신과학방법론을 창시한 사람입니다. 자연과학의 설명과 대비되는 것이 정신과학의 이해입니다.[18] 그 이전에는 자연과학을 보던 시각으로 정신과학을 봐 왔습니다. 사람을 자연과학적으로 분석했습니다. 자연과학에서는 가설을 세웁니다. 그리고 증명으로 확인하여 법

15) 빌헬름 딜타이, 송석랑 옮김, 『정신과학입문』(서울 : 지식을만드는지식, 2009), p. 54.
16) 양해림, 앞의 책, p. 122.
17) 빌헬름 딜타이, 이한우 옮김, 『체험 표현 이해』(서울 : 책세상, 2009), p. 134.
18) 앞의 책, p. 62.

칙을 만들어냅니다. 프로이드의 심리학도 '이드'라는 가설을 세우고 증명해 냅니다. 심리학도 법칙으로 사람을 보려고 합니다. 그러나 자연과학처럼 누구에게나 적용되는 법칙을 발견할 수 있습니까? 각 개인마다 정신이 다 다르기 때문에 이런 법칙을 찾을 수가 없습니다.

그러면 정신을 어떻게 해석할 것인가? 각 개인의 정신을 해석하는 도구가 있는가? 그 도구를 찾은 사람이 딜타이입니다. '체험, 표현, 이해'를 통해서 그 정신을 발견할 수 있다는 것입니다. 자연과학은 설명의 방법을 사용하지만, 정신과학은 이해의 방법을 사용합니다. '너 안에서 나를 발견하는 것'이 이해라고 정의합니다.[19] 딜타이는 이해 자체를 보편성으로 봅니다. 해석은 주관이 개입되기 때문에 보편성을 확보하는 것이 중요합니다. 어떤 현상에 대해서 나도, 다른 사람도 같이 이해하면, 그것이 보편성이 됩니다. 히브리서 7장에 멜기세덱에 대한 이야기가 길게 나옵니다. 한편의 논문같습니다. 창세기 14장에서 살렘 왕이요, 지극히 높으신 하나님의 제사장입니다. 그리고 아브라함에게 십일조를 받습니다. 그래서 아브라함보다 높고, 레위의 후손인 대제사장들보다 높습니다. 이런 멜기세덱의 반차를 따르는 예수님은 레위보다 높은 '영원한 대제사장'이라는 결론이 나옵니다. 이런 설명에 기초해서 적용합니다. 그런데 이때 이것은 다 아는 사실인데, '뭐, 어쩌라고'라는 반문이 생깁니다. 결국 히브리서와 같은 서신서는 예수님을 설명하는 딱딱한, 재미없는 논문이 될 수밖에 없습니다. 귀납적 성경공부방법은 자연과학에서 사용하는 연구방

19) 앞의 책, p. 67.

법으로 핵심은 '설명'입니다. 설명은 객관적이어야 하기 때문에, 가급적 멀리 떨어져 관찰합니다. 보이는 겉만 봅니다. 그리고 판단합니다. 과학적 사고가 각광을 받고, 모던 사회에서는 이런 귀납적 성경공부 방법이 먹혔습니다. 그런데 현재는 포스트모던 시대입니다. 자연과학의 방법인 귀납적 연구방법보다는 개별을 존중하고 이해하자는 포스트모던적 사고방법에 더 익숙합니다. 이해하려면 겉만 봐서는 모릅니다. 그 속으로 들어가야 합니다. 멀리 떨어져 관찰해서는 이해하지 못합니다. 그의 생각속으로 들어가야 합니다. 해석학의 아버지인 슐라이어마허는 이것을 '자기화'라고 했습니다. '내가 그 사람이 되어보는 자기화'를 통해서, 이해하게 되고 공감하게 됩니다. 히브리서 저자는 어떤 상황에 있는 히브리인 신자들을 그리고 있는가? 존재, 사람을 그려봅니다. '왜 멜기세덱을 이야기를 하는가?' '예수님을 왜 대제사장으로 소개하려고 그렇게 애를 쓰는가?' '히브리 신자들은 왜 대제사장을 그렇게 바라는가? 심지어 유대교로 갈 정도로…' '대제사장은 대속죄일에 죄를 사하는 일이 가장 큰 일인데, 신자들이 죄사함을 받지 못하는 것은 아닌가?' 히브리서 9장 14절에서 보면 '히브리 신자들은 양심의 가책을 받아서 하나님께 나아가지 못하는 것은 아닌가?' 생각하게 됩니다. 그런데 영원한 대제사장이신 예수님이 계시다는 것입니다. 히브리 신자의 입장에서 볼 때, 영원한 대제사장 예수님이 있다는 것 자체가 얼마나 감격스러울까요? 그 감격에 동참하게 됩니다.

3) 성경해석에 활용하기

마태복음의 저자 마태는 자신의 부르심을 이렇게 표현했습니다. "예수께서 그 곳을 떠나 지나가시다가 마태라 하는 사람이 세관에 앉아 있는 것을 보시고 이르시되 나를 따르라 하시니 일어나 따르니라"(마 9:9) 보통 이 본문에 기초하여 '마태는 세리다'라고 말하며 당시 세리를 설명합니다. '당시 세금에는 정세와 관세가 있습니다. 정세는 인두세, 토지세, 근로세가 있고, 관세는 통행세가 대표적입니다. 가버나움 세관은 통행세를 받는 곳으로, 고무줄 세금이라고 악명이 높았습니다. 당시 세리는 로마의 앞잡이요 매국노라고 불리었습니다. 창기와 함께 공식적인 죄인으로 선언되며 그 사회에서 출교를 당했습니다. 마태가 그 세리였습니다.' 그러나 마태는 자신을 '세관이 앉아 있다'라고 표현했습니다. 세관이란 tax collector's booth입니다. 작은 부스에 앉아 있는 자신을 표현합니다. 예수님이 자세히 보신 것도 세관에 앉아 있는 모습입니다. 그리고 '일어나 따르니라'와 대조합니다. 마태는 왜 이렇게 자신을 표현했을까요? 세관에 앉아 있는 모습을 마치 작은 부스에 갇힌 모습으로 생각한 것 같습니다. 창살없는 감옥에 갇힌 모습입니다. 답답함이 느껴집니다. 혼자 앉아 있습니다. 누구와도 같이 있지 못하는 외로움을 표현하고 있습니다. 더 나아가 목적을 상실하고 정체된 모습을 표현하고 있습니다. 예수님이 나를 따르라고 할 때 마태는 바로 일어나 따랐습니다. 세관에 앉아 있는 것과 예수님을 따르는 것 사이에는 어떤 대조가 있을까요? 돈을 좇는 인생에서 예수님을 따르는 역동적인 삶이 되었습니다. 예수님이라는 인격체가 목표가 되었습니다. 돈으로 돌아가지 않고, 끝까지 예수님을 따랐습니다. 돈에 행복이 있는 것이 아니라 예수님안에 행복이 있음을 보여줍니다. 그리고 자신을 공격했던 유대인에게도 예수님을 따르라고 권면합니다. 물론 마태 자신이 산상수훈을 쓰고 행한 인격자가 되었습니다. 예수님을 따르므로 마태는 예수님의 사상을 가진 사상가가 되었습니다. 이렇게 마태의 표현을 가지고 마태를 이해할 수 있습니다. 세관에 앉아 있는 마태를 이해하면서, 비슷한 처지의 자신도 볼 수 있게 됩니다. 이해를 통해서 마태가 해석되고, 자신의 삶도 해석될 수 있습니다. 이렇게 마태를 읽으면서 나를 발견하는 것이 이해입니다. 과학은 현상을 설명합니다. 나와는 상관 없이 그냥 설명합니다. 반면에 '너 안에서 나를 본다'처럼 내가 개입된 것이 이해입니다. 우리는 설명을 이해로 오해하는 경우도 있습니다. 먼저 객관적으로 설명하므로 공감을 얻으려고 합니다. 하지만 객관적 설명으로는 공감을 얻기가 어렵습니다. 또 객관적 설명인 경우에는 비슷 비슷한 메시지가 나옵니다. 하지만 자기가 이해하고 체험한 메시지를 전하면 느낌이 달라집니다.

사사기 11장에는 사사 입다의 이야기가 나옵니다. 우리는 입다의 서원기도에 집중합니다. "그가 여호와께 서원하여 이르되 주께서 과연 암몬 자손을 내 손에 넘겨 주시면 내가 암몬 자손에게서 평안히 돌아올 때에 누구든지 내 집 문에서 나와서 나를 영접하는 그는 여호와께 돌릴 것이니 내가 그를 번제물로 드리겠나이다"(삿 11:30,31) 무남독녀를 번제물로 드리는 충격적인 사건 때문에 '함부로 서원기도하지 말라'

교훈을 얻습니다. 하나님이 싫어하시는 인신제사를 드렸으므로 입다를 좋은 사사로 인정하지 않습니다. 입다를 객관적으로 설명하고, 이래야 한다는 당위를 가지고 입다를 평가하고 판단합니다. 그러나 내가 입다의 입장이 되면 이해가 달라집니다. 절대절명의 전쟁에 나갈 때 입다의 마음은 어떠할까요? 정말 이기고 싶어서 서원한 것인데, 무남독녀 딸 때문에 마음이 무너지고 있습니다. 아빠의 승리를 누구보다 기뻐하며 춤추고 달려나오는 딸을 봅니다. 그가 경험하는 아픔과 고통을 느낄 수 있습니까? 사사기 11장에서 암몬에 대한 승리 이야기는 두 절밖에 나오지 않습니다. 오히려 입다가 기생의 자식이요, 집에서 쫓겨난 것을 먼저 말하고 있습니다(삿 11:1,2). 그 사회에서 쫓겨난, 집안에서도 쫓겨난 입다가 어떻게 이스라엘을 통솔할 수 있겠습니까? 그 고민을 이해할 수 있겠습니까? 좀 더 나아가 입다는 딸을 죽여서라도 서원을 지켰습니다. 밥 먹듯이 하나님을 배반한 사사시대에서 서원을 지킨 입다는 어떤 의미가 있겠습니까? 그 시대 사람들은 서원을 안 지켰습니다. 반대로 입다는 딸을 죽여서라도 서원을 지켰습니다. 자기 말을 목숨 걸고 지키는 모습에 감동이 됩니다. 그런 체험을 공유하게 되면, 입다는 엄청난 무게의 메시지가 됩니다. 가슴 절이는 메시지가 있습니다. 그러나 우리는 너무 쉽게 함부로 서원해서는 안된다고 설명해 버립니다. 이렇게 입다를 만나고, 입다 한 사람을 이해하게 되면 자연스럽게 적용이 됩니다.

제5권

하이데거의 실존을 성경해석에 활용하기 : 사람을 있는 모습 그대로 봅시다.

1) 문제의식

우리는 성경 인물에 대해서 선입견을 가지고 있습니다. 도덕적 윤리적 기준으로 판단합니다. 세리는 돈만 밝히는 사람으로 규정하고 세리인 마태를 판단합니다. 38병자를 패배감과 의존심의 대표로 판단합니다. 사마리아 여자를 정욕적인 여자로 판단합니다. 이렇게 판단하면 다른 면을 보기가 어렵습니다. 이런 판단을 중지하고, 본문 말씀을 통해서 그 사람의 있는 모습 그대로 보는 것이 필요합니다. 어떻게 판단하지 않고 있는 모습 그대로 볼 수 있을까요?

2) 후설의 현상학과 하이데거의 실존

하이데거(Martin Heidegger, 1889-1976)는 1,2차 세계대전을 겪었습니다. 2천만명이 죽었습니다. 죽음이 바로 근처에 있었습니다. 인간에 대한 깊은 실망이 팽배했습니다. 현재와 미래가 너무 암울했습니다. 도덕적 윤리적 기준으로 볼 때 어떤 답도 찾을 수 없었습니다. 그런데 하이데거는 발상의 전환을 합니다. 미래를 기준으로 현재를 보자고 합니다. 인과응보적 관점이 아니라 있는 모습 그대로 보자고 합니다. 죽음으로 표현되는 현재를 그대로 인정합니다. 우리의 현재는 피투된 존재, 던져진 존재입니다. 그것을 인정합니다. 이곳에 머물지 않고 자신을 기투합니다. 인간의 미래에도 가장 확실한 것이 죽음입니다. '죽음을 맞는 존재'로서 죽음앞으로 자신을 던집니다.[20] 죽음앞에서 자기가 누구이며, 무엇을 해야 할까 생각합니다. 그리고 자기가 선택한 그것을 행합니다. 그것을 '현재 여기(Dasein)'에서 행하자는 것입니다. 현재의 삶을 진지하게 살자는 것입니다. 하이데거는 절망스러운 죽음을 긍정적으로 봅니다. 과거에서 나를 보지 말고 미래 속에서 나를 보자는 것입니다. 자연과학적인 방법인 원인과 결과적으로 보지 말고, 현재를 미래로부터 보자는 것입니다. 발상의 전환입니다. 그러면서 본질적으로 죽음에 대한 공포와 불안은 어쩔 수 없다고 말합니다. 이것은 실존주의 철학의 한계입니다. 암에 걸린 경우, 암 걸린 것을 인정하고 진지하게 살아가므로 죽음을 극복하려는 사람도 있습니다. 암치료하며 시간을 보내기 보다, 그 시간을 값지게 살다가 가겠다는 것입니다. 과거로부터의 판단을 중지하고, 현재 있는 그대로의 모습을 보며, 미래를 통해서 현재를 바라보고 나아갈 방향을 제시한 점에서 하이데거는 그 시대 삶의 방향을 제시한 것입니다.

하이데거의 사상은 그의 스승인 후설의 영향을 그대로 받

---

20) 마르틴 하이데거, 전양범 옮김, 『존재와 시간』(서울 ; 동서문화사, 2009), p. 333.

아서 발전시킨 것입니다. 하이데거는 '후설이 자신에게 사태를 볼 수 있는 눈을 심어 주었다'라고 말했습니다. 후설(Edmund Husserl, 1859-1938)은 현상학의 창시자입니다. 후설의 현상학은 대상을 '있는 모습 그대로 보기 방법'을 제시합니다. 주요 개념으로 판단중지, 초월론적 주관성, 본질직관, 의식체험, 생활세계, 사랑의 공동체가 있습니다. 사람과 현상을 있는 모습 그대로 보기 위해서 가장 먼저 해야 할 것이 '판단중지'입니다. 선입관, 판단 등을 다 버리는 것이 판단중지입니다. 그런데 남는 의식이 있습니다. 그것이 초월론적 주관성입니다. 그 의식으로 대상을 봅니다. 대상이 나에게 자신을 나타냅니다. 그것이 본질 직관입니다. 주관에 인식된 객관입니다. 이제 이성(의식)은 상상하고 생각하며 본질을 찾아갑니다. 이것이 의식체험입니다. 이런 본질을 계속 발전시켜서 새로운 것을 창조해 냅니다. 이것이 생활세계입니다. 이런 각 개인의 주관성을 상호 인정해 주는 것이 사랑의 공동체입니다. 이 사랑은 그리스도의 사랑을 모델로 하고 있습니다.[21] 그래서 후설의 현상학을 신앙적 현상학이라고 합니다. 하나님이 계시하고, 사람이 이것을 인식합니다. 그 사람이 인식한 하나님을 계속 키워가고 실천하는 것이 생활세계입니다. 그것이 신앙이 됩니다. 이것이 모이면 사랑의 공동체, 신앙 공동체가 됩니다. 후설은 유대인이지만 기독교로 개종하였습니다. 그리고 하나님과 예수님의 존재를 어떻게 인식할 수 있을까? 관심을 가졌습니다. 사사기에 삼손이 나옵니다. 연애하다 망한 놈이라는 판단이 우리에게 있습니다. 이런 판단을 중지하고 그를 이해하려고 합니다. 힘은 쎈데 아무도 도와주지 않는 외로운

21) 박인철, 『에드문트 후설』(서울 : 살림, 2013), p. 110.

모습이 있습니다. 삼손은 나실인이지만 머리카락만 지키면 힘이 그대로 유지됩니다. 그래서 삼손의 하나님을 기묘의 하나님이라고 표현합니다. 상식과 윤리를 뛰어넘는 하나님을 볼 수 있습니다. 또한 삼손은 이스라엘을 대표하는 청년입니다. 선진국 블레셋 속에 살아가는 청년의 모습입니다. 이방 여인을 사랑해도 머리카락만 지키면 삼손의 힘은 그대로입니다. 그러면 과연 머리카락을 어떻게 지킬 수 있는가? 머리카락이 정체성입니다. 그러면 이 시대 나의 머리카락은 무엇이며, 어떻게 지킬 수 있을까? 하는 고민을 함께 할 수 있게 됩니다.

후설의 강한 문제의식은 당시 학문에 답은 있지만 '사람이 없다'는 것입니다. 당시에는 과학의 근간을 이루는 실증주의가 맹위를 떨치고 있었습니다. 과학적 방법론이 철학에까지 적용되었습니다. 과학적 방법으로 인간의 마음까지 분석한 것이 심리학입니다. 사람의 의식도 과학적으로 해부해서 숫자, 그래프로 표시하려고 했습니다. 이러다 보니 사람 자체가 빠져 버렸습니다. 현실과 괴리된 학문을 하고 있었습니다. 후설은 이것을 '유럽 학문의 위기'라고 평가했습니다.[22] 딜타이가 자연과학에 대비되는 정신과학을 할 수 있도록 설명이 아닌 '이해' 개념을 도입했습니다. 이런 이해와 함께 현상학이 현실과 괴리된 학문을 구해냈습니다. 학문의 주체로서 사람을 살려냈습니다. '그것이 나에게 무슨 의미가 있는가'를 질문하면서 사람을 학문세계 중심으로 끌고 들어왔습니다. 하이데거는 후설을 이어받아 사람의 실존을 말하였습니다.

---

22) 에드문트 후설, 이종훈 옮김, 『유럽학문의 위기와 선험적 현상학』(서울 : 한길사, 2010), p. 65.

3) 성경해석에 활용하기

욥기는 신상필벌(**信賞必罰**)과 인과율을 뛰어넘는 대표적인 성경입니다. 욥은 까닭없이 고난을 당한다고 생각했습니다. 욥은 11,000마리의 가축을 한순간에 다 빼앗깁니다. 10명의 자녀들이 한꺼번에 죽습니다. 본인은 온 몸에 종기가 나서 질그릇 조각으로 몸을 긁습니다. 이렇게 말로 표현할 수 없는 고난을 본 친구들은 죄 때문이라 생각하고 회개하라고 충고합니다. 욥 자신도 고난을 죄의 형벌로 보았습니다. 그런데 자신은 죄가 없는데, 고난을 당합니다. 이런 현실을 받아들일 수 없었습니다. 죄를 지으면 벌을 주고, 의를 행하면 복을 주시는 하나님밖에 몰랐기 때문입니다. 욥은 하나님을 두려워하고 무서워했습니다. 자녀들이 죄를 지을까봐 매번 번제를 드렸습니다. 하나님앞에 조심 조심 살았습니다. 노심초사하고 긴장했습니다. 영적 결벽증이었습니다. 그런데 이해할 수 없는 고난을 당합니다. 더 이상 잃을 것이 없는 상태가 되었습니다. 욥은 자기 생일을 저주합니다(욥 3:1). 친구들의 충고에 반발해서 친구들에게 막말을 합니다(욥 12:2). 자기가 하나님보다 더 의롭다고까지 말합니다(욥 32:2). 하나님께 모든 불평 불만을 다 말합니다. 지금까지 조심 조심 살았던 것과 달리, 욥은 속에 있는 말을 다 합니다. 하나님은 그 모든 말을 다 들어주십니다. 하나님은 욥이 모든 것을 다 말하게 하시므로, 허심탄회하게 이야기하게 하시므로, 욥과의 새로운 관계를 맺으십니다. 하나님이 다 할 수 있듯이, 욥도 너무 긴장하지 말고 자유롭게 살라고 합니다. 하나님은 욥기를 통해 신상필벌(**信賞必罰**)과 인과율을 뛰어넘을 뿐만 아니라 욥 한 사람을 자유롭게 하십니다. 하나님은 욥의 있는 모습 그대로를 다 받아주셨습니다.

창세기 34,35장에 야곱의 딸 디나가 강간을 당합니다. 디나의 오빠인 시므온과 레위가 할례를 받은 세겜 사람들을 다 죽여 버립니다. 야곱은 두려움에 떱니다. 창세기 34장 30절입니다. "야곱이 시므온과 레위에게 이르되 너희가 내게 화를 끼쳐 나로 하여금 이 땅의 주민 곧 가나안 족속과 브리스 족속에게 악취를 내게 하였도다 나는 수가 적은 즉 그들이 모여 나를 치고 나를 죽이리니 그러면 나와 내 집이 멸망하리라" 왜 이렇게 되었습니까? '하나님과 약속대로 벧엘로 안 올라가서 그렇다' 원인과 결과로 봅니다. 하나님의 신성한 명령인 할례를 이용하여 세겜 사람들을 죽인 시므온과 레위를 판단합니다. 그러면 하나님도 이렇게 냉정하게 평가했을까요? 아닙니다. 디나 사건으로 인해 야곱 집안은 도망자가 됩니다. 파렴치범으로 가족 전체가 몰살당할 수 있는 상황입니다. 이때 하나님은 무슨 말씀을 하셨습니까? '네게 나타났던 하나님께로 가라. 또 도망가는구나. 내가 지켜 줄께!' 이렇게 약속하십니다. 얼마나 위로가 되겠습니까? 창세기 35장 9절에 '밧단아람에서 돌아오매' 옛날 이야기를 하고 있습니다. 악취를 내는 그들이 번성하면 세상이 다 썩습니다. 원래 악취가 있었는데, 이것이 드러났습니다. 하나님은 악취를 없애고자 드러내셨습니다. 스스로 악취를 맡도록 하셨습니다. 할례받은 백성이라는 자부심이 있었는데, 얼마나 잔인하고 고약한가 드러났습니다. 그리고 깨끗해질 미래 가능성을 보고 말씀하십니다. 창세기 35장 11,12절입니다. "하나님이 그에게 이르시되 나는 전능한 하나님이라 생육하며 번성하라 한 백성과 백성들의 총회가 네게서 나오고 왕들이 네 허리에서 나오리라 내가 아브라함과 이삭에게 준 땅을 네게 주고 내가 네 후손에게도 그 땅을 주리라 하시고" 그들을 생육하고 번성하게 하십니다.

제6권

가다머의 두지평 융합을 성경해석에 활용하기 : 성경과 나의 지평이 만나야 합니다.

1) 문제의식

UBF 설립자이신 이사무엘 선교사님은 성경과 현 시대의 지평융합을 잘 하셨습니다. "너희가 먹을 주라" 문둥이처럼 오그라든 손을 펴서 주는 자가 되자! 원조받는 것을 당연히 여기던 시대였습니다. 받기만 하는 거지근성을 버리고 주는 정신을 강조하였습니다. 대학생들의 마음을 뜨겁게 하였습니다. "모든 민족을 제자로 삼으라" 성경의 결론은 세계선교다라고 외치며, 제주도에 1호 선교사를 파송하였습니다. 세계선교에 헌신하는 많은 젊은이들이 일어났습니다. 미국에서는 "제사장 나라 거룩한 백성"의 말씀이 지평융합을 이루었습니다. 세계 1등이라는 자부심이 있던 미국 대학생들에게 "세계에 대하여 제사장 나라 거룩한 백성이 되라"는 메시지는 분명한 비전이 되었습니다. 두지평의 융합은 성경을 대하는 모든 사람에게 일어날 수 있습니다. 성경의 지평과 나의 지평이 만날 때 이해가 된 것입니다. 성경을 이해한다는 것은 지금 나의 상황에 적용이 가능하다는 말입니다. 성경을 풀어 쓸 때 이미 적용이 들어간 것이고, 그 성경 말씀은 이미 적용이 된 것입니다. 그러나 우리 현실은 어떠합니까? 말씀소감을 쓸 때, 본문을 요약하고 나서 적용을 어떻게 할까 고민합니다. 말씀을 강의할 때도 예화로 간극을 메우려고 합니다. 이것은 성경속의 인물이 무슨 생각, 무엇을 고민하고 있는지 그 존재 자체를 이해하지 못한 것입니다. 이런 문제를 해결하기 위해 가다머는 '두지평의 융합'을 말합니다.

2) 가다머의 두지평 융합

가다머(Hans Geog Gadamer, 1900-2002)는 먼저 해석자의 선입견을 인정합니다. 해석자의 지평을 인정한 것입니다. 그전까지는 해석자의 객관성을 확보하기 위해서 해석자의 선입견을 없애고자 했습니다. 딜타이는 자연과학에 대비한 정신과학을 이야기했습니다. 자연과학은 해석자와 대상을 분리합니다. 연구방법도 분명하고 객관화가 가능합니다. 이것의 영향으로 딜타이는 해석자는 객관적이라고 생각했습니다. 해석자가 이해하기만 하면 된다고 봤습니다. '너 안에서 나를 보면 이해'라고 생각했습니다. 이후 후설은 '있는 모습 그대로' 보기 위해서는 해석자가 선입견을 버려야 한다고 주장합니다. 판단중지를 하여 있는 그대로 보므로 객관성을 확보했습니다. 후설을 이은 하이데거도 역시 해석자의 지평을 인정하지 않았습니다. 그러나 과연 선입견을 완전히 없앨 수 있습니까? 거의 불가능합니다. 정신과학에서 대상을 완전히 객관화시킬 수 없습니다. 나와 상관없는 사람을 연구하지 않습니다. 어떤 사람을 관계와 상관없이 뚝 떼어놓고 이해하려고 하면 어떻게 될까요? 판단중지라는 이상을 실현할 수 있지만, 근본적으로 이해하려고 하지도 않고 이해할 필요가 없어집니다. 결국 관계속에서 이해가 진행됩니다. '객관화되지 않은 대상은 이해할 수 없다'는 전통적 이해 개념을 깨뜨린 사람이 가다머입니다.[23] 관계 당사자를 두지평으로 인정하고 시작하는 것이 가다머의 두지평입니다. 그러므로 해석의 규칙을 세우는 것이 아니라, 그 사건 자체로 진리경험을 하도록 권면합니다.[24] 세리 마태를 객관적으로 볼 수 있습니까? 마태는 이기적인 사람이라고 배워온 관점으로 볼 수밖에 없습니다. 이미 대상에 대해 선입견을 가지고 있어서 100% 객관화를 할 수 없습니다. 선입견과 과거(영향사)의 지배를 인정합니다.[25] 선입견과 과거는 편견을 만드는 한계도 있지만, 깊이 이해하는 풍성함도 제공합니다.

그러면 가다머는 객관성을 어디서 확보합니까? '언어' 자체가 객관성을 담보한다고 보고 있습니다.[26] 상대방도 언어가 있고, 나도 언어가 있습니다. 이 언어라는 공통된 매개체를 가지고 있어 합일점을 찾을 수 있다고 봅니다. 언어는 과거나 현재나 공통성을 가지고 있기 때문입니다. 과거의 지평이 있습니다. 지난 사건을 언어로 봅니다. 언어를 통해서 지평을 봅니다. 나는 현재의 언어가 있습니다. 이 언어를 통해

23) 양해림, 앞의 책, p. 123.
24) 한스게오르크 가다머, 이길우 외 옮김, 『진리와 방법 I』(서울 : 문학동네, 2007), p. 22.
25) 양해림, 앞의 책, p. 134.
26) 앞의 책, p. 146.

서 지평을 봅니다. 언어라는 공통성으로 두지평의 융합이 가능하다는 것입니다. 언어라는 매체를 통해서 과거 지평과 현재 지평이 융합할 수 있다고 봅니다. 이것을 '두지평의 융합'이라고 합니다. E.H. 카의 '역사란 무엇인가?'에서 과거와 현재의 대화가 바로 두지평 융합입니다.

3) 성경해석에 활용하기

사도 바울은 당시의 땅끝인 서바나(스페인)에 가고자 합니다(롬 15:23,28). 왜 서바나까지 가고자 합니까? 땅끝까지 이르러 예수님의 증인이 되라(행 1:8)는 예수님의 지상명령 때문입니다. 이방인의 사도로 부르신 하나님의 부르심(행 9:15) 때문입니다. 이것을 뛰어넘는 더 큰 그림을 로마서 9-11장에서 말하고 있습니다. 이방인의 충만한 수가 돌아오면(롬 11:25), 유대인들이 시기나서 돌아온다(롬 11:13,14)는 것입니다. 하나님의 이 큰 구원 계획에 사도 바울은 "깊도다 하나님의 지혜와 지식의 풍성함이여"(롬 11:33) 찬양합니다. 사도 바울은 어떻게 이런 하나님의 큰 그림을 말할 수 있었을까요? 사도 바울의 큰 근심과 고통이 동족인 유대인이었습니다(롬 9:1,2). '나의 형제 곧 골육의 친척'(롬 9:3)이 구원받기를 간절히 원했습니다. 그래서 가는 곳마다 먼저 회당을 찾아가서 복음을 전하였습니다. 하지만 유대인들은 거부하였습니다. "형제들아 내 마음에 원하는 바와 하나님께 구하는 바는 이스라엘을 위함이니 곧 그들로 구원을 받게 함이라"(롬 10:1) 이것이 바울의 고민이요 바울의 지평입니다. 이런 그에게 말씀이 주어집니다. 말씀과 지평융합이 이루어집니다. 이사야 66장 18-21절입니다. "내가 그들의 행위와 사상을 아노라 때가 이르면 뭇 나라와 언어가 다른 민족들을 모으리니 그들이 와서 나의 영광을 볼 것이며 내가 그들 가운데에서 징조를 세워서 그들 가운데에서 도 도피하는 자를 여러 나라 곧 다시스와 뿔과 활을 당기는 룻과 및 두발과 야완과 또 나의 명성을 듣지도 못하고 나의 영광을 보지도 못한 먼 섬들로 보내리니 그들이 나의 영광을 뭇 나라에 전파하리라 나 여호와가 말하노라 이스라엘 자손이 예물을 깨끗한 그릇에 담아 여호와의 집에 드림 같이 그들이 너희 모든 형제를 뭇 나라에서 나의 성산 예루살렘으로 말과 수레와 교자와 노새와 낙타에 태워다가 여호와께 예물로 드릴 것이요 나는 그 가운데에서 택하여 제사장과 레위인을 삼으리라 여호와의 말이니라" 이방인들이 유대인을 데리고 하나님께 오는 모습입니다. 이방인과 유대인이 다 하나님의 백성이 됩니다. 하나님의 구원계획이 이렇게 완성될 것입니다. 19절의 다시스가 서바나, 스페인입니다. 그래서 바울은 다시스로 가고자 합니다. 하나님의 구원계획 속에서 자신은 이방인의 사도로 충성을 다하는 것입니다. 말씀의 지평과 바울의 지평이 만남으로, 두지평의 융합으로, 바울은 말씀속에서 하나님의 큰 계획을 보게 된 것입니다.

요나 선지자에 대한 일반적인 평가는 좋지 않습니다. 이기적이고 편합한 선지자로 판단할 수 있습니다. 그런 면이 충분히 있습니다. 그러나 요나를 이해하는 측면에서 요나를 볼 수도 있습니다. 이것이 요나의 지평이라고 할 수 있습니다. 요나가 니느웨로 가라는 하나님의 말씀을 듣고 다시스로 가버립니다. 왜 그랬을까요? 자신이 가서 회개를 외쳐서 그들이 회개하면 하나님이 용서할 것을 알았습니다. 니느웨가 하나님의 심판을 받아 멸망하기를 바랬습니다. 니느웨는 조국 이스라엘을 괴롭히고 무너뜨리는 적국이기 때문입니다. 나의 원수가 망할 기회가 왔는데, 망하게 놔두는 것이 사람의 마음입니다. 반면에 하나님의 마음, 하나님의 지평은 무엇입니까? "여호와께서 이르시되 네가 수고도 아니하였고 재배도 아니하였고 하룻밤에 났다가 하룻밤에 말라 버린 이 박넝쿨을 아꼈거든 하물며 이 큰 성읍 니느웨에는 좌우를 분변하지 못하는 자가 십이만여 명이요 가축도 많이 있나니 내가 어찌 아끼지 아니하겠느냐 하시니라"(욘 4:10,11) 요나가 박넝쿨을 아끼듯이, 하나님은 니느웨 백성들을 아끼십니다. 요나는 그늘을 제공한 박넝쿨을 아꼈지만, 하나님은 유익이 없을지라도 느니웨 사람들을 아끼십니다. 부모가 자녀를 아끼는 이유가 따로 있습니까? 그냥 부모이기 때문에 아낍니다. 악할지라도 아낍니다. 하나님께서도 악한 니느웨를 아끼십니다. 하나님은 이방 백성과 피조물까지도 아끼십니다. 원수도 사랑하라 하신 예수님의 마음이 하나님의 마음입니다. 무엇보다도 하나님은 선지자 요나를 아껴서, 이렇게 박넝쿨 사건도 만들어서 설득하십니다. 이후에 요나는 어떻게 되었을까요? 요나의 무덤이 니느웨성에서 발견되었습니다. 귀족무덤처럼 큰 무덤이었는데, 그곳에 요나의 이름이 있습니다. 요나는 하나님께 데모하다가 일사병에 걸려 죽은 것이 아닐 것입니다. 하나님의 뜻을 영접하고, 니느웨의 회개를 도왔을 것입니다. 하나님이 요나를 아끼신 결과입니다.

제7권

가다머의 놀이 개념을 성경해석에 활용하기 : 성경을 가지고 잘 놀아야 합니다.

1) 문제의식

아이들이 놀이터에서 노는 것을 보면 보는 사람도 즐겁습니다. 놀이 규칙은 단순합니다. 그런데 아이들은 그 놀이에 몰입하여 즐깁니다. 놀이 규칙을 잘 지키면서, 규칙을 잘 활용하여 즐겁게 놉니다. 시간 가는 줄 모릅니다. 마치 놀이와 일치가 되는 것 같습니다. 이처럼 성경을 가지고 잘 놀 수는 없을까요? 성경 본문이 놀이터가 되고, 우리가 이 놀이터에서 노는 것으로 생각해 봅니다. 성경 본문은 놀이의 규칙과 같습니다. 성경 본문의 지배를 받습니다. 그러나 놀이자에 따라서 전혀 다른 이야기가 나올 수 있습니다. 한없이 지루할 수도 있습니다. 감동과 감격을 누릴 수도 있습니다. 우리는 성경을 가지고 어떻게 잘 놀 수 있을까요?

2) 가다머의 놀이 개념

'놀이는 결코 놀이에서 작용하고 있는 주관성의 자유가 아니라, 예술작품 그 자체의 존재방식을 의미한다'[27] 놀이에 대한 가다머의 정의입니다. 놀이는 예술작품의 존재방식이라고 합니다. 그림이라는 예술작품이 있습니다. 우리가 그 그림을 볼 때, 우리는 자신의 지식(선이해)으로 그 그림에 접근합니다. 그런데 그 그림이 나에게 보여줍니다. 그 그림이 나에게 말하는 것이 있습니다. 그림을 보면서 나에게 드는 생각이 있습니다. 그리고 그것이 나의 생각과 선이해를 바꿀 수 있습니다. 이것을 가다머는 '진리 경험'이라고 말합니다. 성경에 대해서도 우리는 선이해를 가지고 읽습니다. 그런데 성경이 나에게 말하는 것이 있습니다. 성령 하나님께서 성경을 통해서 나에게 말씀하시는 것이 있습니다. 그 말씀이 나를 변화시킵니다. 이것이 진리경험입니다. 이 진리경험은 매우 주관적인 것입니다. 어떻게 객관성을 담보할 수 있을까요?

가다머는 놀이의 규칙에서 객관성을 찾습니다. 누구라도 정해진 규칙을 지켜야지 규칙을 지키지 않으면 놀이가 성립되지 않습니다. 축구 놀이에서 골키퍼만이 손으로 공을 잡을 수 있습니다. 다른 선수들이 경기중 공을 손으로 잡으면 반칙이 됩니다. 이처럼 놀이의 규칙은 놀이자 위에 존재합니다. 성경에서도 본문 자체가 규칙입니다. 본문 자체가 객관성을 담보합니다. 이 본문을 가지고 해석자가 잘 놀면 됩니다. 이때 주의해야 할 것은 해석자가 규칙인 성경 본문을 바꾸지 말아

27) 한스 게오르크 가다머, 이길우 외 옮김, 앞의 책, p. 189.

야 합니다. 성경 본문을 바꾼다는 것은 규칙을 바꾸는 것이므로 해서는 안 됩니다. 성경 본문의 단어를 해석하기 편하게 일반적인 단어로 바꾸는 경우도 있습니다. 나병환자가 예수님께 '원하시면 깨끗하게 하실 수 있나이다' 했습니다. 예수님께서도 나병환자에게 '내가 원하노니 깨끗함을 받으라'하셨고, '깨끗하여졌다'고 기록되었습니다(막 1:41,42). 그런데 깨끗하다는 말은 나병을 낫게 해 주셨다고 말로 바꿀 수 있습니다. 그러나 나병환자는 깨끗하게 해 달라고 요청합니다. 깨끗하다는 단어는 의학 용어가 아니라 종교 용어입니다. 레위기 13,14장에서 나병을 부정한 병으로 규정하고 있습니다. 나병환자는 나병 뿐만 아니라 부정한 병으로 하나님의 저주에서 벗어나고 싶었습니다. 그런데 예수님께서 나병 뿐만 아니라 부정까지 없애시는 분으로 고백한 것입니다. 놀라운 고백입니다. 예수님을 부정을 없애시는 그리스도로 발견하였습니다. 예수님은 나병 뿐만 아니라 부정까지 깨끗하게 하시므로 그리스도이심을 나타내신 것입니다. 또 성경 본문보다 교리나 전통을 앞세우다 보면, 놀이규칙인 성경 본문을 바꿀 수 있습니다. 놀이에서 가장 큰 문제입니다.

'연극은 그것이 공연될 때에만 존재하며, 음악도 마찬가지다'[28] 가다머는 말합니다. 연극은 배우가 대본을 잘 표현하므로 구체적인 존재감을 드러냅니다. 그래서 배우는 창조자입니다. 음악도 마찬가지입니다. 똑같은 악보이지만, 연주자에 따라서 달라집니다. 축구 규칙은 100년전부터 거의 똑같습니다. 규칙을 안다고 해서 축구를 잘 한다고 하지 않습니다. 규칙은 똑

28) 양해림, 앞의 책, p. 132.

같은데, 누가 축구를 하느냐에 따라서 축구의 재미가 완전히 달라집니다. 축구 선수들은 규칙을 지루해 하지 않습니다. 그 안에서 능력을 발휘합니다. 아마추어보다 프로가, 한국 프로 축구보다 영국 프로축구가 더 재미있습니다. 같은 놀이인데, 놀이자에 따라서 달라집니다. 영국에서 축구와 비교되는 운동이 크리켓입니다. 옛날에 축구는 서민들의 놀이, 크리켓은 귀족들의 놀이였습니다. 하지만 놀이자의 숫자에 의해서 지금은 완전히 그 지위가 바뀌었습니다. 축구는 세계가 다 알지만, 크리켓은 모르는 사람이 많습니다. 놀지 않으면 의미가 없습니다. 노는 것 자체가 진리가 될 수 있습니다.

성경과 같은 텍스트에서 가다머는 놀이의 방법으로 '대화'의 방법을 제시합니다. '텍스트와의 대화에서 나온다. 그래서 문헌적 전승은 그것이 처해 있는 대상과 대화라는 살아있는 현재로 불려오게 된다'[29] 연극에서 배우가 배역의 인물과 끊임없이 대화하며 그 인물을 그려내듯이, 성경의 등장인물과 끊임없이 대화를 주고 받아야 합니다. 주석은 똑같지만, 작년과 올해의 대화내용은 다르게 됩니다. 성경을 볼 때, 배우가 대본을 그냥 읽는 것과 같이, 성경을 그냥 읽기만 하면 아무도 흥미를 가지지 않습니다. 배우가 대본을 바탕으로 연극하듯이, 성경의 인물을 그려내야 합니다. 야구의 규칙을 설명하는 것은 야구하는 것이 아닙니다. 실제 경기장에서 야구를 해야 합니다. 성경 자체는 누가 봐도 똑같습니다. 그러나 누가, 어떻게 해석하느냐에 따라서 성경의 재미와 풍성함이 달라집니다. 성경의 놀이터 안에서 잘 놀아야 합니다. '노

29) 앞의 책, p. 140.

는 것, 참여하는 것'이 제대로 아는 것입니다. 이처럼 진리를 찾아가는 과정 자체를 가다머는 진리라고 말하고 있습니다.

3) 성경해석에 활용하기

90세에 아들을 낳은 사라에게 대화를 걸어봅니다. 창세기 21장 1-5절입니다. "여호와께서 말씀하신 대로 사라를 돌보셨고 여호와께서 말씀하신 대로 사라에게 행하셨으므로 사라가 임신하고 하나님이 말씀하신 시기가 되어 노년의 아브라함에게 아들을 낳으니 아브라함이 그에게 태어난 아들 곧 사라가 자기에게 낳은 아들을 이름하여 이삭이라 하였고 그 아들 이삭이 난지 팔 일 만에 그가 하나님이 명령하신 대로 할례를 행하였더라 아브라함이 그의 아들 이삭이 그에게 태어날 때에 백 세라 사라가 이르되 하나님이 나로 웃게 하시니 듣는 자가 다 나와 함께 웃으리로다" 사라가 아들이 나로 웃게 하였다고 하지 않습니다. 하나님이 나를 웃게 하셨다는 것이 첫마디입니다. 하나님의 연단으로 말미암아 사라의 마음고생이 가장 컸습니다. 남편을 따라 약속의 땅에 왔다가 두 번이나 다른 남자에게 팔려갈 뻔했습니다. 아브라함이 부자가 되기까지 사라의 역할이 보이지 않게 컸습니다. 하지만 언제부터인가 남편의 옆자리를 하갈에게 내주어야 했습니다. 아브라함이 하갈의 아들 이스마엘에게 푹 빠져 아빠의 행복을 누릴 때, 사라의 마음 한구석은 알 수 없는 허전함과 씁쓸함에 짓눌렸습니다. 아무도 모르게 눈물로 밤을 보내는 날들도 있었습니다. 그런 와중에도 사라는 남편 아브라함을 주인처럼 높이고 나그네를 섬기는 생활에 힘썼습니다. 하나님께서는 먼저 사라를 변화시키셨습니다. 늙은 사라를 젊게 하셨습니다. 즐거움이 없어진 사라에게 즐거움이 되돌아오게 하셨습니다. 하나님이 말씀하신 시기가 되자 이삭을 주셨습니다. 이삭은 오직 하나님의 능력으로만 된 아들입니다. 이삭이란 기쁨, 웃음이란 뜻입니다. 하나님은 사라의 눈물을 기쁨의 웃음으로 바꾸어 주셨습니다. 그래서 사라는 하나님께서 나로 웃게 하셨다고 고백하였습니다.

한 문장에서 주어가 중심일까요? 술어(동사)가 중심일까요? 문장과 문맥에 따라서 다를 수 있습니다. 그러나 기본적으로 주어가 중심입니다. 아리스토텔레스에 의하면 술어는 독자적으로 존재할 수 없고, 주어에 딸린 존재입니다. 아리스토텔레스는 주어는 으뜸실체라 하고, 동사는 버금실체라고 말합니다.[30] 술어가 주어에 딸린 것이라고 한다면 술어의 의미는 주어에 따라서 결정된다고 할 수 있습니다.[31] 성경도 주어이신 하나님의 생각을 나타내는 것이 일차 목표입니다. 주어 중심으로 성경을 공부하게 되면 주어의 생각을 중심으로 공부하게 됩니다. 하지만 술어(동사) 중심으로 공부하게 되면 예수님의 모범된 행위를 주로 생각하고 요구하게 됩니다. "새벽 아직도 밝기 전에 예수께서 일어나 나가 한적한 곳으로 가사 거기서 기도하시더니"(막 1:35) 이 본문은 예수님께서 새벽기도하셨으니 우리도 새벽기도하자는 대표적인 말씀입니다. 새벽에 기도하셨다는 술어중심, 동사중심으로 공부하게 되면 우리도 새벽기도해야 한다는 결론에 이르게 됩니다.

30) 아리스토텔레스, 김진성 역주, 『범주들 명제에 대하여』(서울 : 이제이북스, 2008), p. 36.
31) 아리스토텔레스, 김천운 옮김, 『형이상학』(서울 : 동서문화사, 2010), p. 187.

새벽에 기도하면 마음이 새로워진다든지, 역사가 부흥한다든지, 혹은 역사가 부흥하려면 새벽기도를 해야 한다고 말합니다. 어떤 목사님이 교회사역도 잘 안 되고, 개인적으로도 되는 일이 없는 가운데 살기 위해서 새벽에 기도하셨습니다. 그런데 역사가 부흥하여 큰 교회를 이루게 되었습니다. 그 목사님의 새벽기도와 예수님의 새벽기도는 동기가 다르다고 할 수 있습니다. 그런데 동사 중심으로 보면, 그 목사님의 새벽기도나 예수님의 새벽기도가 같아집니다. 반면에 주어중심으로 보면 새벽에 기도하신 예수님의 동기를 확실히 알 수 있습니다. 새벽에 한적한 곳에 가서 기도하신 예수님, 주어 중심으로 생각하면 예수님의 생각을 읽어낼 수 있습니다. 사람에게 끌려다니기 보다 하나님을 최우선으로 여기시는 예수님을 생각합니다. 사람들이 몰려오는데 한적한 곳으로 가시는 예수님을 통해 사람들보다 하나님을 더 소중히 여기시는 예수님을 생각합니다. 사람들의 요구보다 하나님의 요구를 따라 다른 마을들로 가시는 예수님, 하나님께서 이 땅에 보내신 목적을 분명히 알고, 따라 순종하신 예수님을 생각합니다. 문장에서 중심인 주어를 많이 생각하는 성경공부로 잘 놀 수 있기를 기도합니다.

창세기 22장에는 하나님이 아브라함을 시험하는 장면이 나옵니다. 시험도 보통 시험이 아닙니다. “네 아들 네 사랑하는 독자 이삭을 번제로 드리라” 이 상황에 있는 아브라함과 대화를 해 봅니다. ‘너무 힘들지 않느냐?’ 그런데 이 말도 안 되는 시험에 아브라함은 전혀 고민이나 갈등이 없어 보입니다. 창세기 22장 3-5절입니다. “아브라함이 아침에 일찍이 일어나 나귀에 안장을 지우고 두 종과 그의 아들 이삭을 데리고 번제에 쓸 나무를 쪼개어 가지고 떠나 하나님이 자기에게 일러 주신 곳으로 가더니 제삼일에 아브라함이 눈을 들어 그곳을 멀리 바라본지라 이에 아브라함이 종들에게 이르되 너희는 나귀와 함께 여기서 기다리라 내가 아이와 함께 저기 가서 예배하고 우리가 너희에게로 돌아오리라 하고" 아브라함이 다음날 아침 일찍 번제할 장소로 아들 이삭과 함께 갑니다. 종들에게 말합니다. '내가 아이와 함께 저기 가서 예배하고 우리가 너희에게로 돌아오리라' 하나님께 예배하고 온다고 태연하게 말합니다. 자기 혼자가 아니라 아들 이삭과 함께 다시 돌아오겠다고 말합니다. 아브라함에게 죽은 자도 다시 살리는 부활신앙이 있어 보입니다. 이삭이 아브라함에게 번제할 어린 양에 대해서 물었습니다. 아브라함의 대답합니다. '번제할 어린 양은 하나님이 자기를 위하여 친히 준비하시리라' 아브라함은 하나님에 대한 신뢰를 계속 표현합니다. 그리고 아들 이삭을 제단에 올려놓고 칼을 들었습니다. 아브라함에게 진짜로 부활신앙이 있어서 이렇게 행동한 것일까요? '네가 네 아들 네 독자까지도 아끼지 아니하였으니 내가 이제야 네가 하나님을 경외하는 줄을 아노라' 하나님께서는 아브라함의 경외심을 칭찬하실 뿐입니다. 그러면 아브라함의 부활신앙을 어떻게 확인할 수 있을까요? 성경은 한 권의 책이기 때문에, 다른 말씀에서 찾아볼 수 있습니다. 히브리서 11장 17-19절입니다. "아브라함은 시험을 받을 때에 믿음으로 이삭을 드렸으니 그는 약속들을 받은 자로되 그 외아들을 드렸느니라 그에게 이미 말씀하시기를 네 자손이라 칭할 자는 이삭으로 말미암으리라 하셨으니 그가 하나님이 능히 이삭을 죽은 자 가운데서 다시 살리실 줄을 생각한지라 비유컨대 그를 죽은 자 가운데서 도로 받은 것이니라" 아브라함은 자신을 '약속들을 받은 자'로 인식하고 있습니다. 아버지와 아들의 관계로 보지 않았습니다. 자신과 이삭에 대해 '약속들을 받은 자'라는 정체성을 가지고 있었습니다. '이삭으로부터 나는 자라야 네 씨라 칭하리라' 약속의 말씀을 바탕으로 생각하기 시작했습니다. 이 약속의 말씀을 근거로 '이삭을 번제로 드리라'는 말씀을 해석하게 되었습니다. 그리하여 이삭을 죽은 자 가운데서 다시 살리실 것을 생각하게 되었습니다. 아브라함은 부활신앙을 가지게 되었습니다. 죽은 것 같은 자신의 몸에서 이삭을 낳게 하신 하나님이라면, 죽은 자를 다시 살리실 수 있다고 믿었습니다. 이렇게 구약의 상황을 신약의 말씀으로 해석할 수 있습니다. 반대로 신약의 상황을 구약의 말씀으로 해석하는 경우가 더 많습니다. 왜냐하면 신약은 구약을 배경으로 하고 있기 때문입니다. '성경이 성경을 해석한다'[32] 이 말은 구약과 신약의 통일성을 전제로 하는, 성경을 해석하는 중요한 전제입니다. 그러므로 신약을 읽을 때는 구약과의 연결성을 항상 살펴야 합니다. 신약에서 구약을 인용하는 방법에는 인용, 화용, 반향(echo), 배경연구(유대문헌)가 있습니다. 이런 간본문적 해석(intertextuality)을 잘 활용할 때, 성경에서 더 잘 놀 수 있습니다.[33]

32) 고광필, 김재홍, 『칼빈의 성경해석과 설교 그리고 묵상』(서울 : 대학생성경읽기선교회, 2009), p. 59.

33) 앤서니 C. 티슬턴, 최승락 옮김, 『해석의 새로운 지평』(서울 : SFC, 2016), p. 82.

제8권

아펠의 공동체를 성경해석에 활용하기 : 개인을 넘어 공동체를 생각합니다.

1) 문제의식

성경은 제1독자를 가지고 있습니다. '데오빌로 각하, 디모데'처럼 한 개인을 독자로 상정하기도 합니다. 하지만 대부분의 성경은 한 개인을 넘어 공동체를 독자로 하고 있습니다. 한 개인보다는 공동체에 보내는 편지, 글이 대부분이기 때문입니다. 성경의 첫 부분인 모세 오경은 출애굽한 이스라엘 공동체를 대상으로 하고 있습니다. 로마서, 고린도전후서, 에베소서는 로마, 고린도, 에베소 지역의 교회에 보낸 편지입니다. 또 한 개인을 통해 그가 속한 공동체를 볼 수 있도 있습니다. 삼손을 통해 유다 공동체를 볼 수 있습니다. 선진국 블레셋 속에 사는 유다 청년의 삶을 볼 수 있습니다. 삼손이 머리카락만 지키면 그곳에서 하나님의 일을 할 수 있었습니다. 또 입다의 서원을 통해 그 시대를 볼 수도 있습니다. 여호수아의 서원 이후로 유다 공동체는 하나님께 서원한 것을 지키지 않았습니다. 그런데 입다는 기생의 아들인데 하나넘게 한 서원을 지킵니다. 이처럼 공동체의 실제적인 문제를 볼 수 있고, 이에 대한 해결책을 볼 수 있습니다. 실제 문제를 다루고 있기 때문에 생동감이 있습니다. 더 나아가 공동체의 특징을 알 때 성경의 의미를 제대로 알 수 있게 됩니다. 무엇보다도 공동체의 그 문제들은 현재 우리 공동체에도 해당되는 경우가 많습니다. 개인을 넘어 공동체를 생각해야 하는 이유입니다. 이런 공동체를 해석학에 도입한 사람이 하버마스와 아펠입니다.

2) 하버마스의 '의사소통행위의 해석학'과 아펠의 '의사소통공동체의 해석학'

위르겐 하버마스(Jürgen Habermas, 1929-)는 태어나면서부터 구개파열로 소통에 어려움을 겪었습니다. 이런 언어적 장애는 공론장, 담론윤리, 의사소통이성 등 자신을 유명하게 한 연구의 출발점이 되었습니다. 또 하버마스는 선배인 하이데거가 나치에 동조한 것을 강하게 비판합니다.[34] 철학자 하이데거가 왜 나치를 왜곡된 사회로 말하지 않았는가? 철학이 비판능력을 상실했다고 평가했습니다. 이것이 하버마스 철학의 모티브였습니다. 프로이드의 정신분석학은 왜곡된 정신을 가진 사람을 연구하는 것처럼, 하버마스는 왜곡된 사회를 대상으로 심층해석학을 발전시켰습니다. 하버마스는 이전 철학자들이 무시했던 이성이 가진 반성의 힘을 강조합니다.[35] 서로가 이성적 존재라는 것을 인정하고, 합의를 이끌어 내기 위

34) 정재각, 『독일 사회철학강의』(서울 : 인간사랑, 2015), p. 583.
35) 김영한, 앞의 책, p. 38.

해서 계속 논증을 해 갑니다.[36] 의사소통을 통해서 왜곡된 것을 제거해 나갑니다. 이런 논증을 통해서 사회의 공론을 만들어간다는 것입니다. 이것이 하버마스의 '의사소통행위의 해석학'입니다.[37] 공동체가 의사소통을 통해서 타당성, 보편성을 확보해 가는 것입니다.

아펠(Karl Otto Apel, 1922-2017)은 나치 독일 군대의 병사로 5년간 전쟁에 참여합니다. '우리가 그토록 믿었던 것 모두가 잘못된 것이었다'라는 심한 자괴감을 가집니다.[38] 그러면서 질문합니다. '독일 사람들이 히틀러에 동조했고 합의했습니다. 그런데 이 합의가 타당한가?' '이것이 독일사람에게는 보편적이지만, 세계에 대해서 보편적인가?' 나치가 무너지므로 그것이 타당하지 않다는 것이 증명되었습니다. 히틀러 당시에는 타당하다고 인식했는데, 지금은 부당하다고 생각합니다. 그러면 '무엇이 타당한 것인가? 어떻게 보편성, 타당성을 찾아갈 수 있는가?'라고 질문합니다. 상호주관의 시대이기 때문에 절대적 객관은 없고, 주관적 객관을 해석학의 기본으로 상정합니다. 그리고 내가 보는 것과 다른 사람이 보는 것이 같다면, 그것이 객관입니다. 그것이 공동체라고 말합니다. 하지만 그 합의에 이르기가 쉽지 않습니다. 계속 논증하다가 갈 때까지 갑니다. 한 발만 더 가면 무너진다는 지점에까지 이릅니다. 결국 공동체를 살리기 위해서 서로 양보할 수 있고, 합의점을 찾아낼 수 있습니다. 이것이 '최후정초 설정의 논증'

36) 정재각, 앞의 책, p. 596.
37) 양해림, 앞의 책, p. 165.
38) 앞의 책, p. 181.

입니다.[39] '한 공동체라는 의식과 이 공동체를 깨서는 안된다'는 최후의 정초를 근거로 허심탄회하게 이야기합니다. 그러다 보면 공동체에서 합의가 이루어지고, 보편성과 타당성을 가지게 됩니다. 공동체안에서 객관성을 찾는 방법을 제시한 것입니다. 이런 과정에서 '의사소통공동체의 해석학'을 이야기했고, 공동체의 중요성을 드러내게 되었습니다.[40]

3) 성경해석에 활용하기

모세는 출애굽한 이스라엘 공동체에게 창세기 말씀을 들려줍니다. 애굽에서 노예로 살아서, 자신을 노예라고 인식하고 있는 그들에게 창세기 말씀은 어떻게 들렸을까요? "하나님이 자기 형상 곧 하나님의 형상대로 사람을 창조하시되 남자와 여자를 창조하시고"(창 1:27) 당시에 하나님의 형상, 신의 형상을 가진 존재는 왕이었습니다. 애굽 18왕조의 파라오 라호렙의 비문에 이렇게 쓰여 있었습니다. '신이 너를 자기의 모상으로 세웠노라' 반면에 이스라엘 백성들은 노예로서 개 돼지 취급을 받았습니다. 애굽인들에게 세뇌받은 대로 짐승처럼 살았습니다. 하나님의 형상을 가진 신의 아들이라는 사실은 꿈에도 모르고, 바로를 위한 도구와 소모품으로 여겼습니다. 하나님은 이런 이스라엘 공동체에게 분명히 말씀하십니다. '너희는 노예가 아니라 하나님의 형상대로 지음을 받은 하나님의 아들이다. 너희가 곧 신의 아들이다.' 그리고 실제로 그들의 조상은 노예가 아니라 애굽의 총리를 지낸 요셉

39) 앞의 책, p. 186.
40) 앞의 책, p. 188.

이었습니다. 평범한 총리가 아니라 애굽과 주변국을 기근에서 구원한 전설적인 인물이었습니다(창 47:20, 50:20). 이스라엘 공동체의 자부심이 얼마나 높아지겠습니까? 더 나아가 하나님은 이스라엘 공동체에게 '제사장 나라, 거룩한 백성'의 비전을 주십니다(출 19:5,6). 노예 공동체에게 이런 비전이 가당키나 하겠습니까? 그런 이스라엘 공동체가 그들의 조상 아브라함에게 주신 하나님의 말씀을 듣습니다. "내가 너로 큰 민족을 이루고 네게 복을 주어 네 이름을 창대하게 하리니 너는 복이 될지라"(창 12:2) 하나님께서 한사람 아브라함을 통해 200만명이 넘는 이스라엘 공동체를 이루셨다는 것을 그들은 현재 목격하고 있습니다. 이 하나님께서 아브라함에게 '의와 공도를 행하는 강대한 나라'(창 18:18,19)도 약속하셨습니다. 그 약속대로 그들은 제사장 나라, 거룩한 백성이 될 것을 믿습니다. "여호와께서 아브람에게 이르시되 너는 반드시 알라 네 자손이 이방에서 객이 되어 그들을 섬기겠고 그들은 사백년 동안 네 자손을 괴롭히리니 그들이 섬기는 나라를 내가 징벌할지며 그 후에 네 자손이 큰 재물을 이끌고 나오리라"(창 15:13,14) 이 말씀을 듣고 읽을 때, 이스라엘 공동체는 무슨 생각을 할까요? 현재 자신들의 삶이 400년 전에 이미 하나님께서 예언하셨습니다. 역사의 주관자이신 하나님에 대한 깊은 신뢰를 가진 공동체가 될 것입니다.

베드로전서의 수신자는 1장 1절에 자세하게 기록되어 있습니다. "예수 그리스도의 사도 베드로는 본도, 갈라디아, 갑바도기아, 아시아와 비두니아에 흩어진 나그네" 언급된 5개 지명은 모두 소아시아에 있습니다. 소아시아 지역의 공동체에게 편지하고 있습니다. 이들은 이방인으로 공동체를 이루게 되었습니다. 수신자들의 과거에 대해 베드로는 '너희가 알거니와 너희 조상의 유전한 망령된 행실에서 구속된 것은'(벧전 1:18)이라고 말했습니다. '전에는 하나님의 백성이 아니다'(벧전 2:10) 말씀을 기초로 볼 때, 그들이 이방인이라고 가정하는 것이 자연스럽습니다. 소아시아 지역의 교회 공동체가 당하는 고난은 무엇입니까? '여러가지 시험'(벧전 1:6)을 당하고, 근거없이 '악행한다고 비방'(벧전 2:12)을 당하고 있습니다. 죄를 짓지 않았는데 '부당하게 고난'을 당하고 있습니다(벧전 2:19,20) 심지어 '선을 행함으로 고난'을 받았습니다(벧전 3:17). 연단하려고 오는 불 시험을 당하고 있으며(벧전 4:12), 마귀의 공격으로 고난을 당하고 있습니다(벧전 5:8,9). 이런 고난은 일상생활속에서 당하는 고난이었습니다. 신자들 간에 '형제 자매들'이라고 하니까 근친상간을 한다는 둥, 성찬식에서 '몸을 먹고 피를 마신다'고 하니까 식인종이라는 둥, 황제숭배를 거부하니까 국가를 반역하고 로마의 평화를 파괴한다는 둥 비방을 받았습니다. 특별히 교회 공동체가 로마 사회로부터 받았던 뿌리깊은 적대감에는 종교적인 이유가 가장 컸습니다. 교회 공동체는 당시 로마 사회의 대부분의 사람들이 믿고 섬기고 있었던 여러 신들을 우상이라 하였습니다. 그런 신들에게 예배하는 공식 행사들에 참여하기를 꺼려했습니다. 로마는 정치와 사회 체제 자체가 많은 신들을 모시는 것을 골자로 하고 있으므로, 실상은 종교국가입니다. 그리스도인들이 여러 신들에 대해 갖는 배타적인 태도는 독선적이고 무모한 것으로 비쳐지기에 충분했습니다. 또한 로마의 공식적인 종교행사라는 것이 결국 술잔치나 그에 따르는 음란한 행실 등의 부도덕한 관행들로 이어지기 일쑤였습니다. 그러므로 그리스도인들은 이런 문화행사들에도 참여하기를 꺼려했음도 분명합니다. 평상시 일상생활 속에서는 그런대로 섞여 살 수 있었습니다. 하지만 로마가 그 종교적, 도덕적 본색을 드러내는 경우, 교회 공동체는 그들에게 결코 서로 섞일 수 없는 낯설기만 한 공동체로 비쳐졌습니다. 이런 그들에게 고난은 당연히 왔습니다. 베드로는 고난받는 공동체에게 고난을 어떤 시각으로 볼 것인가 말해 줍니다. 1) 모든 신자들이 동일한 고난을 당하고 있습니다(벧전 5:9). 예수 믿어 복받고 형통한 삶이란 없다는 것입니다. 모든 신자들은 산소망을 향한 고난 공동체로서 동일한 고난을 당하는 것이 당연합니다. 2) 신자들은 고난을 당할 때 그리스도의 고난에 동참할 뿐 아니라 그 분의 모본을 따르는 것입니다(벧전 2:21 이하, 4:12,13). 신자가 그리스도의 고난에 동참한다는 것은 그 분의 영광에도 동참하는 것을 보장합니다. 3) 신자들이 고난을 당하면, 죄를 그치는 복을 받습니다(벧전 4:1). 4) 신자들이 고난을 받으면 받을수록 산소망을 붙잡는 마음이 선명해집니다(벧전 1:7). 고난이 산소망을 제거하는 것이 아니라, 고난이 오히려 산소망을 더욱 빛나게 합니다. 고난을 당하면 믿음속의 불순물이 제거됩니다. 5) 신자가 선행 중에 고난을 당하는 것은 영광의 영이신 성령께서 그와 함께 있다는 표시입니다(벧전 4:4). 6) 신자가 억울한 고난을 당할 때에 마치 하나님이 주무시는 것 같은 느낌이 들 때가 있으나, 하나님은 반드시 최종심판을 통해서 신자의 억울한 심정을 풀어주십니다(벧전 4:17-19, 1:7). 베드로는 고난에 대한 이해를 넘어서 '선한 양심'의 실천을 강조합니다. 베드로는 예수님의 십자가의 길을 선한 양심으로 표현하였습니다. 십자가는 하나님이 나에게 오신 길이면서, 내가 하나님께 이르는 길입니다. 세상이 알 수 있는 표현, 세상과 소통하는 언어가 '선한 양심' 입니다. 양심이란 '함께 의식'하는 마음의 기능입니다.[41] 모든 사람이 '함께 의식'하는 것이 있습니다. 창조주 하나님이 모든 사람에게 주신 것이기 때문입니다. 우리는 하나님과도 '함께 의식'할 수 있었습니다. 그러나 사람이 하나님을 떠나 타락했고, 그 양심도 깨어지고 흐려졌습니다. 그래도 양심은 각 사람의 마음에 흔적으로 남아 있습니다. 이 양심을 매개로 세상과 소통할 수 있습니다. 게다가 신자는 거듭남으로 회복된 양심을 가지게 되었습니다. 지극히 선한 하나님의 뜻까지 의식하고 행할 만큼 그의 양심이 회복되었습니다. 이 선한 양심과 그것에서 나오는 선한 행실을 세상에 보여주는 것입니다. 이 선한 양심으로 사는 것이 세상의 악과 그 배후의 마귀를 대적하는 것입니다. 선한 양심으로 세상의 빛과 소금이 되어, 세상을 변화시키라는 것입니다. 이것이 베드로가 고난 당하는 교회 공동체에 제시한 해법입니다.

에스라는 스룹바벨 성전을 건축하기 위해 돌아온 공동체를 이끌었습니다. 바벨론에서 예루사렘으로 돌아오는 동안 하나님의 선한 손의 도우심을 입었습니다. 그 이유가 무엇일까요? 에스라 7장 10절의 시작이 'for'로 그 이유를 설명합니다. "에스라가 여호와의 율법을 연구하여 준행하며 율례와 규례를 이스라엘에게 가르치기로 결심하였었더라"(스 7:10) 에스라가 3가지를 결심했기 때문에 하나님께서 도와 주셨습니다. 첫째

41) 채영삼, 『십자가와 선한 양심』(서울 : 이레서원, 2014), p. 450.

로, 여호와의 율법을 연구하기로 결심했습니다. 에스라는 이방땅 바벨론에서 모세의 율법에 익숙한 학자(스 7:6)로서 이름을 날리고 있었습니다. 에스라는 원래 대제사장 아론의 16대 자손으로 제사장이었습니다. 그런데 바벨론에는 성전이 없었습니다. 성전에서 제사를 드리지 못하므로 죄사함을 받을 수 없었습니다. 하나님을 만나는 지성소가 사라져서 하나님을 만날 수도 없었습니다. 어떻게 하나님을 만나고, 죄사함을 받을 수 있을까? 고민했습니다. 하나님께서 주신 모세의 율법을 발견하였습니다. 그는 제사장이지만 율법을 연구하는 서기관이 되었습니다. 모세의 율법을 연구하는 학자가 되었습니다. 구약에서 유일하게 율법에 익숙한 학자로 인정받게 되었습니다. 율법을 연구하여 그 본질을 찾아내고 바벨론 시대에 적용하였습니다. 그리하여 여호와의 선한 도우심을 받게 되었습니다. 이제 스룹바벨 성전을 짓기 위해서 예루살렘에 왔습니다. 여러 가지 문제들이 발생했습니다. 이에 대해서 모세의 율법을 연구하므로 하나님의 뜻을 발견하고 삶에 적용했습니다. 아무리 율법에 익숙한 학자라도 말씀을 연구하지 않으면 현재적으로 나와 공동체에게 주시는 하나님의 말씀을 인격적으로 들을 수 없습니다. 현재 말씀하시는 하나님의 음성을 듣기 위해서는 말씀의 본질을 정확히 알고 적용해야 합니다. 에스라는 스룹바벨 성전을 건축하고 있는 공동체에 하나님의 말씀을 공급하고자 결심했습니다. 둘째로, 에스라는 여호와의 율법을 준행하기로 결심했습니다. 준행이란 말씀을 믿고 순종하는 것입니다. 가장 먼저 자기 자신에게 받은 말씀을 적용하는 것입니다. 자기를 먼저 가르칠 때 영적 권위가 생깁니다. 또 본이 되기 때문에 다른 사람들이 보고 자연스럽게 따라오게 됩니다. 셋째로, 에스라는 여호와의 율법을 가르치기로 결심했습니다. 이스라엘이 이방인과 통혼하고, 안식일도 지키지 않는 것은 여호와의 율법을 알지 못했기 때문입니다. 하나님의 백성답게 사는 것이 무엇인지를 가르쳐야 합니다. 그렇지 않으면 자기 생각대로 살아가게 됩니다. 여호와의 율법에 순종할 때, 제사장 나라 거룩한 백성으로 살아가게 됩니다. 에스라는 스룹바벨 성전을 건축하는 공동체에 말씀을 공급하는 자신의 직분을 잘 감당하고자 결심하였습니다. 하나님은 이를 기뻐하시고 그 공동체를 도와주셨습니다.

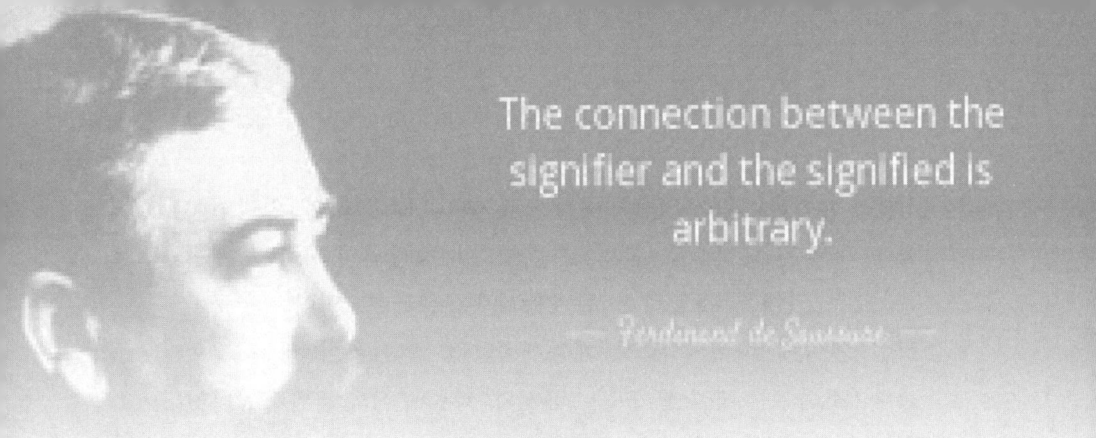

제9권

소쉬르의 일반언어학을 성경해석에 활용하기 :
언어에는 랑거(공통된 사상)가 있습니다.

1) 문제의식

주어진 단어, 문장을 뛰어넘어 '행간'을 읽으라고 합니다. 실제로 행간을 읽어야 전체 내용을 제대로 이해할 수 있습니다. 표현된 언어 뒤에는 표현되지 않는 생각이 있습니다. 이것을 소쉬르는 '랑거'라고 합니다. 이것을 찾을 때 성경에 공감하고, 영감을 얻을 수 있습니다.

2) 소쉬르의 일반언어학

소쉬르(Ferdinand de Saussure, 1857-1913)가 왜 '일반' 언어학이란 표현을 썼을까요? 언어학은 한국어, 영어, 독일어를 말합니다. 반면 일반언어학은 한국어, 영어, 독일어를 넘어서는, 모든 언어의 일반 규칙을 찾는 것입니다. 언어에 공통성, 보편성이 있다는 것을 소쉬르가 증명해 냈습니다. 물리는 물리현상을, 화학은 화학현상을 대상으로 합니다. 그러면 일반언어학은 무엇을 대상으로 할까요? '랑거'가 대상입니다.[42] 그 개념은 모든 언어를 초월하여 존재합니다. 한국어, 영어 등 구체적인 언어에 매이지 않기 때문에 '일반' 언어학이 되는 것입니다. 소쉬르는 언어를 크게 '랑거와 파롤(언어와 화언)'로 나눴습니다.[43] 말로 나오기 전에 이미 머리에는 랑거가 있습니다. '나무'라는 랑거가 있고, 이것을 표현한 것이 'tree, baum, 木 ,나무'입니다. 이것이 파롤입니다. 랑거 때문에 통역이 가능합니다. '나무'라는 개념이 한국인, 미국인의 머리에 이미 들어있다는 것입니다. 촘스키도 인간은 general grammar를 가지고 태어난다고 말합니다. 12세전까지는 이 문법이 배우는 언어에 맞게 변형된다는 것입니다. 한글을 들으면 한글구조가 됩니다.

3) 성경에 활용하기

말은 개인이 합니다. '대박이다' 이 말의 의미를 일반 사람들이 알고 있습니다. 사회적으로 공감대가 있습니다. 못 알아들으면 쓰지도 않습니다. 그러므로 언어는 개인적인 것이면서 사회적인 것으로 봅니다. 언어는 개인과 사회의 복합물입니다. 그러므로 공통된 랑거를 찾아가면 보편에 이르게 됩니다. 성경연구를 통해서 이것을 찾아내야 합니다. 이것을 찾아내면 현재에도 성경을 우리 삶에 적용할 수 있게 됩니다. 솔로몬이 이방 여인들을 많이 취하므로 후에 이 이방 여인들에 의해 우상을 숭배하게 되었습니다. 이를 보고 '정욕을 추

42) 페르디낭 드 소쉬르, 최승언 옮김, 『일반언어학 강의』(서울 : 민음사, 2012), p. 33.
43) 앞의 책, p. 137.

구하면 망한다. 믿음으로 결혼하자'라고 말합니다. 하지만 이것을 현재 우리에게 적용하기가 쉽지 않습니다. 솔로몬처럼 여러 여자들을 취할 수도 없습니다. 하지만 솔로몬의 행동이 아닌 솔로몬의 고민을 생각해 봅니다. 당시 외국과의 외교문제를 생각했습니다. 이방 여인을 취하지 말라는 하나님의 말씀도 들었습니다. 하나님의 경고에도 그는 이방 여인을 취하였습니다. 외교적 실리를 추구했다고 볼 수 있습니다. 더 큰 생각은 '자기는 다르다'는 생각입니다. 그는 지혜와 지식이 뛰어난 왕입니다. 여인에게 휘둘릴 리가 없다고 생각했습니다. 실제로 젊었을 때 그는 이방 여인들 단속을 잘 했습니다. 하지만 나이 들어서 이방 여인들에 의해 우상을 허용하고 숭배하게 되었습니다. '나는 다르다'는 근본적인 생각, 랑거를 발견할 수 있습니다. 우리에게도 죄에 대해서, 목자 생활에 대해서 '나는 다르다'는 나름의 생각이 있습니다. 이것을 현재 우리에게도 적용할 수 있게 됩니다.

빌립보서에서 현재적으로 기뻐할 수 없는 두 사람이 나옵니다. 바로 유오디아와 순두게입니다. "내가 유오디아를 권하고 순두게를 권하노니 주 안에서 같은 마음을 품으라"(빌 4:2) 두 사람에게 주 안에서 같은 마음을 품으라고 권하고 있습니다. 유오디아는 '순조로운 여행'이라는 뜻이요, 순두게는 '행운의 기회'라는 뜻입니다. 그런데 이 두 사람이 다른 마음으로 하나되지 못했습니다. 사도 바울의 평가에 의하면 유오디아와 순두게는 복음에 힘쓰는 사람입니다(빌 4:3). 복음에 힘쓰는 사람인데 왜 같은 마음을 품지 못할까요? 어떻게 하면 같은 마음을 품을 수 있을까요? 바울은 먼저 주 안에서 항상 기뻐하라고 권면합니다(빌 4:4). 각 자가 먼저 주님 안에서 기쁨을 회복하라고 권면합니다. 기뻐하면 어떤 사람이든 받아들일 수 있는 여유가 생깁니다. 서로에게 관용할 수 있습니다(빌 4:5). 그런데 그 다음 해결책이 '아무것도 염려하지 말라'입니다(빌 5:6). 왜 갑자기 염려하지 말라는 권면이 나올까요? 염려와 같은 마음을 품는 것과는 무슨 관계가 있을까요? 유오디아와 순두게는 복음에 힘쓰는 사람으로 염려가 있습니다. 복음을 위해 잘 해보고자 하는 마음이 있습니다. 잘 해보고자 하는 마음이 없다면 염려도 없습니다. '상대방의 생각대로 하다가 일이 안 되면 어쩌지? 그렇게 하다가 망하면 어쩌지?' 서로가 자기 생각을 말하는데, 상대방의 생각대로 하면 망할 것이라는 염려가 있었던 것 같습니다. 이런 염려로 두 사람의 생각이 갈라졌습니다. 이렇게 염려하면 갈등과 다툼이 커질 수 있습니다. 갈등과 다툼이 커지다 보면 본래 가지고 있던 좋은 의도와 생각은 묻혀버립니다. 갈등과 다툼만이 지배합니다. 서로가 복음에 힘쓰고 있다는 사실조차 잊어버리게 됩니다. 서로 나쁜 감정만 남을 수 있습니다. 그렇게 되면 해결책이 안 보입니다. 그런데 해결책이 있습니다. "아무 것도 염려하지 말고 다만 모든 일에 기도와 간구로 너희 구할 것을 감사함으로 하나님께 아뢰라 그리하면 모든 지각에 뛰어난 하나님의 평강이 그리스도 예수 안에서 너희 마음과 생각을 지키시리라"(빌 4:6,7) 예수님안에 있는 사람들에게는 하나님이 계십니다. 그들이 염려하는 그 부분, 그 생각을 하나님이 아시고 지켜 주십니다. 하나님의 평강이 유오디아와 순두게의 좋은 의도와 생각을 지켜 주십니다. 갈등과 다툼 속에 묻혀 있던 본래의 좋은 의도가 살아나게 하십니다. 동시에 다투던 두 사람이 상대방이 가진 좋은 의도와 생각을 이해하고 인정하게 됩니다. 그래서 같은 마음을 품을 수 있게 됩니다. 주 안에서 항상 기뻐할 수 있습니다. 이렇게 그 사람의 량거를 찾으면 이해가 되고, 우리 삶에도 적용할 수 있게 됩니다.

제10권

판넨베르크의 부활 증명을 성경해석에 활용하기 : 기독교의 아킬레스건은 무엇인가?

1) 문제의식

복음의 핵심은 십자가와 부활입니다. 그런데 십자가와 부활을 대하는 태도가 다릅니다. 일반적으로 예수님의 십자가 죽으심은 확실한 사실이라고 인정합니다. 십자가 메시지의 대부분은 그 사실보다는 의미를 중점적으로 살펴봅니다. 반면에 부활 메시지는 의미보다는 사실 자체를 증명하는데 중점을 둡니다. 왜냐하면 부활은 우리가 경험하지 못한 세계이기 때문입니다. 부활을 학문적으로 증명한 분이 판넨베르크입니다.

2) 판넨베르크의 부활 증명

판넨베르크(Wolfhart Pannenberg, 1928-2014)는 사이가 좋지 않은 종교와 과학은 철학의 중재를 통해 다시 만날 수 있다고 말합니다.[44] 또한 철학과 신학의 공통점이 근원을 탐구하는 것, 보편성을 찾는 것으로 봤습니다.[45] 보편성을 어떻게 찾을 것인가? 개별 사건은 우연적이고 개별적인데, 여기서 어떻게 보편과 전체를 찾을 수 있을까요? 우연이 필연이 되고, 부분이 전체가 될 수 있는 길은 무엇인가? 요셉에게 있어 형들에게 팔린 사건, 감옥에 갇힌 사건, 총리가 되는 사건은 모두 다 우연입니다. 그런데 이것은 마지막 시점에서 보니까 엮어지고 필연이 됩니다. 한 사건은 전체 사건과 연결됩니다. 끝에서 보면 우연이 필연, 부분이 전체가 됩니다. 이럴려면 하나님이 개입되어야 합니다. 요셉은 하나님이 나를 보내셨다는 관점으로 노예생활을 해석합니다. 악을 선으로 바꾸시는 하나님이 마지막에 고백되는 것이 그 이유입니다. 이렇게 의미를 찾는 것이 중요합니다. 이처럼 역사의 전체적인 의미는 역사의 시작이나 중간이 아니라 역사의 종말에 이르러서야 가능해집니다.[46] 그러므로 판넨베르크는 부활, 종말앞에서 의미를 찾자고 제안합니다.[47] 그럴려면 부활은 있는가를 먼저 증명해야 합니다.

판넨베르크는 이런 질문으로 시작합니다. '기독교의 아킬레스건이 무엇이냐?' 기독교를 무너뜨릴 수 있는 아킬레스건은 부활입니다. 부활만 부정되면 기독교는 무너집니다. 부활은 일반적이지 않기 때문에 부정하기 쉽습니다. 게다가 예수님을 죽인 사람들이 당시 정권을 잡고 있었습니다. 예수님이

44) 양해림, 앞의 책, p. 254.
45) 볼프하르트 판넨베르크, 정용섭 옮김, 『신학과 철학』(서울 : 한들출판사, 2001), p. 435.
46) 양해림, 앞의 책, P. 258.
47) 앤서니 C. 티슬턴, 최승락 옮김, 앞의 책, p. 465.

부활한다고 해도 충분히 감출 수 있는 힘을 가지고 있었습니다. 뿐만 아니라 부활이 거짓이라면 누가 그 거짓에 목숨을 걸겠습니까? 그런데 예수님의 부활을 봤다고 주장하는 사람들은 그 부활에 목숨을 걸었습니다. 정권의 핍박에도 자기가 본 사실인 부활을 부인하지 않았습니다. 정권은 부활을 지우려고 해도 지울 수가 없었습니다. 정권은 사라졌지만 부활을 믿는 기독교는 지금까지 유지되고 있습니다. 부활이 역사적 사실임을 인정하게 되었습니다. 그래서 부활을 믿는 기독교의 신학을 학문의 세계에서도 인정하게 되었습니다. 학문의 세계에서 밀려나 하나의 종교의 교리로 밀려난 신학을 다시 학문의 장으로 끌고 들어온 것에 의미가 큽니다.

3) 성경해석에 활용하기

예수님 사역의 핵심은 십자가와 부활입니다. 십자가 죽으심은 역사적 사실로 인정되므로, 그 의미를 밝히는데 집중하고 있습니다. 반면에 부활은 역사적 사실로 증명하는데 많은 힘을 쓰고 있습니다. 고린도전서 15장에 보면 부활의 증거로서 많은 증인들을 말하고 있습니다. 더 나아가 부활이 한 사람 바울을 변화시켰습니다. 사도 바울은 원래 교회를 박해하는 사람이었습니다. "사울이 주의 제자들에 대하여 여전히 위협과 살기가 등등하여 대제사장에게 가서 다메섹 여러 회당에 가져갈 공문을 청하니 이는 만일 그 도를 따르는 사람을 만나면 남녀를 막론하여 결박하여 예루살렘으로 잡아오려 함이라"(행 9;1,2) 바울의 옛 이름이 사울인데, 그는 스데반을 죽였고 예루살렘 성도들을 잡아 가두었습니다. 예루살렘에서

100km 떨어진 다메섹까지 가서 성도들을 잡아 감옥에 가둘려고 했던 사람입니다. 그런데 그가 예수님을 믿을 뿐만 아니라 예수님의 사도가 되었습니다. 무엇이 그를 이렇게 변화시킨 것입니까? 예수님의 부활이 그를 변화시켰습니다. 사도행전 9장 3-5절입니다. "사울이 길을 가다가 다메섹에 가까이 이르더니 홀연히 하늘로부터 빛이 그를 둘러 비추는지라 땅에 엎드러져 들으매 소리가 있어 이르되 사울아 사울아 네가 어찌하여 나를 박해하느냐 하시거늘 대답하여 주여 누구시니이까 이르시되 나는 네가 박해하는 예수라" 부활하신 예수님이 박해자 사울을 전도자 바울로 변화시켰습니다.

고린도전서 15장은 부활장입니다. 예수님의 부활을 증명하고 나서, 예수님의 부활과 나의 부활을 설명하고 있습니다. 성령님께서 예수님을 부활시키므로, 부활의 첫 열매가 되게 하셨습니다. 믿는 자의 내면에 계시는 성령님께서 사람도 부활시키십니다. 예수님이 부활의 첫 열매로서 부활의 형체와 영광을 보증하십니다. 더 나아가 현재 내 몸에 대한 생각과 죽음을 어떻게 볼 것인가? 사상의 차이를 볼 수 있습니다. 당시에 몸에 대한 대표적인 견해가 두 가지였습니다. 당시 고린도 지역에서는 헬라철학의 영향으로 몸을 영혼의 감옥으로 보았습니다. 감옥에 오래 살고 싶은 사람은 없겠죠? 감옥인 몸을 떠나 영혼이 이데아 세계에 가는 것을 기대했습니다. 소크라테스가 독배를 마신 이유 중의 하나가 이런 생각 때문이었습니다. 이것은 몸의 절제(금욕)를 가르치는 스토아 철학으로 연결됩니다. 스토아 철학의 반대로 쾌락주의라고 하는 에피쿠르스 학파가 있습니다. '이 몸이 다다'라고 주장합니다. 32

절에서 '죽은 자가 다시 살아나지 못한다면 내일 죽을 터이니 먹고 마시자 하리라' 먹고 마시자 한 곳이 바로 그 곳입니다. 반면에 사도 바울은 '몸은 씨앗이다'라고 말합니다. 씨앗은 죽을 때 많은 열매를 맺습니다. 씨앗을 오래 유지 보관할수록, 그 씨앗은 생명력을 잃게 됩니다. 씨앗은 죽을 때 많은 열매를 맺기 때문에, 사도 바울은 날마다 죽는다고 고백합니다. 사도 바울은 이를 위해 '심고'라는 표현을 사용하고 있습니다. 고린도전서 15장 42-44절입니다. "죽은 자의 부활도 그와 같으니 썩을 것으로 심고 썩지 아니할 것으로 다시 살아나며 욕된 것으로 심고 영광스러운 것으로 다시 살아나며 약한 것으로 심고 강한 것으로 다시 살아나며 육의 몸으로 심고 신령한 몸으로 다시 살아나나니 육의 몸이 있은즉 또 영의 몸도 있느니라" 우리는 죽어서 가는 나라 하나님 나라처럼, 죽으면 당연히 부활할 것으로 생각합니다. 그러면 부활이 현재의 삶에 전혀 영향을 미치지 못합니다. 그러나 본문은 현재의 몸과 부활의 몸을 '심는다'는 단어로 연결시키고 있습니다. 심지 않으면 부활의 몸이 없는 것처럼 표현하고 있습니다. 사도 바울은 몸의 부활을 말하면서, '이 몸이 다다. 죽으면 끝이다'라고 생각하는 사람들의 문제를 지적하고 있습니다. 죽으면 끝이기 때문에 사람들은 이 땅에서 최대한 살려고 합니다. 현재의 몸을 최대한 유지하려고 합니다. 처절한 몸부림이 있습니다. 반대로 영광스러운 몸의 부활을 믿고 소망한다면, 현재를 어떻게 살겠습니까? 1년후에 미국에 이민 갈 사람이라면 어떻게 살겠습니까? 땅을 사고, 집을 짓겠습니까? 있는 땅도 팔고, 집도 팔 것입니다. 사도 바울은 신령한 몸의 부활을 위해 현재를 어떻게 살아야 할지

분명하게 말씀하고 있습니다. 썩지 아니할 것을 위하여 현재 썩을 것을 심고, 영광스러운 것을 위하여 현재 욕된 것을 심고, 강한 것을 위해 현재 약한 것을 심고, 신령한 몸을 위해 현재 육의 몸을 심고, 영의 몸을 위해 현재 육의 몸을 심으라고 합니다. 이보다 더 좋은 투자가 어디 있습니까? 그러면 '몸을 심는다'는 말은 어떻게 하는 것을 말할까요? 사과를 기대하고 사과 씨를 심듯이, 무엇을 기대하며 자기 몸을 사용하는 것입니다. 하나님의 말씀에 순종하는 것입니다. 몸을 무언가에 드린다는 의미입니다. 사도 바울은 부활하신 예수님을 만난 후 자기 삶을 복음전파에 드렸습니다. 부활의 복음을 증거하는 일을 마치려 함에는 자기 생명을 조금도 귀한 것으로 여기지 않았습니다. 그는 주 예수의 이름을 위해서는 죽을 것도 각오했습니다. 그랬을 때 바울의 육체는 비록 초라해지고 죽었지만, 사도 바울이라는 존재는 영광스럽게 되었습니다. 그는 많은 영적 열매를 맺었습니다. 그는 확신있게 말합니다. "형제들아 내가 그리스도 예수 우리 주 안에서 가진 바 너희에 대한 나의 자랑을 두고 단언하노니 나는 날마다 죽노라"(고전 15:31) 사도 바울처럼 고린도교회 성도들도 자기 죽음을 선포하라고 합니다. 고린도교회 성도들의 근본 문제는 내가 죽지 않고자 한다는 것입니다. 게바파, 바울파, 아볼로파, 그리스도파로 나뉘어 서로 다투고 있습니다. 각자 자기 파가 옳다고 주장합니다. 또 형제와의 소송에서 이긴 것을 자랑했습니다. 좋은 은사를 자랑했습니다. 마음껏 먹고 마시는 것을 자랑했습니다. 자기를 자랑하고 자기 주장이 옳다고 하지, 누구도 죽지 않으려고 합니다. 죽지 않으려 하기 때문에 다툼이 끊이지 않습니다. 무엇보다도 그리스도 안에서의 새로운 몸, 새로운 삶에 대한 기대가 없습니다. 그러나 그들이 죽으면 부활의 몸을 입을 것입니다. 부활의 몸은 살리는 몸이니, 나도 살고 다른 사람도 살리게 됩니다.

열왕기서는 이스라엘이 회복될 것을 전제로 과거를 돌아보고 있습니다. 언약백성이 왜 망했는가? 언약을 파기했기 때문에 망했습니다. 그러므로 언약을 지키면, 말씀에 순종하면 다시 회복될 수 있음을 말해 주고 있습니다. 율법을 순종한 요시야 왕을 선한 왕으로, 율법에 불순종한 므낫세 왕을 악한 왕으로 평가합니다. 역대기서는 제2성전, 스룹바벨 성전을 지은 후 이스라엘 공동체를 어떻게 세워나갈 것인가? 하는 관점에서 이스라엘 역사를 돌아봅니다. 성전과 예배를 소중히 여길 때 번성하였습니다. 성전을 건축한 다윗과 솔로몬 왕, 특히 유월절 예배를 드린 히스기야와 요시야 왕을 집중해서 다루고 있습니다. 요한계시록은 이기리라는 관점에서 현재를 봅니다. 현재는 비록 밧모 섬에 유배당하고 죽음의 위협을 받고 있지만, 마음은 이긴 자처럼 당당했습니다. 예수님께서 세상 권력을 이기시고, 부활 승천하시므로 사탄을 이기셨기 때문입니다. 예수님의 재림을 통해 이김을 확신하고 현재도 이기는 자가 되었습니다. 이처럼 종말론적으로 보면, 모든 것이 연결되고 설명이 됩니다. 판넨베르크는 역사의 전체 의미는 종말에 이르러서야 분명해진다고 말하므로, 역사를 보는 새로운 관점을 제시했습니다.

제11권

바빙크의 조직신학을 성경해석에 활용하기 : 조직신학은 성경해석을 풍성하게 합니다.

1) 문제의식

창세기 2장 17절의 선악과 문제와 창세기 3장 15절의 원시복음은 많은 이들의 궁금증을 유발하고 있습니다. 왜 선악과를 만들어서 이 고생을 시키는가? 원시복음은 아담이 선악과를 따 먹은 후에 긴급하게 대안으로 만든 것인가? 심지어 구약은 행위언약이고, 신약은 은혜언약으로 잘못 이해하는 경우가 많습니다. 그래서 성경해석에서는 문법적 해석, 문예적 해석과 함께 신학적 해석을 강조합니다. 논리적 모순없이 성경 전체를 이해하는 것이 필요합니다. 이에 대해 바빙크의 개혁교의학을 활용하여 성경해석을 해 보고자 합니다.

2) 바빙크의 조직신학 중 은혜언약, 하나님의 섭리, 그리스도의 삼중직

헤르만 바빙크(Herman Bavinck, 1854-1921)는 은혜언약에서 '죄와 비참'을 구별함으로 그 단원을 시작하고 있습니다.[48] 죄는 하나님과의 관계에서 하나님의 계명을 어기거나, 하나님과의 관계가 단절된 것을 말합니다. 비참은 장애나 고난 등과 같이 우리가 실제 생활에서 당하는 상황입니다. 죄와 비참은 엄연히 다름에도 불구하고, 일반적으로 비참이 없어지면 죄가 없어진 것으로 생각합니다. 그러나 죄는 하나님과의 관계를 전제로 합니다. 인간이 처음 행위언약을 어기므로, 영벌의 상태가 되었습니다. 인간 스스로 그 상황에서 빠져 나올 수 없습니다. 그래서 하나님이 나서십니다. 하나님이 모든 것을 해결하십니다. 그래서 은혜언약이라고 표현합니다. 하지만 이 모든 것은 성부, 성자, 성령 하나님께서 미리 협의하신 구원협약에 근거하고 있습니다. 삼위일체와 같이 구원협약이라는 단어가 성경에는 나오지 않지만, 하나님의 통일성과 불변성을 근거해 볼 때 구원협약이 반드시 있어야 합니다.[49] 그러므로 언약에는 구원협약, 행위언약, 은혜언약이 있습니다. 행위언약은 창세기 2장 17절 하나만 있고, 나머지 성경에 나온 모든 언약은 다 은혜언약입니다. 창세기 3장 15절이 첫 은혜언약입니다. 은혜언약중에 구약은 옛 언약, 신약을 새 언약이라고 통칭하고 있습니다. 그러므로 구약이 행위언약이라고 하는 것은 틀린 말입니다. 창세기 2장 17절과 3장 15절을 이

48) 헤르만 바빙크, 박태현 옮김, 『개혁교의학 3』(서울 : 부흥과 개혁사, 2014), p. 237.
49) 앞의 책, p. 262.

런 신학으로 해석할 수 있습니다.

헤르만 바빙크는 성경을 인과율이 아닌 '섭리'로 해석합니다. 선악과를 먹으므로 악이 세상에 들어왔습니다. 그런데 이 악을 없애지 않았습니다. 허용하셨습니다. 후에 하나님은 이 악을 선으로 바꾸셨습니다. 악을 없애는 능력보다 악을 선으로 바꾸는 능력이 더 큽니다. 예수님은 사탄과 사람의 악 때문에 십자가에서 죽었습니다. 그러나 하나님은 이 악을 선으로 바꾸셨습니다. 인류를 구원할 길이 열렸습니다. 창세기 11장에서 바벨탑으로 인한 언어혼잡을 보통은 하나님의 징벌로 봅니다. 그런데 바빙크는 사람을 보호한 하나님의 섭리로 봅니다.[50] 언어혼잡은 사람을 흩어지게 했고, 힘을 분산시켰습니다. 이로 인해 홍수심판과 같은 심판에서 사람을 보호했습니다. 하나님은 악을 없애기 보다, 악을 선으로 바꾸십니다. 하나님은 악을 크게 보지도 않습니다. 하나님은 악을 두려워하지 않습니다. 하나님은 악을 통해서 선을 이루어 내십니다. 요셉이 자신의 인생을 보면서 악을 선으로 바꾸시는 하나님을 고백합니다(창 50:20).

헤르만 바빙크는 선지자, 제사장, 왕의 그리스도 삼중직을 '그리스도의 전인격 자체'라고 보았습니다.[51] 그리스도가 말하고 행하는 모든 것이 이 삼중적 위엄을 드러낸다고 표현했습니다. 이런 관점으로 예수님의 말씀을 해석하면 아주 풍성한 해석이 가능합니다. 요한복음 6장에 '너희가 먹을 것을 주라'

---

50) 앞의 책, p. 266.
51) 앞의 책, p. 448.

는 말씀을 근거로 오병이어를 찾아 먹여야 한다는 방향을 얻습니다. 이것이 선지자적 관점입니다. 여기에 머물지 않고 예수님이 먹을 것을 주어 먹게 할 것이다라는 왕적 관점도 읽을 수 있어야 합니다. 더 나아가 예수님은 자신이 영생의 양식이라는 제사장적 관점까지 말씀하십니다. '내 양을 먹이라. 내 증인이 되리라' 이 말은 우리의 행위를 요청하는 선지자적 관점과 함께 왕적 권세가 있어서 양을 먹이게 할 것이고, 증인되게 하겠다는 말입니다.

3) 성경해석에 활용하기

창세기 2장 17절을 행위언약적 측면에서 해석할 수 있습니다. 호세아 6장 6절에서 창세기 2장 17절을 하나님께서 아담과 맺은 언약이라고 부릅니다. 이때의 아담은 타락전 상태로 하나님과의 언약을 지킬 수 있는 능력을 가지고 있었습니다. 언약의 내용은 언약을 지키면 영생, 언약을 어기면 영벌이었습니다. 영벌은 세 가지 차원의 죽음을 맞이합니다. 하나님과 분리로써의 영적인 죽음, 육체와 영혼이 분리되는 육체적 죽음, 불심판의 영원한 죽음을 직면하게 됩니다. 반면 영생은 무엇일까요? 영생은 인간의 몸이 죄를 지을 수도 없고, 죽을 수 없는 상태가 되는 것입니다. 예수님께서 부활하신 후에 가지신 몸입니다. 또한 우리가 부활하여 얻을 몸입니다. 아담에게나 우리에게나 동일하게 영생의 몸을 주고자 하신 것이 하나님의 뜻입니다. 더 나아가 영생의 또 다른 측면, 영생의 질적인 측면은 하나님과 사람의 관계가 아버지와 자녀의 관계가 되는 것입니다. 아담이 하나님의 형상을 가졌지만, 창조주앞의 피조물에 불과합니다. 그런데 언약을 지키면, 창조주와 피조물의 관계에서 아버지와 자녀의 관계로 바뀐다는 것입니다. 이를 확증하기 위해 성령님께서 임시로 내주하던 것이 영원한 내주로 바뀝니다. 하나님의 양자가 되고, 하나님의 상속자가 되는 축복이 영생입니다. 사람이 아버지와 자녀로서 하나님과 친밀한 교제를 가지는 것이 영생입니다. 하나님의 임재를 경험하고, 하나님의 사랑, 전지, 전능을 경험하고 누리는 것이 영생입니다. 하나님은 결핍이 없는 풍성한 은혜와 기쁨을 사람에게 주기를 원하셨습니다. 이것이 불변하신 하나님의 계획이었습니다. 사실 하나님은 아담과 언약을 맺을 필요가 전혀 없었습니다. 그럼에도 불구하고 하나님께서 아담과 언약을 맺으신 것은 아담을 자녀로 삼고, 아담에게 영생을 주시기 위해서였습니다. 그만큼 하나님은 아담을 사랑하셨습니다. 그러나 아담은 사탄의 유혹을 받아 선악과를 따먹으므로 행위언약을 깨버렸습니다. 언약파기에 대한 책임으로 죽음을 선포받았습니다. 하나님과 분리로써의 영적인 죽음, 육체와 영혼이 분리되는 육체적 죽음, 불심판의 영원한 죽음을 직면하게 되었습니다. 아담은 죽을 수도 있고 죽지 않을 수도 있는 존재에서, 죽을 수밖에 없는 존재가 되었습니다. 아담은 죄를 지을 수도 있고 안 지을 수도 있는 존재에서, 죄를 지을 수밖에 없는 존재가 되었습니다. 로마서 5장 12절입니다. "그러므로 한 사람으로 말미암아 죄가 세상에 들어오고 죄로 말미암아 사망이 들어왔나니 이와 같이 모든 사람이 죄를 지었으므로 사망이 모든 사람에게 이르렀느니라". 이제 인간은 스스로의 힘으로는 영생을 가질 수 없는, 구원과 관련하여서는 전적으로 무능한 '전적 부패'

의 상태가 되었습니다. 하나님께서 인간들에게 주고자 했던 영생의 선물! 인간은 포기할 수밖에 없었지만, 하나님은 포기할 수 없었습니다. 그래서 하나님은 여자의 후손을 약속하셨습니다. 이것은 이미 구원협약에서 성부, 성자, 성령 하나님께서 협의하신 내용입니다.

창세기 2장 17절이 유일한 행위언약이라면, 창세기 3장 15절은 첫번째 은혜언약입니다. “내가 너로 여자와 원수가 되게 하고 네 후손도 여자의 후손과 원수가 되게 하리니 여자의 후손은 네 머리를 상하게 할 것이요 너는 그의 발꿈치를 상하게 할 것이니라 하시고” 여자의 후손을 통한 구원을 약속하십니다. 이 여자의 후손이 바로 예수 그리스도이십니다. 예수님께서 발꿈치가 상하는, 십자가에 죽는 고통을 당하십니다. 그러나 부활하시므로 사탄의 머리를 박살내시고 승리하시며 인류를 구원하십니다. 그래서 원시복음이라고 합니다. 잠시 여자의 후손이 왜 예수님인가를 좀더 살펴보겠습니다. 히브리어로 보면 ‘여자의 후손 곧 그는 네 머리를 상하게 할 것이요’라고 되어 있습니다. 여기서 ‘그’는 3인칭 인칭대명사 단수로 되어 있습니다. 여자의 후손 모두를 가리키는 것이 아니라 단 한 사람을 가리킵니다. “이 약속들은 아브라함과 그 자손에게 말씀하신 것인데 여럿을 가리켜 그 자손들이라 하지 아니하시고 오직 한 사람을 가리켜 네 자손이라 하셨으니 곧 그리스도라”(갈 3:16) “때가 차매 하나님이 그 아들을 보내사 여자에게서 나게 하시고 율법 아래에 나게 하신 것은”(갈 4:4) “보라 처녀가 잉태하여 아들을 낳을 것이요 그의 이름을 임마누엘이라 하리라”(사 7:14) 신구약에서 여자의 후손을 예수 그리스도로 보고 있습니다. 여자의 후손 예수님께서 아담 대신에 제2의 아담으로 다시 행위언약의 당사자가 되셨습니다. 로마서 5장 19절입니다. "한 사람이 순종하지 아니함으로 많은 사람이 죄인 된 것 같이 한 사람이 순종하심으로 많은 사람이 의인이 되리라" 예수님은 하나님의 말씀에 십자가에 죽기까지 순종하셨습니다. 십자가에서 우리 죄를 위하여 우리 대신 죽으심으로 우리 죄에 대한 책임을 다 지셨습니다. 더 나아가 하나님의 계명을 다 지키심으로, 행위언약이 약속한 의와 영생을 획득하셨습니다. 이렇게 획득한 의와 영생을 예수님은 우리에게 선물로 주셨습니다. 이것을 가리켜 '은혜언약'이라고 부릅니다. 예수님은 우리를 위하여 행위언약의 당사자가 되셨습니다. 그리고 은혜언약의 머리가 되셔서, 그 지체인 우리에게 모든 은혜를 주십니다. 이 모든 일을 성부, 성자, 성령 하나님께서 미리 협의하시고, 약속하시고, 때가 되어 이루어졌습니다. 예수님께서 십자가에서 죽으시고 부활 승천하셔서, 옆구리의 창 자국과 손의 못 자국을 성부 하나님께 보이시고, 구원이 성취되었음을 하나님께 보고하십니다. 그러면 성부 하나님께서 친히 그 상흔을 보시고 예수님의 죽음과 부활을 통해 구원이 성취되었음을 공식적으로 승인하십니다. 그 증거가 예수님께서 하나님 보좌 우편에 앉으신 것입니다. 그리고 예수님께서 성부 하나님께 성령님을 요청하셔서 성령님을 이 땅에 파송하십니다. 그러면 성령님께서는 예수님이 이루신 은혜언약을 각 사람에게 적용하십니다. 성령님께서 말씀을 통해 우리를 거듭나게 하십니다. 예수님을 믿는 자에게 그의 죄책을 제거하시고, 예수님께서 획득하신 의와 영생을 선물로 주십니다. 성령 하나님께서 예수님을 믿는 자의 마음에 내주하셔서 영원히 이를 보증하십니다. 성부, 성자, 성령 하나님께서 이런 은혜언약을 친히 이루십니다. 정말 놀랍습니다! 우리가 이 은혜언약에 참여하는 방법은 예수 그리스도를 믿는 믿음입니다. 예수님을 믿는 자에게는 은혜언약 안에 있어 영생을 누리는 축복이 주어집니다. 말씀에 순종하므로 그 영생을 풍성히 누리게 됩니다. 반면 말씀에 불순종할지라도 영벌에 빠지는 것이 아니라, 성화를 위한 징계를 받을 뿐입니다. 은혜언약 밖으로 결코 나가지 않습니다. 그러므로 은혜언약 안에 들어가는 것이 중요합니다. 하나님이 약속하신 여자의 후손 예수님을 믿는 것이 가장 중요합니다. 이렇게 조직신학으로 성경을 해석할 수도 있습니다.

제12권

로티의 아이러니를 성경해석에 활용하기 :
아이러니, 모순을 발견하고 해결합니다.

1) 문제의식

성경의 세계와 현실의 세계는 모순 덩어리입니다. 또 공통된 분모를 찾기 힘듭니다. 하지만 두 모순된 세계에서 서로 공통될 가능성을 찾아가는 것이 해석입니다. 디모데후서 4장 2절에서 '때를 얻든지 못 얻든지 항상 말씀을 전파하라'고 합니다. 바쁜 현실속에서, 때를 못 얻는데, 어떻게 말씀을 전파할 수 있겠습니까? 이런 모순 아이러니를 풀어야 합니다. 그럴 때 창조적인 해석이 나오게 됩니다. 닥치고 나가라 하면 해석이 사라집니다. 강요하면 오히려 반발합니다. 함께 모순을 해결하도록 초청하고, 함께 해결해 가면 자연스럽게 그 정답을 받아들이게 됩니다. 그 정답이 그 사람에게는 힘이 있습니다. 성경 내에서도 많은 아이러니가 존재합니다. 이런 아이러니 속에서 답을 만들어가는 것이 해석입니다. 사도행전 19장에 보면 사도 바울은 날마다 제자들과 토론을 했습니다(

행 19:9). 그런데 온 아시아가 주의 말씀을 듣습니다(행 19:10). 사도 바울은 가만히 앉아 있었습니다. 그런데 어떻게 말씀이 온 아시아에 퍼져 나갈 수 있었습니까? 이런 아이러니를 해석하는 것이 중요합니다. 그전까지 사도 바울은 자기가 열심히 찾아다니며 말씀을 전파했습니다. 그런데 두란노 서원에서는 오는 사람을 영접하고 토론하였습니다. 그러자 말씀이 온 아시아에 전파되었습니다. 토론속에 담긴 비밀이 무엇입니까? 제자들과의 토론속에서 무슨 일이 일어났습니까? 이것을 찾아가는 것이 성경해석입니다. 하나님께서 나발을 죽이려는 다윗을 막았습니다. 그런데 우리아를 죽이는 다윗은 막지 않았습니다. 왜 그랬을까요? 이렇게 모순을 발견하고, 그 모순을 해결하는 과정을 함께 하면, 재미가 있습니다. 청중과 함께 답을 찾아가도록, 동참을 통해서 결과를 만들어 갈 때 힘이 있습니다. 고대에는 왕이 뛰어나면 신이라 여겼습니다. 어쩌면 다윗도 그렇게 여겨질 수 있었습니다. 그러나 우리아를 죽이고, 그의 아내를 빼앗은 것 때문에 다윗은 신이 될 수 없었습니다. 다윗이 말한 대로 죄악 중에 태어난 한 죄인이었습니다. 이런 해석의 객관성은 성경이 하나님의 말씀으로 진리라는 것에 근거하고 있습니다. 우리는 그 속에서 최대한 창조적으로 생각해 볼 수 있습니다. 이런 아이러니, 모순 해결, 의심을 주장한 분이 로티입니다.

2) 로티의 아이러니, 모순

리처드 로티(Richard Rorty, 1931-2007)는 미국 실용주의(프래그

마티즘)을 대표하는 분입니다.[52] 프래그마티즘의 헬라어 어원은 프래그마티스입니다. '실제, 사실'이란 뜻입니다. 현실속에서 일어나는 일들이 실생활에 얼마나 도움이 되느냐? 로 평가합니다. 문제의 해결을 가장 중시하는 것이 프래그마티즘입니다. 로티는 철학의 역할도 문제의 해결이라고 했습니다. 플라톤이 '국가론'을 쓰고 '시인은 가라. 철학, 형이상학이 무엇인지를 보여주겠다' 외쳤다면, 로티는 '우연성, 아이러니, 연대성'이라는 책을 쓰고 '철학은 가라. 이 세상은 언어를 만드는 시인의 것이다'라고 말했을 것입니다. 그만큼 시인의 언어표현이 이 세상을 만들어간다고 주장했습니다. 포스트모던 시대의 특징 중 하나가 의심입니다. 믿음보다 의심이 앞서 있습니다. 로티는 끊임없는 의심을 통해 세상을 새롭게 서술하여, 더 풍성한 자유를 추구했습니다. 그래서 로티는 '자유주의 아이러니스트'라고 불리게 되었습니다.[53]

우리는 삶에서 많은 아이러니를 가지고 있습니다. 아이들은 부모로부터 상처를 가장 많이 받습니다. 가장 사랑하는 부모가 가장 큰 상처를 준다는 것이 아이러니입니다. 이 모순을 극복하면서 새로운 자신을 창조해 가자는 것이 로티의 주장입니다. 먼저 '부모라면 어떻게 해야 할 것인가?'보다는 '상처를 준 부모로서 무엇을 해야 하는가? 어떻게 위로를 줄 수 있을까?'를 생각합니다. 현재 상황에서 출발해서 해결책을 제시합니다. 남처럼 대하면 정중하게 대하게 될 것이라는 답을 찾을 수 있습니다. 이것이 새로운 자아를 창조합니다. '학생

52) 양해림, 앞의 책, p. 212.
53) 이유선 지음, 『리처드 로티 우연성 아이러니 연대성』(서울 : 커뮤니케이션북스, 2016), p. 26.

인데 게임을 좋아합니다' 이런 아이러니를 어떻게 극복할 수 있을까요? '학생이다'라는 사실을 인정할 뿐만 아니라 '게임을 좋아한다'는 사실도 인정해야 합니다. 학생은 공부를 해야지, 무슨 게임이냐? 게임을 무가치한 것으로 보고, 게임을 하지 말아야 할 것으로 보면 해결책이 없습니다. 두가지를 다 안 정하고, 이 모순속에서 어떻게 할 것인가? 자신만의 가치를 만들어가는 것이 자아창조입니다.

이런 개별성은 연대성을 통해서 보완됩니다.[54] '체험, 표현, 이해'라고 딜타이는 해석학적 순환을 말했습니다. 로티는 '부분 - 전체 - 부분'의 해석학적 순환을 이야기합니다.[55] 부분이 전체가 되고, 전체가 부분이 되는 것이 해석학적 순환입니다. 내가 내 인생을 해석합니다. 나만 해석하는 것이 아니라, 사회 연대속에 있으므로 그것도 해석합니다. 즉 나는 전체의 일부이고, 전체에 속해 있습니다. 뿐만 아니라 전체가 내 안에 있을 수 있습니다. 결국 나는 부분이지만, 전체라고도 볼 수 있습니다. 나는 민주주의의 한 부분이지만, 민주주의가 내 마음에 들어와 있습니다. 민주주의가 내 마음에 들어와서, 내가 민주주의를 위해서 싸우게 됩니다. 이러한 연대성 속에서 아이러니를 해결해 가면서 자아창조를 하게 됩니다.

3) 성경해석에 활용하기

성경은 아이러니, 모순을 인정합니다. 모순 속에서 하나님

54) 앞의 책, p. 50.
55) 양해림, 앞의 책, p. 220.

께 질문합니다. 하박국은 하나님께 질문합니다. '하나님은 왜 불의를 없애지 않으시는가?' '이방인이 어떻게 하나님의 백성을 심판할 수 있는가?' 말라기도 수사학적 질문으로 아이러니를 표현하고 있습니다. '주께서 어떻게 우리를 사랑하셨나이까?' '우리가 어떻게 주의 이름을 멸시하였나이까?' '우리가 어떻게 주를 더럽게 하였나이까?' '우리가 어떻게 주님을 괴로우시게 하였나이까?' '정의의 하나님은 어디 계신가?' '우리가 어떻게 하여야 돌아가리이까?' '우리가 어떻게 주의 것을 도둑질하였나이까?' '우리가 무슨 말로 주를 대적하였나이까?' '그 명령을 지키며 슬프게 행하는 것이 무엇이 유익하리요?' 이런 질문과 대답을 통해서 하나님을 나타내고 있습니다. 서신서에서 공통으로 다루는 문제가 신앙과 현실에서 오는 모순과 갈등입니다. 예수님을 믿었으면 새사람이 되어야 하는데, 옛사람 그대로입니다. 예수님을 믿는다는 것이 과연 무엇인가? 의심을 품습니다. 율법이나 옛 생활로 돌아가야 하는가? 고민하게 됩니다.

히브리서가 그런 모순을 인정하고 해결해 주고 있습니다. 히브리서의 수신자들은 히브리인으로서 예수님을 믿는 사람들입니다. 그들은 본래 히브리인, 유대인으로 태어났습니다. 유대교의 가르침을 받았고, 유대교를 믿었습니다. 명절 때마다 예루살렘 성전을 찾아가서 예배하였습니다. 십계명을 비롯한 모세의 율법을 따라 생활했습니다. 성전에서 짐승의 피를 흘리는 제사를 드렸습니다. 제사를 집도하는 대제사장의 선포로 죄사함을 받았습니다. 그런 그들이 예수님을 믿게 되었습니다. 유대 공동체를 떠났습니다. 성전, 제사, 대제사장에게서 떠났습니다. 그런데 다시 유대교로 돌아가고자 합니다. 그 이유가 무엇입니까? 1) 외적으로, 박해 때문입니다. 예수님을 믿는다는 이유로 여러 모양의 고난을 받았습니다. 처음에는 이런 고난을 견뎌냈습니다. 그러나 박해가 계속되다 보니 더는 견디기 어려워졌습니다. 박해가 없는 유대교로 가고자 했습니다. 2) 내적으로, 보이는 것에 마음이 끌렸습니다. 말씀 중심의 예배가 성전 제사의 의식있는 예배보다 못해 보였습니다. 의리 의리한 예루살렘 성전에서 예배드리다가 좁은 집에서 예배드리니 예배 맛이 나지 않았습니다. 예수님의 피는 보이지 않고, 나를 대신하여 죽어가는 짐승의 피가 마음에 더 감동이 되었습니다. 신앙의 규범도 구약의 율법과 비교해 막연하기만 했습니다. 사도들이 왕 같은 제사장이라고 하는데, 의복을 보면 화려한 제사장들보다 초라했습니다. 몇 십년의 역사에 비하면 수천년의 역사와 전통을 자랑하는 유대교가 훨씬 좋아 보였습니다. 모세와 예수님을 비교해 볼 때, 실질적으로 모세가 훨씬 존경을 받고 있었습니다. 3) 예수님의 말씀에 대한 실망이 커졌습니다. 예수님께서 승천하시면서 '구름타고 곧 오신다'고 약속하셨습니다. 예수님이 다시 오셔서 만물의 왕이 되셔야 하는데, 예수님은 아직 오시지 않고 있습니다. 예수님을 따르면 잘 될 것 같은데, 오히려 못 되고 있습니다. 하나님의 자녀로 왕의 보좌에 앉을 줄 알았는데, 오히려 죄수로 감옥에 있습니다. 부귀영화를 누릴 줄 알았는데, 오히려 가지고 있는 것도 빼앗기고 도망자의 신세가 되었습니다. 예수님을 믿으며 많은 것을 기대했는데, 기대 이하의 신앙생활로 실망했습니다. 이제 생명의 위협까지 받고 있습니다. 이런 상황에서 예수님에 대한 실망, 더 나아가 배신감으로 예수님을 짓밟았습니다(히 10:29). 핍박이 없는 유대교로 돌아가고자 하고 있습니다. 이렇게 신앙과 현실의 모순속에 있는 히브리인 신자들에게 저자는 예수 그리스도를 다시 제시합니다. 먼저 예수님은 죽음의 고난을 통해 완전한 구원자가 되셨습니다(히 2;8,9). 예수 그리스도가 실체요, 율법은 그림자일 뿐입니다. 예수님은 영원한 대제사장이시므로 언제나 하나님앞에 나아가 도우시는 은혜를 얻을 수 있습니다(히 4:16). 구약의 많은 선진들도 율법을 따라 산 것이 아니라 믿음으로 살았다는 것을 히브리서 11장 믿음장으로 증명해 줍니다. 무엇보다도 예수님께서 영문밖에서 십자가에 못박혀 죽으셨습니다. 영문밖으로 쫓겨날지라도 찬송하고 기뻐할 수 있는 것은 양들의 큰 목자이신 예수님이 그곳에 계시기 때문입니다(히 13:20,21). 평강의 하나님께서 함께 하시며 삶을 인도하십니다. 그러므로 우리는 어려움속에서도 예수 그리스도를 바라보아야 합니다.

에베소 교회는 '빛 가운데 있다고 하면서 어두움에 있는 모습'이었습니다. 하나님을 잘 섬기는 것과 형제 사랑의 모순속에 있는 에베소 교회에게 저자 요한은 둘을 연결시켰습니다. 빛과 어두움이 함께 있는 모순을 해결하므로 하나님 사랑과 이웃 사랑을 연결시켰습니다. 에베소 교회는 적그리스도의 공격을 이겨냈습니다. 적그리스도의 거짓을 드러내고 물리쳤습니다. 이 과정에서 '나는 빛이고 너는 어둠이다. 나는 옳고 너는 틀렸다. 잘못된 생각을 하는 사람을 미워하는 것은 당연하다.' 목숨을 건 사상 싸움을 하고 나니 마음들이 딱딱해졌습니다. 요한계시록에서 '처음 사랑을 버렸다'라고 지적 해도 침묵으로 버텼습니다. '하나님을 사랑하지만 형제를 미워할 수도 있다' 그럴 수밖에 없는 상황이었다고 변론합니다. 이런 그들에게 저자 요한은 말합니다. "그가 우리를 위하여 목숨을 버리셨으니 우리가 이로써 사랑을 알고 우리도 형제들을 위하여 목숨을 버리는 것이 마땅하니라"(요일 3:16) '사상이냐? 사랑이냐?' 자기 생각과 사랑중에서 무엇이 더 중요합니까? 사랑입니다. 상황과 조건이 아니라 사랑이 신앙의 본질이라고 말합니다. 형제를 미워하는 것은 아직 거듭나지 못하여 사망에 머물러 있다고 강하게 말하고 있습니다(요일 3:14). 형제를 미워하는 자를 살인하는 자라고 직접적으로 표현했습니다(요일 3:15). 형제를 사랑하지 않는 자는 하나님께 속하지 않고, 마귀의 자녀라는 무시무시한 말까지 하고 있습니다(요일 3:10). 예수님께서도 달란트 비유에서 일만 달란트(6조원) 빚을 탕감받은 자가 백 데나리온(1천만원) 빚진 자를 탕감해 주지 않을 때 무엇이라고 말씀하셨습니까? "내가 너를 불쌍히 여김과 같이 너도 네 동료를 불쌍히 여김이 마땅하지 아니하냐 너희가 각각 마음으로부터 형제를 용서하지 아니하면 나의 하늘 아버지께서도 너희에게 이와 같이 하시리라"(마 18:33,35) 저자 요한도 아픈 기억을 가지고 있습니다. 요한복음 13장에서 예수님은 12제자들의 발을 씻어 주시고, 서로 사랑하라는 새 계명을 주셨습니다. 그러나 요한은 이 말씀앞에 베드로와의 경쟁을 멈출 수가 없었습니다. 또 배반자 가룟 유다를 사랑할 수 없었습니다. 예수님은 배반자 가룟 유다까지도 끝까지 사랑하므로, 예수님의 제자임을 나타내라고 하셨습니다. 하지만 요한은 가룟 유다가 무슨 생각을 하고 있는지도 모르는 무관심으로 일관했습니다. 율법으로 인한 정죄의 시대, 예수님의 사랑을 가장 많이 받은 제자라고 자부하는 요한이었지만, 배반자 가룟 유다는 미워할 수 밖에 없었습니다. 그게 마땅했습니다. 그러나 십자가에서 목숨을 버리신 예수님의 사랑을 만나고서 그는 말합니다. "그가 우리를 위하여 목숨을 버리셨으니 우리가 이로써 사랑을 알고 우리도 형제들을 위하여 목숨을 버리는 것이 마땅하니라"(요일 3:16) 배반자까지도 사랑하라고 하셨다면, 내 주위에서 미워할 사람이 누가 있겠습니까? 형제를 위하여 목숨을 버리는 것이 마땅하다고 한다면, 무시하고 싫어하고 판단 정죄할 사람이 누가 있겠습니까? 이처럼 아이러니, 모순을 해결하는 것이 성경을 생동감있게 할 수 있습니다.

제13권

리쾨르의 상징해석학을 성경해석에 활용하기 : 상징이 창조성과 생동감을 살립니다.

1) 문제의식

'박물관이 살아있다'라는 영화처럼 성경의 글자들이 살아 움직이게 할 수 없을까요? 하나님은 성경을 논문이나 교리로 기록하지 않으시고, 주로 이야기로 기록하셨습니다. 이야기 속에 교리, 삶, 모든 것을 다 집어 넣으셨습니다. 이야기로 창조성과 역동성이 있게 되었습니다. 그런데 시간이 지나다 보면 교리와 전통이 생깁니다. 성경을 해석하는데 있어서도, 이 본문은 이렇게 해석해야 한다는 패턴과 전통이 형성됩니다. 다시 점점 교리로 굳어집니다. 사람과 삶, 상황이 빠진 정답만 있게 됩니다. 그러면 창조성과 역동성, 풍성함과 생동감이 떨어집니다. 이에 대한 문제의식을 가진 사람이 리쾨르입니다. 리쾨르는 '상징, 은유, 이야기'로써 그 의미를 새롭게 찾고자 했습니다.

2) 폴 리쾨르의 상징해석학

'상징은 생각을 불러 일으킨다'[56] 폴 리쾨르의 유명한 주장입니다. 폴 리쾨르(Paul Rrcoeu, 1913-2005)는 카톨릭이 주류인 프랑스에서 개신교 철학자요 해석학자입니다. 리쾨르는 기존의 개념들을 존중하고 잘 정리할 뿐만 아니라 그것에 창조적인 자신의 이야기를 더하는 식으로 책을 씁니다. 또한 화해의 철학자라고 불리는데, 대립개념을 잘 정리하여 자기 말로 설명합니다. 예를 들어 '설명이냐? 아니면 이해냐?' 대립개념을 정리해서 '설명이면서 동시에 이해'라고 설명합니다. 리쾨르는 '상징, 은유, 텍스트, 이야기'를 연구하며 창조성과 역동성을 확보하고자 했습니다. 먼저 리쾨르는 언어의 상징과 은유를 연구하였습니다. 이후 상징과 은유 언어를 담고 있는 텍스트를 통해 인간의 존재를 이해하고자 했습니다.[57] 인간의 존재를 이해하고자 할 때, 이야기로 확장되었고, '시간과 이야기'라는 책을 내게 되었습니다. 이 책에서 어거스틴이 쓴 고백록에 있는 시간 개념과 아리스토텔레스의 시학에 나오는 이야기(plot)를 고찰하고 연결합니다. 인간의 시간은 심리적 시간으로 불완전한데, 이야기를 통해서 완전해질 수 있다고 주장합니다. 더 나아가 종말의 눈으로 현재를 볼 때, 의미를 발견할 수 있다고 말합니다.

리쾨르는 '악의 상징'에서 성경을 가지고 현실의 악 즉 '죄, 흠, 허물'을 고찰합니다. 당시 학계에서는 성경을 종교서

56) 폴 리쾨르, 양명수 옮김, 『악의 상징』(서울 : 문학과 지성사, 2011), p. 322.
57) 김영한, 앞의 책, p. 336.

적이라고 멀리했습니다. 리쾨르는 성경을 '신화'로 표현함으로, 성경을 학계 즉 철학의 세계로 끌고 들어왔습니다. 신화는 사실보다는 상징입니다. 상징은 풍성한 의미를 생각하게 만듭니다. 의미를 찾아가는 것은 마치 미지의 세계를 탐험하는 것 같습니다. 탐험하는 과정에서 생동감을 가지게 됩니다. 풍성한 의미들을 발견할 수 있습니다. 이렇게 상징의 모호함을 해석해주는 것이 해석학의 소명이라고 했습니다. 나아가 리쾨르는 성경의 인물들을 인간의 대표로 봅니다. 성경속에서 사람을 발견하려고 합니다. 그 사람을 자세히 그려봄으로 그를 이해하고, 그 속에 있는 사상을 발견합니다. 더 나아가 이에 반응하시는 하나님을 드러냅니다. 창세기 3장에서 어거스틴은 '악이란 무엇인가?' 고민하다 원죄론으로 정의했습니다. '원죄가 있어 죄를 짓습니다' 원죄론으로 현재를 설명합니다. 이론으로 현재를 설명합니다. 과거로 현재를 설명합니다. 원죄가 있어서 사람이 이렇게 되었다고 말합니다. 아담의 불순종으로 악이 들어왔다고 말합니다. 그럴 경우 악의 원인을 아담에게 돌리므로 자기 문제를 돌아볼 기회가 사라집니다. 불순종한 아담에 대한 판단과 정죄만 일어납니다. 반면에 리쾨르는 아담을 한 인간으로 생각합니다. 아담을 인류의 기원으로 보기보다는 보편적 인간으로 봅니다.[58] 하나님과 같이 되고 싶은 한 인간으로 봅니다. 하나님과 같이 될 수 있다는 사단의 유혹앞에 고민하고 고통하는 인간을 생각합니다. 생동감있게 그려볼 수 있습니다. 그런데 이것이 우리의 현실입니다. 우리의 현재를 설명할 수 있습니다. 나의 죄를 발견할 수 있습니다. 따라서 회개를 촉구할 수 있게 됩니다. 역동적

58) 폴 리쾨르, 양명수 옮김, 앞의 책, p. 230.

으로 나를 발견할 수 있습니다.

리쾨르는 선과 악이 공존하는 현실을 잘 드러냅니다. 반복해서 회개해도 나아지지 않는 현실을 고민합니다. 실제로 의롭지 않다는 것입니다. 어떻게 의롭게 여길 수 있는가? 언제 의롭게 되는가? 종말의 때에 가능합니다. 종말의 때 예수님이 심판관이 되십니다. 종말에서 현재를 볼 때 희망을 보게 됩니다.[59] 반면에 사람들은 현재가 미래를 결정한다고 봅니다. 이렇게 현재가 미래를 결정한다고 보면, 늘 불안합니다. '열심히 안 해서 안 되었다' 원인과 결과로 보는 것이 일반적입니다. 반대로 종말의 눈으로 현재를 보면 어떻습니까? 구원받은 자로서 현재를 보게 됩니다. 그때 희망을 가질 수가 있습니다. 예수님의 승리를 통째로 받아들일 수 있습니다. 법적인 칭의가 그것입니다. 또한 포도나무에 붙어 있는 가치처럼, 이제는 예수님에게 붙어있기만 하면 됩니다. 예수님과의 관계를 잘 유지하기만 하면 됩니다. 예수님 안에서의 생명의 경험이나 포도나무와 가지 사이의 생명의 연결을 느끼게 하는 것은 상징의 힘이라고 할 수 있습니다. 성령을 통한 생명의 신비한 임재와 경험을 중시한다고 볼 수 있습니다.

상징해석과 비슷한 것이 알레고리(영해) 해석입니다. 나무는 십자가로, 포도주는 피로, 두 달란트는 신약과 구약으로 보는 것이 알레고리 해석입니다. 본문과 상관없이 무조건 그렇게 보는 것이 알레고리 해석입니다. 반면에 상징해석은 철저하게 본문속에 근거를 가지고 있습니다. 또한 1차 의미와

59) 앞의 책, p. 247.

2차 의미가 연결되는 것이 상징해석입니다. 창세기 3장에서 아담이 추방당합니다. 이것이 1차 의미입니다. 이 아담의 추방은 이스라엘이 느끼는 소외감으로 연결시킬 수 있습니다. 이것이 2차 의미입니다. 이렇게 의미를 확장하면서 창조성과 역동성을 살립니다. 그러면서도 상징해석은 철저하게 본문을 떠나지 않습니다.

3) 성경에 활용하기

상징적인 표현 중에 '길'이 있습니다. 마가복음은 장소적으로 크게 3부분으로 나눠볼 수 있습니다. 1-8장은 갈릴리 지역, 11-16장은 예루살렘 지역입니다. 그 중간에 있는 마가복음 8장 22절부터 10장 52절은 빌립보 가이사랴에서 예루살렘으로 올라가는 길에서 일어난 내용입니다. '길에서'라는 말이 반복됩니다(막 8:27, 9:33, 10:17,32,45,52). 예수님이 제자들과 함께 물리적인 '길'을 가고 있습니다. 그런데 예수님이 가시는 길과 제자들이 가는 길이 완전히 다릅니다. 동상이몽이었습니다. 예수님은 종교지도자들에게 죽임 당하러 가고 있습니다. 반면에 제자들은 종교지도자들을 정복하러 가고 있습니다. 예수님은 고난받는 메시야를 생각하는데, 제자들은 군사적인 메시야를 생각합니다. 그래서 제자들은 '누구 크냐?' 경쟁합니다. 어린 아이가 가까이 오는 것을 꾸짖습니다. 요한과 야고보는 어머니를 통해서 자리 청탁까지 합니다. 이방인의 집권자들처럼 권세를 부리고 싶어합니다. 반면에 예수님은 섬기는 자가 크다고 하십니다. 모든 사람의 종이 된 사람이 으뜸이라고 하십니다. 예수님께서 섬김을 받으려 함이 아니라 도리어 섬기려 하고, 자기 목숨을 많은 사람의 대속물로 주려고 이 땅에 오셨습니다. 이것이 예수님이 가시는 길입니다. 여기서 길이란 물리적인 '길'이 아니라 '삶의 여정, 인생길'을 상징합니다. 예수님께서도 '나는 길이다' 말씀하셨습니다. 이때의 길이란 사람들이 배우고 따라야 할 길, 사람이 어떻게 살 것이지, 무엇을 위해 살 것인지를 말하는 길이라고 할 수 있습니다.

세례 요한은 사람들에게 외칩니다. "너희는 주의 길을 준비하라 그가 오실 길을 곧게 하라"(눅 3:4) 여기서 말하는 '길'은 살아가는 데 있어서 혹은 생각하고 사물을 보는 데 있어서의 주의 방식이라고 할 수 있습니다. 사람에게는 사람의 방식이 있듯이 주께는 주의 방식이 있습니다. 주님은 주의 방식대로 살아가시며 가르치시며 일하십니다. 사람은 섬김 받고 높임 받기를 원합니다. 그러나 주께서는 오히려 섬기고 낮아지십니다. 사람들은 하나님께 기도할 때 자기들이 필요한 것을 구했습니다. 같은 기도를 계속 반복했습니다. 마치 우상을 믿는 이들이 주문을 외우듯이 그렇게 하나님께 기도했습니다. 그러나 주님은 하나님께 먼저 '이름이 거룩히 여김을 받으십시오'라고 기도하십니다. 사람들은 땅에서 살면서 무엇을 먹을까 무엇을 마실까 염려했습니다. 그들의 첫째 관심사가 먹고 사는 것이었습니다. 그러나 주님은 하나님 아버지가 먹이신다고 말씀하시고, '너희는 먼저 그의 나라와 그의 의를 구하라' 말씀하십니다. 이처럼 길이라는 단어가 주의 삶의 방식을 상징한다고 볼 수 있습니다.

요한복음 2장에서 예수님은 물을 포도주로 변화시키는 첫 표적을 행하십니다. 이성적으로 보면 잘 이해가 되지 않습니다. 포도주의 알코올 구조와 물 분자의 구조는 완전히 다릅니다. 예수님이 어떠한 원리로 H^2O를 C^2H^5OH로 바꾸었을까? 의심하며 성경에서 멀어지는 사람도 있습니다. 반면에 물이 포도주로 변한 것은 본질적 변화입니다. 본질적 변화를 이루시는 예수님을 생각하는 사람도 있습니다. 맹물같은 인생에서 포도주같이 맛있고 향기나는 인생이 될 것을 기대합니다. 겉의 변화가 아닌 본질적인 변화를 이루시는 예수님을 생각합니다. 이것이 상징해석입니다. 여기서 좀더 나가 포도주를 예수님의 피로 해석하는 것이 알레고리 해석입니다.

다니엘은 포로생활 중이지만 별과 같이 빛나는 미래를 보았습니다. 종말에 일어날 일을 보면서 이를 준비하는 현재를 살았습니다. 하지만 대부분은 과거를 통해서 현실을 봅니다. 바벨론 포로에서 귀환한 이스라엘 백성들은 현실과 미래가 암담합니다. 그래서 그들은 과거의 영광과 하나님의 약속을 생각합니다. 현실에서 과거를 본 것입니다. '이것이 언제 이루어질까?' 염려할 수 있습니다. 그러나 종말을 생각하면 하나님께서 약속의 말씀을 반드시 이루어질 것을 믿게 됩니다. 밝은 미래를 보는 것입니다. 이 밝은 미래를 가지고 현재를 살아갈 수 있습니다. 사도 요한도 밧모섬 감옥에 갇혀 중노동에 시달렸습니다. 그러나 예수님이 다시 오실 종말을 바라보았을 때, 힘든 현실을 이길 수 있었습니다. 그리고 요한계시록을 통해서 이기는 자가 되도록 격려하고 있습니다. 하이데거가 죽음앞에서 인간의 실존을 찾은 것처럼, 폴 리쾨르는 종말앞에서 인간의 실존을 찾았다고 볼 수 있습니다.

성경, 무엇을 말할까?
초판발행 2017년 4월 25일
개정증보판발행 2019년 9월 9일

지 은 이 이바울·이여호수아
펴 낸 이 이옥기
편 집 손사라

펴 낸 곳 (사)대학생성경읽기선교회: UBF출판부
주 소 서울시 종로구 대학로3길 20(효제동 54-2)

총 판 오렌지도서
Fax 02-2297-3996
E-mail orangebook100@naver.com

ISBN 978-89-86788-55-6 (03230)

정가 15,000원